Gewalt im TV

D1936823

Gewalt im TV

43 Denkanstöße.

Alle ORF-Richtlinien und Regulative.

Inhalt

VORWORT

Gewalt im Fernsehen: Vorwürfe und Tatsachen

Gerhard Weis

„Während er schreit, ist die Haut ihm über die Glieder gezogen, Wunden bedecken ihn ganz, und das Blut strömt über und über. Offen und bloß sind die Nerven zu sehen; die zuckenden Adern schlagen der Hülle beraubt und die wallend bewegten Geweide konnte man zählen.“ Das ist nicht etwa die Schilderung aus einem modernen Kriminal- oder Horrorfilm. So beschreibt Ovid in seinen „Metamorphosen“ die Bestrafung des Marsyas – vor 2000 Jahren. Das Phänomen Gewalt ist tägliche Realität in vielen Lebensbereichen, und seine Schilderung begleitet die Menschheit seit Bestehen durch die Geschichte – von der Bibel, den griechischen und lateinischen Klassikern über Romane und Opernstoffe bis in die bildenden Künste, das Theater und in die neuen Medien. Die Darstellung von Gewalt ist unleugbarer Teil der Kulturgeschichte und keine Erfindung des Fernsehens. Doch die Diskussion über „Gewalt in den Medien“ – und im speziellen die hartnäckige These, Gewalt habe teilweise ihre Wurzeln auch im Fernsehen – begleitet uns nun schon seit Jahren. Deshalb hat der ORF namhafte Autoren aus allen Bereichen eingeladen, im vorliegenden Band ihre Standpunkte zu diesem Thema darzulegen.

Die Historie berichtet nicht nur über den Vollzug von Gewalttaten und deren Darstellung, sondern immer wieder auch von der Freude der Menschen am Zuschauen. Dieser Wunsch nach dem Erleben von Spannung und Lust an der Angst ohne eigenes Risiko wird heute auf weitaus weniger bedenkliche, weil fiktive Weise auch im Fernsehen befriedigt. Die Wurzeln der Gewalt liegen jedoch nachweislich nicht im TV. Damit ein Film oder eine bestimmte Darstellung als Auslöser für Gewalt in Frage kommen kann, müssen mehrere Umstände zusammentreffen. Allen Erkenntnissen der empirischen Sozialforschung zufolge erwirbt man brutale Verhaltensweisen zunächst durch persönliche Erfahrung im Alltag: im Familienleben, im Schulhof, am Arbeitsplatz, im Straßenverkehr etc.

Abstoßende Inhalte, Brutalität und Pornographie im Fernsehen sind streng zu verurteilen und abzulehnen. Deshalb hat sich der ORF strenge Kriterien auferlegt. Eine derart eindringliche Darstellung von Gewalt wie Ovids Schilderung der Leiden des Marsyas etwa hätte im ORF-Programm keine Chance. Behauptungen, der ORF setze „Tote für die Quote“ ein, sind unrichtig und entsprechen nicht den Tatsachen. Wir verzichten ganz bewußt auf den Einsatz solcher fragwürdiger „Quotenbringer“ und bieten nachweislich das familiengerechteste Programm aller TV-Sender im deutschen Sprachraum. Doch Gewalt gibt es nun einmal auch in unserer Gesellschaft. Sie einfach zu leugnen und aus dem Programm auszublenden, verändert die Realität nicht. Genausowenig, wie es die Aufgabe des Fernsehens ist, die Wirklichkeit krankzujammern, ist es sein Zweck, sie schönzubeten. Es muß Ziel sein, die Wirklichkeit darzustellen und dabei auf objektive wie subjektive Kriterien Bedacht zu nehmen. Auch in Nachrichtensendungen wie der „Zeit im Bild" ist Gewalt immer wieder Thema. Weil Gewalt in der Welt existiert, und nicht um ihrer selbst willen. Selbstverständlich tragen wir als Programmacher Verantwortung. Aber auch Eltern und Lehrer können nicht aus ihrer Verantwortung entlassen werden. Kinder und Jugendliche müssen zum verantwortungsvollen, kritischen Umgang mit Medien erzogen werden. Denn dem gewaltarmen ORF kann man sich mit einem kinderleichten Tastendruck entziehen und in die weitaus brutalere und weit weniger kontrollierte Welt des Kabel- und Satellitenfernsehens befördern.

Aus dieser Verantwortung heraus bekennen wir uns zur Selbstverpflichtung. Der ORF hat sich bereits 1993 klare und verbindliche Prinzipien im Umgang mit Gewalt gesetzt: Dazu gehören zum Beispiel verantwortungsvoller Programmeinkauf, Programmierung nach entsprechenden Zeitgrenzen sowie Einzelprogrammbewertung und -bearbeitung. Außerdem werden im Sinne der EU-Fernsehrichtlinie ab ca. 22.00 Uhr Fiction-Programme im ORF gekennzeichnet, darüber hinaus gibt es auch Empfehlungen für besonders kindgerechte Sendungen – als Hilfestellung zur Programmauswahl und Empfehlung für die Eltern. Trotz Kennzeichnung, mit der der ORF innerhalb der EU eine Vorreiterrolle übernimmt, werden wir unsere freiwilligen Richtlinien weiterhin beibehalten. Dieses Maßnahmenpaket, das auf mehreren Ebenen den Schutz von Minderjährigen gewährleisten soll, ist wohl einmalig in Europa.

Das Thema „Gewalt in den Medien", speziell im ORF, beschäftigt uns, wie gesagt, nun schon seit langem, eigentlich seit es das Fernsehen gibt. Wir haben immer wieder versucht, mit Selbstverpflichtung und Regulativen darauf zu antworten. In jüngster Zeit beschäftigte uns freilich zunehmend die international geführte Diskussion mit diesem Thema: Der V-Chip und die Kennzeichnungspflicht im Sinne der EU-Fernsehrichtlinie sind hier nur Stichworte. Deshalb stellen wir in dem vorliegenden Buch unsere Instrumentarien, Regulative und Selbstbindungen vor. Darüber hinaus haben wir Kommunikationswissenschafter, Psychologen, Journalisten, Soziologen, Medienpädagogen und Medienexperten aus dem In- und Ausland gebeten, ihre Sicht des Themas in diesem Buch zu präsentieren. Wir wollen also, wie bisher, nicht nur auf dem Bildschirm unseren verantwortungsvollen Umgang mit dem Thema Gewalt demonstrieren, sondern auch – sozusagen off-air – einen substantiellen Beitrag zu laufenden und nicht enden wollenden Diskussionen leisten – speziell mit dem vorliegenden Textband.

„Gewalt ist der Kultur inhärent", behauptet Wolfgang Sofsky in seinem Buch „Traktat über die Gewalt". Ganz so düster wie der Soziologe sie sieht, ist unsere Welt freilich nicht. Trotzdem müssen wir das Thema sehr ernst nehmen, denn eines ist klar: Medien machen die Gesellschaft nicht, sie spiegeln sie wider. Und wenn der Gesellschaft ihr Spiegelbild nicht gefällt, ist das vielleicht auch Anlaß zur Veränderung.

Die Hauptregulative des ORF

1. Verantwortungsvoller Programmeinkauf
2. Sorgfältige Überprüfung aller Sendungen auf Gewalt
3. Schnitt aller Szenen mit sinnloser Gewalt
4. Große Sorgfalt bei Gestaltung und Einsatz von Trailern
5. Orientierung an Altersempfehlungen der österreichischen Jugendfilmkommission, der deutschen Freiwilligen Selbstkontrolle der Filmwirtschaft (FSK) und der Freiwilligen Selbstkontrolle Fernsehen (FSF)
6. Klare Zeitzonen: Vor 20.15 Uhr Programm für die ganze Familie, ab 20.15 Uhr auch Verantwortung bei Eltern und Erziehungsberechtigten
7. Vor ca. 22.00 Uhr keine Programme, die die körperliche, geistige oder sittliche Entwicklung von Minderjährigen beeinträchtigen könnten
8. Filme „ab 16“ erst ab ca. 22.00 Uhr, Ausnahmen nur mit wesentlichen Schnitten
9. Zweistufige optische Kennzeichnung von Fiction-Programmen ab ca. 22.00 Uhr: „Nicht für Kinder“ (X) und „Nur für Erwachsene“ (O)
10. Positivkennzeichnung von besonders für Kinder zu empfehlenden Sendungen mit „K+“ in ORF TELETEXT, in Presseaussendungen und im Internet

1. GEWALT IN DER GESELLSCHAFT

Gewaltarmes Zusammenleben ist erlernbar

Stephan Rudas

1. Nur wenige Phänomene sind im menschlichen Leben, Erleben und Zusammenleben so allgegenwärtig wie das Phänomen Gewalt. Entstehung und Ablauf von Gewalthandlungen sind von vielen Faktoren abhängig. Diese Komplexität fordert auch von den psychosozialen Wissenschaften ihren Tribut: Die Fachwelt muß ohne einfache (monokausale) Antworten zu Fragen nach dem Wesen und nach den Ursachen der Gewalt auskommen. Dennoch hat die Gewaltforschung bereits wertvolle Beiträge über die Quellen der Gewalt und zu einem besseren Umgang mit diesem Phänomen vorlegen können.

2. Gewalt kann als Muster eines Verhaltens oder eines Erlebens verstanden werden. Gewalt als Handlungsmuster ist, wenn Personen oder Gegenständen aktiv Schaden bzw. Übel zugefügt wird. Ausgeübte Gewalt ist die einseitige Durchsetzung von Willen gegenüber anderen Menschen, wobei eine (tatsächliche oder vermeintliche) „Stärke" als Mittel eingesetzt wird.

Gewalttätiges Handeln ist ein häufiges Muster zur Abwicklung („Lösung") von Konflikten. Es findet sich daher mit großer Frequenz auch in den Darstellungen von konflikthaften Situationen wieder. Dort, wo schon allein das Leiden, das anderen zugefügt wird, an sich lustvoll erlebt wird, spricht man von Sadismus. Die Psychoanalyse verwendet diesen Begriff zur Beschreibung einer Perversion, bei der am Leiden anderer (sexuelle) Befriedigung empfunden wird.

3. Gewalt, Aggression und Aggressivität stehen in einem engen Verhältnis zueinander, sind aber nicht gleichzusetzen.

„Aggression" kann im tiefenpsychologisch-psychoanalytischen Sinne als eine allen Menschen innewohnende, kraftbesetzte Tendenz („Trieb") gesehen werden. Lerntheoretisch ist sie ein Verhaltensmuster zur Durchsetzung eigener Vorhaben und Interessen. Aggressivität sollte zunächst „wertfrei" und vom Begriff „Gewalt" getrennt gesehen werden.

Wenn aggressive Impulse zur Grundausstattung der Menschen gehören, ist die Vermittlung „geeigneter" Umgangsvarianten mit diesen Impulsen eine wichtige Aufgabe der Sozialisation. Dabei sind die erwünschten Äußerungsformen der Aggressivität miteinzubeziehen, ohne diese sind uns ja auch erwünschte und wertvolle Handlungen nicht möglich. Wir würden uns ohne aggressive Impulse keinen Herausforderungen stellen, keine Aufgaben erledigen, keine Werke schaffen. Konflikte und Aggressivität sind Teile des menschlichen und zwischenmenschlichen Alltags. Sie können häufig auch intrapersonal sein, also Konflikte, die wir in uns tragen, und Aggression, die gegen uns selbst gerichtet ist. Die unerläßliche gesellschaftliche Ablehnung sollte nur die Gewalt, nicht aber im gleichen Zug auch jene aggressiven Persönlichkeitsanteile, die uns allen eigen sind, einbeziehen. Die Mit-Tabuisierung der Begriffe „Konflikt“ und „Aggressivität“ ist kein geeigneter Beitrag zur besseren Bewältigung des negativen Phänomens „Gewalt“.

4. Wenn wir über „Gewalt“, „Konflikt“ und „Aggressivität“ reden, reden wir immer auch über uns selbst. Aggression als Kraft ist den Menschen angeboren. Mit etwa sechs Monaten zeigt sich diese Kraft bei Kindern in den ersten „dramatischen“ Konflikten voller Wut und Zorn.

Um den zwölften Lebensmonat stehen das motorische Erkunden, „Erobern“ und (Be-)Greifen im Vordergrund. Kinder gehen aktiv auf etwas zu, sie „aggredieren“.

Mit 24 Monaten sind das „Ich“ und das „Du“ und auch das „Mein“ und „Dein“ besonders wichtig, mit allen damit verbundenen Konflikten.

Mit 36 Monaten kennen Kinder in ausgeprägter Form „Freunde“ und „Feinde“ und haben in kleinen Gruppen meist schon viel Streit gehabt.

Diese Entwicklungsphasen durchzumachen ist wichtig, oft genug bleiben Verwundungen und „Erledigungsdefizite“ zurück. Werthaltungen geliebter Personen werden dabei übernommen. Ein wichtiger prägender Faktor ist auch die Vorbildwirkung. Dabei geht es keineswegs um das Vermeiden von Konflikten und aggressiv gefärbten Szenen, im Gegenteil: Es geht um die Erfahrung, daß und wie Konflikte gewaltarm bewältigt und daß und wie eigene aggressive Impulse kontrolliert werden können. Gewaltarmes Zusammenleben – und umgekehrt auch Gewalt – ist erlernbar.

5. Zum Einsatz von Gewalttätigkeit als Lösungsstrategie kommt es meist, wenn andere „Methoden“ fehlen. Gewalt wird dann zum verhängnisvoll-untauglichen Mittel der Kommunikation. Die in zahlreichen Untersuchungen bestätigte Beobachtung, daß „Gewalt“ dort anfängt, wo das Miteinander Reden(-können) aufhört, kann als Auftrag verstanden werden, Konfliktkultur zum wichtigen Anliegen der Sozialisation und zum Bestandteil aller bildenden Maßnahmen werden zu lassen. Die Bereitschaft, auf Gewalt zu „verzichten“, steigt, wenn Alternativen zur Konfliktbewältigung erprobt und „geübt“ werden konnten.

6. Gewalt in verschiedener Form und Gestalt kennen Menschen nicht nur aus Darstellungen, sie haben sie häufig selbst erlebt und erleben sie auch weiterhin.

Gewalt ist eine Kraft, die sich ohne Rücksicht auf das Wollen des Betroffenen durchsetzt und dessen Gegenwehr überwindet. Das Überwinden des eigenen Wollens kann auch dann als „Gewalt“ erlebt werden, wenn sie nicht in schädigender Absicht wirkt. Besonders Kinder und Jugendliche sind solcher wohlgemeinten – und teilweise auch unabdingbar notwendigen – Gewalt ausgesetzt. Die Langzeitwirkung der dabei erlebten (und „erlernbaren“) Ohnmacht sollte aber zur zurückhaltenden Dosierung und behutsamen Anwendung, auch der wohlmeinenden Gewaltausübung, mahnen. Die Fähigkeit, auf gewalttätiges Handeln zu verzichten, ist, soweit wir wissen, indirekt proportional zur Stärke und Häufigkeit eigener Ohnmachtserlebnisse. Die „Toleranz" gegenüber Gewalthandlungen, ob sie nun als Opfer oder als Zeuge erlebt werden, ist höher, wenn man Gewalt als „üblich", weil häufig, selbst erleben mußte.

Andererseits wächst die Fähigkeit zur wünschenswerten „distanzierten" Haltung zur Gewalt (auch wenn diese wohlmeinend war), wenn es im Kindes- und Jugendalter möglich war, über Gewaltphänomene zu sprechen.

Dies gilt besonders auch für Gewalterlebnisse, denen man als „Konsument" von Gewaltdarstellungen (oder als Zeuge realer Gewaltszenen) ausgesetzt war.

7. Nicht nur für die Opfer, auch für die Täter steht Gewalt (besser: gewalttätiges Handeln) oft in engem Zusammenhang mit Angst. Besonders häufig findet sich dieser Zusammenhang in Gruppensituationen. An sich soll Angst als ein Signal helfen, eine drohende Gefahr als solche zu empfinden und ernstzunehmen. Angst „motiviert" die Suche nach geeigneten Maßnahmen zur Gefahrenabwehr, sei es Flucht oder Begegnung. Angst – nämlich die Angst der Täter – ist eine der häufigen Quellen bei gewalttätigen Handlungen. Zahlreiche Menschen neigen auch dazu, im Zusammenhang mit ihren Ängsten Gruppensituationen zu suchen. Tatsächlich kann in einer Gruppe die Angstempfindung abnehmen. Es kommt aber leider oft vor, daß sich Gruppenprozesse in die umgekehrte Richtung entwickeln und die Angst zunimmt. Dazu kommt noch, daß in Gruppensituationen die Verfügbarkeit der Menschen für Impulse häufig größer ist als in Einzelsituationen. Diese „Verfügbarkeit" ist gegenüber gewalttätigen Impulsen besonders stark und läßt Gewalt in Gruppen zu einem ebenso schrecklichen wie häufigen Phänomen werden. Gewalt in der Gruppe oder durch eine Gruppe stellt daher eine besondere Gefahr dar. Gruppen können meist mehr Gewalt ausüben als Einzelpersonen. Zusätzlich wird dabei durch die Gruppe Gewalt auch noch legitimiert. Im Zeitalter entwickelter Massenkommunikation kann es zunehmend leichter auch zu solchen Gruppenprozessen kommen, bei denen die Mitglieder einer Gruppe sich nicht (mehr) zur gleichen Zeit am gleichen Ort befinden müssen, um Gruppenphänomenen zu unterliegen.

8. Ein wesentliches Merkmal der Gewalt ist das Bestreben, sie als Handlungsmuster zu legitimieren. Gewalt wird dabei als zulässiges, ja verständliches Mittel zur Konfliktbewältigung angesehen und definiert. Gewalt gilt dann als „übliche" und damit „normale" Äußerungsform der Aggressivität als eine „übliche" und damit „normale" Methode der Problemlösung und der Durchsetzung von Interessen. Wenn aber Gewalt als „normal" erlebt wird, wird sie leicht zur Norm. Andere Möglichkeiten der Angstbewältigung und der Konfliktlösung treten zunehmend in den Hintergrund. Dabei personifizieren häufig „Helden", also Personen, die zur Identifikation einladen, die Gewalt als Norm. Durch die vermeintliche Einfachheit ihres (erfolgbringenden) gewalttätigen Vorgehens stellen sie Gewalt als zulässiges Handlungsmuster dar. Einfache Lösungen versprechen Entlastungen, das erklärt ihre Attraktivität. Solange solche „Entlastungen" nur in Träumen und in „Geschichten" (Märchen, Sagen, dramatischen Darstellungen usw.) stattfinden, bleiben sie ohne negative Folgen. Nach Überschreiten der Grenzen

zur Realität werden sie zu blutigen, tragischen Belastungen. Die individuelle und kollektive Fähigkeit zur Beachtung dieser Grenze zwischen Gewaltphantasien und realer Gewalt ist wesentlich mitentscheidend, ob gewaltstimulierenden Reizen nachgegeben oder ihnen widerstanden wird.

9. Zusammenfassend kann „Aggressivität" als eine den Menschen innewohnende Kraft nochmals der „Gewalt" als ein Handlungsmuster gegenübergestellt werden. Die Neigung zur Gewalt – auch zur Gewalt gegen sich selbst – kann als die verringerte Fähigkeit zu jeweils alternativen Handlungsvarianten interpretiert werden.

Physische und psychische Gewalt bedeuten für die Opfer nicht nur unmittelbar erlittenes Leid, sondern sind häufig auch mit Langzeitfolgen verbunden. Die Fähigkeit, „Anreizen" zur Gewalttätigkeit zu widerstehen, kann unterschiedlich stark entwickelt sein. In einem tragischen „Kreislauf der Gewalt" sind jene Personen, die in ihrer Kindheit und Jugend häufig Gewaltakten ausgesetzt waren, eine besondere Risikogruppe, die nun selbst zur Gewalttätigkeit neigt. Sie ist gegenüber gewaltstimulierenden „Reizen" besonders anfällig. Diese Fähigkeit, gewaltstimulierenden Reizen widerstehen zu können, ist bei der Entstehung und damit auch bei der Vermeidung von Gewalt von besonderer Bedeutung.

„Ritualisierte" Regelungen des Umganges mit Gewaltphänomenen tragen viel zur Vermeidung konkreter gewalttätiger Handlungen bei.

Im Zusammenhang mit den Phänomenen „Gewalt" und „Aggression" sind also geeignete, gesellschaftlich akzeptierte Regelungen und deren Einhaltung besonders wichtig und zwar für alle Bereiche des menschlichen Lebens und Zusammenlebens.

Literatur:

BECKER, P.: Psychologie der seelischen Gesundheit. Bd 1. Hofgrefe, Verlag für Psychologie 1982; EGG, R.: Gewalt in unserer Gesellschaft. Drogen-Report 4/1994; KERNBERG, O.F.: Innere Welt und äußere Realität. Stuttgart, Verlag Internationale Psychoanalyse 1994; RAUCHFLEISCH, U.: Allgegenwart von Gewalt. Göttingen 1992; RUDAS, S.: Den Kreislauf unterbrechen. In: Bundesministerium für Familie, Jugend und Konsumentenschutz (Hrsg). Gegen die Gewalt am Kind. Wien 1985; RUDAS, S.: Macht Angst krank? In: Wiener Dialog über Ganzheitsmedizin. Wien, Jugend und Volk 1988.

Die Gewalt darf nicht der Star im Film sein

Houchang Allahyari

Wenn man nach dem Ursprung der Gewalt fragt, wird man auf verschiedene Theorien und Erklärungsversuche stoßen, die aber dem individuellen Menschen, auf den unzählige Faktoren einwirken, nicht gerecht werden. Es ist natürlich schwierig, das Verhalten oder die Persönlichkeit eines Menschen mittels einer einzelnen Theorie zu erklären.

Ist Gewalt die Folge unserer angeborenen Instinkte und Triebe, wie die Verhaltensforschung behauptet, eine Reaktion auf Frustration und Angst, oder ist sie mit Erziehung, dem Nachahmen von Rollenmodellen zu erklären?

Einiges spricht auch für die soziologische Sichtweise, wonach Aggression mit mangelnder sozialer Integration oder fehlenden Chancen auf sozialen Aufstieg und Anerkennung in Verbindung gebracht wird.

Mein Bestreben in diesem Beitrag ist es, meine subjektiven Erfahrungen und auch meine Verzweiflung mit der Gewalt zum Ausdruck zu bringen, sowohl als Psychiater als auch als Filmemacher, der mit den Medien arbeitet.

Als Psychiater bin ich unter anderem in einer Haftanstalt beschäftigt, wo meine primäre Aufgabe die Arbeit mit Drogenabhängigen ist, immer wieder bin ich aber auch mit absoluten Gewaltverbrechern konfrontiert. Einerseits sehe ich natürlich in einem solchen Gewalttäter zuerst einmal den Menschen, um überhaupt mit ihm kommunizieren zu können und um zu versuchen, ihn zu verstehen.

Andererseits sind mir die Opfer dieser Gewalt nur zu bewußt, ich kann sie nicht einfach vergessen. Obwohl ich mich sicher nicht als Moralist sehe, erschwert dieser Gedanke manchmal Akzeptanz und Therapie.

Ein Phänomen in diesem Zusammenhang ist, daß mich eine gelungene künstlerische Darstellung von Gewalt und Mord mehr mitnehmen kann als das reale Gespräch mit einem Mörder. In einer sensiblen Durchführung kann man durch einen Film, ein Theaterstück, ein Buch zur Identifikation mit einem vielleicht sogar mörderischen Charakter verführt werden und so fast schockähnliche Gefühle erleben. Der Film als Medium hat aber weder die Gewalt, die in unserer Gesellschaft allgegenwärtig ist, noch deren Darstellung erfunden.

Staatliche Institutionen üben ein Gewaltmonopol aus, legitimierte Gewalt existiert in vielen Bereichen. Brutale Beschreibungen von Bluttaten finden sich in den ältesten Aufzeichnungen der Menschheit, in Märchen, der klassischen Literatur bis hin zum Horrorfilm.

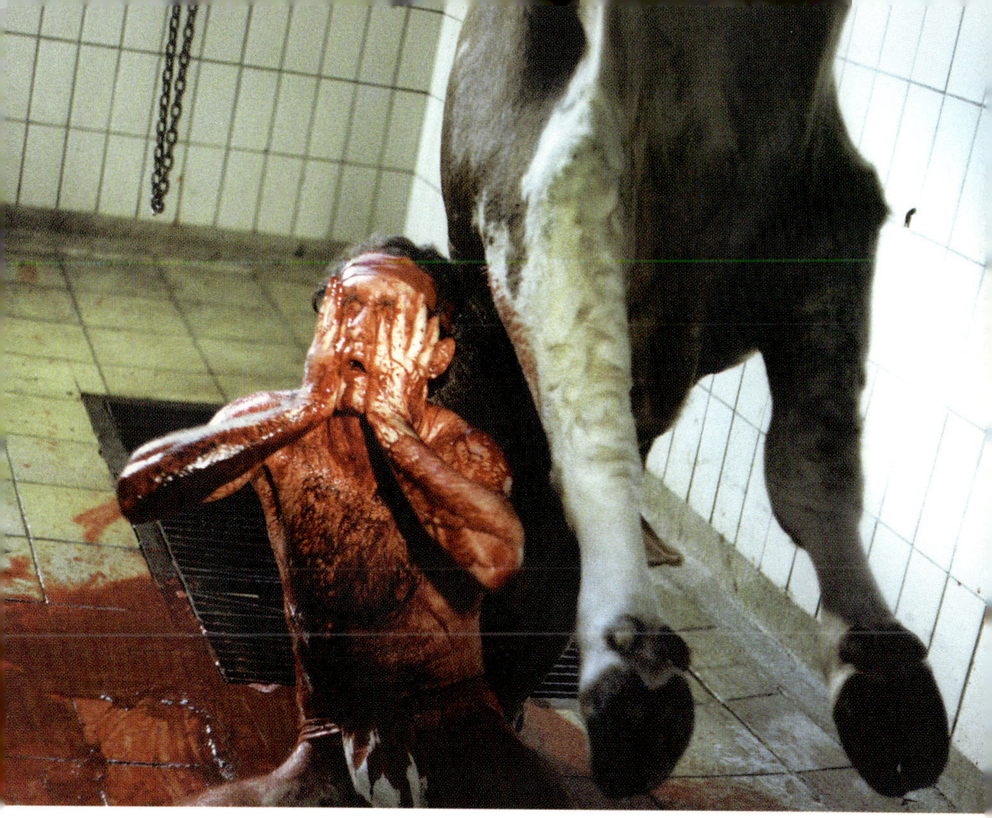

Filmausschnitt aus „Pasolini inszeniert seinen Tod“ von Houchang Allahyari

Vielleicht liegt es in der Natur des Menschen, die Konfrontation mit Urängsten, Gewalt, Haß und Tod zu suchen, vielleicht verhilft das Betrachten eines solchen Werkes so manchem zum Abbau von Aggressionen. Vielleicht, auch wenn es gefährlich ist, so etwas zu sagen, wirkt es sogar therapeutisch?

Wie in meiner psychiatrischen Arbeit stellt mich die Frage der Gewalt auch als Regisseur vor ein Problem. Natürlich finde ich, daß die Freiheit der Kunst ein unantastbares Gut sein sollte und ihr Verschwinden immer dem Verschwinden aller anderen Freiheiten vorangeht. Die Grenzen dafür, was man dem Publikum zeigt, liegen im Künstler selbst, sind nicht festgeschrieben und lassen sich nicht verallgemeinern.

Ich habe schon oft festgestellt, wie sehr sich der Eindruck einer Gewaltszene, wenn man sie am Set inszeniert, von der Wirkung unterscheidet, die sie auf der Leinwand ausübt. Der Unterschied muß dem Regisseur bewußt sein, er ist oft überraschend groß.

Ein Beispiel für diese Verzweiflung, die ich als Künstler manchmal fühle, wenn es um Gewalt geht, ist mein Film „Fleischwolf“, in dem es um das Leben, die ganz spezielle Subkultur in einer Haftanstalt geht, vor allem aber um die Ausbildung von Rangordnungen, extremen Hierarchien, die zum Teil durch Gewalt entstehen und die automatisch Gewalt fördern.

Um die Gefängnis-Situation realistisch zu zeigen, war es nötig, diese auch sexuellen Aggressionen ins Bild zu bringen. Meine künstlerische, nicht moralische Entscheidung war damals, diese Szenen grausam, aber abschreckend, ekelerregend und nicht heroisierend darzustellen. Vor einer ähnlichen Situation stand ich bei den Vorbesprechungen zu einem Projekt, aus dem der Fernsehfilm „Eine tödliche Liebe" hervorging. Es handelte sich um einen realen Fall: eine dramatische Geschichte, in deren Verlauf Kinder beim Versuch der Mutter, sie mit in den Selbstmord zu nehmen, zu Tode kommen.

Mir war von Anfang an daran gelegen, die wahren Geschehnisse nur als Ausgangspunkt zu nehmen, die Filmstory aber weit davon entfernt anzusiedeln. Es stellte sich auch heraus, daß es sehr wohl möglich war, die emotionalen Extremsituationen, das Berührende an der Geschichte herauszuarbeiten, ohne auf blutige Details zurückgreifen zu müssen.

Trotz dieser zurückhaltenden Gewaltdarstellung und des Bekanntheitsgrades dieses Falls gab es massive Publikumsreaktionen. Allein die Tatsache, daß ein Kind im Film gewaltsam zu Tode kommt, löste Empörung aus.

Mein Verhältnis zur Gewalt in Filmen ist wohl ambivalent, Regeln aufzustellen ist unmöglich, dem Regisseur bleibt nicht erspart, sich mit ihr auseinanderzusetzen, jedesmal erneut. Einschränkungen von außen, mit welchem Argument auch immer, würde ich aber auch nicht akzeptieren.

Für mich gibt es einerseits Filme, wie sie zum Beispiel ein Pier Paolo Pasolini geschaffen hat, in denen die Gewalt Brüche in der Gesellschaft aufzeigt, Tabus sichtbar macht und vor allem den Faschismus symbolisiert. Pasolini ist ja dann auch durch genau diese Gewalt ums Leben gekommen, im Blut der Gesellschaft ertrunken, wie er selbst sagt und wie ich es in meinem Film „Pasolini inszeniert seinen Tod" versucht habe, symbolisch wiederzugeben. Etwas grundsätzlich anderes sind für mich Filme, die mit einseitigem Blick auf die Kasse billigen Voyeurismus praktizieren. Trotz des unbestreitbaren Werts der künstlerischen Freiheit stößt es mich ab, wenn ich sehe, daß drastische Gewaltszenen als Selbstzweck schick und modern werden. Gefühlsmäßig würde ich manchen geldgierigen „Künstlern" diese Art von Sensationsgeilheit gerne verbieten, doch wer soll die Entscheidung treffen? Für mich wäre die Vorstellung, daß dann auch meine Filme zensiert werden sollten, undenkbar.

Es ist sicher keine neue Erkenntnis, daß die Wirkung, die eine Szene auslöst, maßgeblich von Faktoren wie der dramaturgischen Gestaltung und dem Handlungskontext abhängt, aber auch sehr von der Persönlichkeit des Zusehers, seinem Alter, seiner Intelligenz und sozialen Position. Entscheidend ist sicher vor allem bei Kindern die Situation beim Ansehen, ob alleine, mit Freunden oder Eltern.

Es ist wohl unmöglich, Kinder heute vor der Tatsache zu schützen, daß diese Welt in vielen Bereichen gewalttätig ist, und es wäre auch eine Art von Verdrängung. Man kann Kinder nicht wie in einem Glashaus aufwachsen lassen. Wenn Eltern ihren Kindern gegenüber oder allgemein Gewalt in welcher Form auch immer anwenden und den Kindern gleichzeitig brutale Filme verbieten, ergibt das für mich keinen Sinn. Ich kenne aus meiner Arbeit als Psychiater leider zu viele Fälle von sehr realer Gewalt in den Familien.

Wichtig ist eine liebevolle Beziehung, eine überlegte Auswahl von Filmen und Fernsehsendungen und das Gespräch darüber.

Ich bin der Überzeugung, daß ein Film niemanden zu einer Gewalttat veranlassen wird, aber er kann der Tropfen sein, der das Faß zum Überlaufen bringt. Ich halte jedenfalls Filme, in denen die Gewalt Selbstzweck oder, anders gesagt, der eigentliche Star ist, für entbehrlich.

Geschichte der Gewalt und ihrer kulturellen Ausdeutung

Henrik Kreutz

„Gewalt“ ist fast immer die Gewalt der anderen. Seit „Kriegsministerien“ in „Verteidigungsministerien“ umbenannt worden sind, spricht man auf der Makroebene, auf denen Staaten und Multis agieren, vom „Schutz berechtigter Interessen“, „Selbstverteidigung“ und „Prävention“, wobei die Grenzen zwischen Vorbeugung und Angriff selbstverständlich fließend sind.

Im mythologischen Geschichtsverständnis finden wir in vielen Kulturen eine Grundauffassung, der gemäß die Menschheitsgeschichte in drei Epochen oder Weltzeitalter gegliedert ist. Auf eine Periode des paradiesischen Friedens folgt der durch den Sündenfall bedingte „Kampf aller gegen alle“, eine Epoche, die Thomas Hobbes treffend als eine gekennzeichnet hat, in der der Mensch selbst des Menschen Wolf – homo homini lupus – ist. Auf die endgültige Überwindung des Feindes, die meist als Vernichtung gedacht wird, folgt demnach die Utopie des „Ewigen Friedens“. Mit diesem Mythos wird die Weltgeschichte zur Heilsgeschichte der Menschheit. Jean-Jacques Rousseau hat diese vom Christentum ins Jenseits transferierte Heilsgeschichte säkularisiert. Auf das von ihm angenommene natürliche Paradies folgt die Hölle der modernen Zivilisation, die durch ein „Zurück-zur-Natur“ erlöst wird. In diesem Sinne sprach der bekannte Soziologe Hans Freyer in den dreißiger Jahren vom Nationalsozialismus als vom „angewandten Rousseau“.

Gewaltanwendung als Mittel zur Erreichung des „Heiles“

Alle diese Heilslehren rechtfertigen Gewaltanwendung als Mittel zur Erreichung des „Heiles“. Individuelles Schicksal und Weltgeschichte als Heilsgeschichte werden dabei unlösbar miteinander vermischt. Dieser Typus von offener Verherrlichung der Gewalt ist immer noch allgegenwärtig, alle möglichen Formen von Kreuzzügen werden auf dieser Grundlage geführt, und die Vernichtung von Menschen wird so zur Heldentat oder zu einer heiligen Handlung.

Hand in Hand mit dem Bestreben, solche Heilslehren durchzusetzen, wurde in der Neuzeit immer wieder versucht, diese mit Hilfe der Evolutionstheorie des Darwinismus bzw. Neodarwinismus, mit Erkenntnissen der tierischen Verhaltensforschung und mit Hilfe von Prähistorie, Archäologie und Paläontologie wissenschaftlich zu untermauern. Dabei wurden neue Mythen geboren. So z. B. hat der Zoologe und spätere Sozialanthropologe Arnold Gehlen daran geglaubt, daß innerartliche Aggression bei Tieren durch eine instinktgesicherte Tötungshemmung bei freiwilliger Unterwerfung seitens des unterlegenen Tieres wirksam begrenzt wird, daß aber diese Tötungshemmung beim Menschen im Zuge der Evolution des Großhirns weitgehend weggefallen sei. Vor allem Konrad Lorenz hat diese Thesen, die mittlerweile empirisch eindeutig widerlegt sind, in weitesten Kreisen der Bevölkerung zur unkritisch geglaubten Selbstverständlichkeit gemacht.

Gefährlich an solchen Lehren vom „guten Tier" oder von der „guten Natur des Menschen" ist vor allem der häufig nicht ausgesprochene Umkehrschluß, den ein solcher „angewandter Rousseau" nahelegt: Wenn die Natur des Menschen gut ist und die Natur die innerartliche Aggression wirksam begrenzt, dann beweist die unbezweifelte Tatsache der massenhaften Tötungsdelikte gemäß dieser Auffassung, daß innerhalb der Menschheit mehrere in Entstehung begriffene Arten, d.h. Rassen, sich gegenseitig die Existenzberechtigung streitig machen. Der Kampf ums Überleben wird zum Kampf um das Territorium, und der Ausländer, insbesondere der Flüchtling und Asylsuchende wird zum Aggressor, dessen faktische Vernichtung nur als ein Akt der Selbstverteidigung erscheint.

Kampf der Kulturen

Dieser einfache Gedankengang läßt sich folgendermaßen kurz zusammenfassen: Wenn bei „natürlichem Verhalten" innerartliche Aggression begrenzt ist, dann kann die bei der Menschheit zu beobachtende, entgrenzte Aggression zwischen Menschen nur dadurch bedingt sein, daß sie nicht alle der gleichen Art angehören. Ob die so unterstellte Differenzierung der Menschheit in verschiedene Arten von Menschen durch Gene bedingt ist und daher als „Rassen" bezeichnet werden können oder vorwiegend durch „Eme" – ein Ausdruck von Richard Dawkins – und damit als „Kulturen" apostrophiert werden müssen, ist dabei sekundär. In jedem Fall ergibt eine solche Auffassung im Endergebnis, daß der „Genozid" bzw. „Emozid" unausweichlich ist, wenn verschiedene menschliche Arten miteinander auf einem Territorium leben müssen. Samuel P. Huntington spricht in diesem Sinne heute von einem „Kampf der Kulturen". Menschliche Kulturen werden so in die Nähe von Bakterienkulturen gerückt.

Der Sozialpsychologe Leon Festinger hat in seinem Spätwerk über die „Archäologie des Fortschritts" auf der Basis prähistorischer empirischer Evidenz die These aufgestellt, daß Totschlag und Krieg in der menschlichen Entwicklung vor kaum einer Million Jahren als Folge der Hilflosigkeit in einer selbstgestellten Falle erfunden worden wären. Nicht daß die vormenschlichen Tierarten so besonders friedlich gewesen wären, vielmehr sei gerade beim Übergang zum Homo sapiens zunächst eine besonders friedliche Spezies entstanden, in der innerartliche Aggression kaum vorkam. Dadurch, daß diese früheren Menschen aber seßhaft und zu Ackerbauern wurden, ergab sich eine explosionsartige Bevölkerungsvermehrung in der damals bewohnten Welt der semiariden Zonen des südöstlichen Mittelmeerraumes. Der Mensch befand sich plötzlich in der Falle der relativen Über-

Folter und Hinrichtung unter Heinrich VIII. Kupferstich aus Theatrum crudelitatum, 1588

völkerung, und diese bewirkte die schlagartige Verstärkung der innerartlichen Aggression, die die Tötungshemmung hinwegfegte. Mit einem Wort: Es gibt keine lineare Entwicklung vom friedlichen Naturwesen zum Krieg führenden und somit den Totschlag institutionalisierenden Menschen, vielmehr gibt es ein Auf und Ab an Mordlust, das von der äußeren Situation gesteuert wird. Diese äußere Situation ist aber langfristig das Werk des Menschen selbst, der seine Umwelt verwüstet und die kooperative Struktur seiner Gesellschaft zerstört, um sie dann wieder neu zu erschaffen. Eine Garantie dafür, daß dieser zyklische Prozeß immer eine Art Fließgleichgewicht bildet, gibt es aber nicht. Die Rückkopplung der tatsächlichen Handlungen in Form ihrer symbolischen Abbildung und Weitergabe hat aber diesen zyklischen Prozeß seit Zehntausenden von Jahren mitbeeinflußt. Die Verherrlichung des Kriegers, das Ideal der Nächstenliebe, die Xenophobie der sich gegen die Umwelt abschottenden Stammesgesellschaft, die Xenophilie von anderen Kulturen, in denen der Fremde als Bereicherung empfunden wird, alles das hat als Leitbild seit jeher das tatsächliche Verhalten entscheidend mitgeformt.

Unbezweifelbar ist nun die Tatsache, daß heute durch das Fernsehen Legionen von Morden und Tötungshandlungen ins mehr oder weniger bürgerliche Wohnzimmer geliefert werden. Ebenso ist unbezweifelbar, daß die Nachfrage nach Gewaltdarstellungen nach wie vor fast unersättlich ist. Dies insbesondere dann, wenn sie in der bewährten „sex-and-crime-Mischung“ dargeboten wird.

Jahrzehntelang wurde ein solches Angebot mit der Katharsis-These verteidigt. Demnach würde die Darstellung von Gewalt aufgestaute Aggressionen auflösen und sich harmlos in der Rezeption visueller Gewalt ausleben und so den Ausbruch tatsächlicher Gewalt eher verhindern als fördern. Diese Katharsis-These ist seit Ende der 70er Jahre empirisch als eindeutig falsch erwiesen.

Ist nun deshalb die Gegenthese, daß nämlich Gewaltdarstellungen tatsächliche Gewaltbereitschaft verstärken, richtig?

Nicht unbedingt. Wenn wir die heutige Lebenswelt betrachten, dann erhält die theoretische Unterscheidung zwischen direkter, offener Gewalt einerseits und struktureller, latenter Gewalt andererseits eine zentrale Bedeutung. Wenn ich z.B. jemand in einen fensterlosen Raum mit einer einzigen Tür locke und hinter ihm die Tür zusperre, dann brauche ich ihm kein Haar zu krümmen, trotzdem nehme ich ihm jede größere Bewegungsfreiheit und gefährde seine Überlebenschance um so mehr, je länger ich ihn dort lasse. Dies ist ein einfaches Beispiel struktureller Gewalt. Im Alltag vollzieht sich diese strukturelle Gewalt nicht so plump, sondern überwiegend mit Hilfe von List, Manipulation, verdeckten Absprachen, Mobbing am Arbeitsplatz sowie symbolischen Handlungen. Der Druck, den eine solche strukturelle Gewalt ausübt, nimmt nun seit Jahrzehnten wieder zu. Diese Form der Gewalt ist nicht direkt sichtbar, sie läßt sich schwer nachweisen, und die Mehrheit verfügt einfach nicht über die psychologische oder sozialwissenschaftliche Vorbildung, um sie zu durchschauen.

Die Gewaltdarstellungen im Fernsehen verschaffen daher dieser erlebten und erlittenen strukturellen Gewalt, die unseren Alltag durchsetzt, einen für den ungeschulten Verstand einfach nur sichtbaren und greifbaren Ausdruck, mit dem man sich emotional auseinandersetzen und an dem man sich affektiv abreagieren kann. Die diffusen Ängste und das durch die strukturelle Gewalt erzeugte Gefühl der permanenten, unerklärlichen Bedrohung werden so interpretiert, erhalten eine konkrete Gestalt und werden somit faßlich. Die konkrete Erscheinungsform, in die die strukturelle Gewalt durch die Medien gegossen wird, ist das Verbrechen, die Gewalt durch Außenseiter und durch Fremde. Die Alltagswelt erscheint dabei nicht als eine Welt struktureller Gewalt, sondern als eine friedliche Welt, in die von außen die Gewalt eindringt. Nicht die strukturelle Gewalt der eigenen Gesellschaft wird sichtbar. Im Gegenteil, diese wird verdrängt, die Innenwelt erscheint als friedliches Paradies à la Rousseau.

Die Gefahr kommt von außen. Dies ist die Geschichte, die die Medien erzählen und immer wieder erzählen. Durch diese irreführende, aber faßbare Umdeutung der strukturellen Gewalt in direkte, physische Gewalt in der virtuellen Welt der Medien wird aber der Ruf nach Intensivierung der Kontrolle, nach Polizei, Überwachung, Lauschangriff, verstärktem Grenzschutz und Relativierung verfassungsmäßiger Grundrechte des einzelnen verstärkt. Mit einem Wort: Das symbolische Sichtbarmachen der strukturellen Gewalt erzeugt in der Form, wie sie geschieht, eine positive Rückkopplung, die die eigentliche Ursache der diffusen Ängste, nämlich die strukturelle Gewalt, noch verstärkt. Natürlich steigt dabei auch die

Nachfrage nach medialen Inhalten, die die nicht faßbare strukturelle Gewalt in triviale und kontrollierbare physische Gewalt umdeutet.

Am Ende des kollektiven Lernprozesses, der aus der Interaktion von struktureller Gewalt einerseits und Mediendarstellung primitiver physischer Gewalt andererseits entsteht, steht somit eine Gesellschaft, die sich aus selbsterzeugter Angst durch eine hypertrophe Entwicklung ihres Kontrollapparates selbst blockiert. Dies ist die Geschichte der Gewalt. In der jüngsten Phase dieser Geschichte schaukeln sich die strukturelle Gewalt von Massenorganisationen und von gesellschaftlichen Machtkartellen auf der einen Seite und die virtuelle Gewalt der Medieninhalte auf der anderen Seite gegenseitig hoch. Liefe dieser Prozeß ungehindert weiter, dann ergäbe sich am Ende eine Welt weitestgehender Unfreiheit. Unterbrochen werden kann dieser selbststeuernde Prozeß durch eine breit angesetzte Aufklärung, die den Zusammenhang zwischen struktureller und virtueller Gewalt verständlich und für die Mehrheit bildhaft faßbar macht.

Literatur:

DAWKINS, R.: Das egoistische Gen. Berlin 1948; FESTINGER, L.: Archäologie des Fortschritts. Frankfurt a. M. 1985; FREYER, H.: Soziologie als Wirklichkeitswissenschaft. Leipzig und Berlin 1930; FREYER, H.: Revolution von Rechts. Jena 1931; GEHLEN, A.: Urmensch und Spätkultur. Bonn 1956; HOBBES, TH.: Leviathan. 1651, dt. Ausg. hg. von Fetscher, I. u.a. Neuwied 1966; HUNTINGTON, S. P.: Political Order in Changing Societies. New Haven , Conn. 1968; LORENZ, K.: Das sogenannte Böse. Wien 1963; ORYWAL, E. et al. (Hg): Krieg und Kampf. Die Gewalt in unseren Köpfen. Berlin 1996; ROUSSEAU, J.-J.: Discours sur les sciences et les arts. Paris 1750; ROUSSEAU, J.-J.: Du contract social. Paris 1762.

Von Westernhelden und Heimatfilmchen

Conny Hannes Meyer

„Bote: Und sah und sah – sah Blutiges und Mord und Mord und Tot und sah es grausend aber sah es und sah es wieder Tag und Nacht und werd's wohl immer sehen müssen." („Die Perser" von Aischylos, 472 v. Chr.)

Alltag in den klein- und großformatigen Gazetten: Da werden Kriminalstories, in deren drehbuchähnlichen, filmreifen Horrorszenen immer öfter jugendliche Brutalos die Hauptrollen spielen, breit dargestellt. Tatsächlich läßt die Art und Weise, wie die nicht selten minderjährigen Sprayer, U-Bahnterroristen, Einbrecher, Autodiebe, Erpresser, Vergewaltiger, Brandstifter, Totschläger, Lehrer- und Elternmörder da „die Sau rauslassen", wie sie ihr „Ding dreh'n", „Actions durchzieh'n" oder „Ramba-Zamba machen", auf eine unübersehbare optische Demonstration, ein auf szenische Wirkung angelegtes Rollenspielverhalten schließen. Und nicht von ungefähr lassen manche Abläufe alltäglicher Gewalt an detaillierte Gewalttaten in gewissen Filmen und Fernsehserien denken, in denen die perfekten Praktiken von Berufskillern nicht nur einfach gezeigt, sondern bewußt und genüßlich zelebriert werden.

Alle diese, in der Mehrzahl aus den USA importierten Totschlagopern und Revolvertangos, die – „des großen Erfolges wegen" – zumeist in Serien über Kinoleinwände und Fernsehschirme direkt in die empfangsbereiten Gemüter von Millionen Zuschauern strahlen, scheinen also die eigentlichen trojanischen Pferde, in deren prallen Bäuchen die Brutstätten des Bösen zu finden wären. Und alle diese „Rambos", „Kung-Fus", „Terminators", „007" und andere Killer-Kultikonen wären nichts als Modellfiguren der Gewalt, beispielhafte Revolverhelden.

Nicht nur der Verfall abendländischer Traditionen, die Mißachtung europäischer Lebensformen, wie etwa gutes Benehmen, Höflichkeit, niveauvolle Kleidung, Sinn für echte Qualität und Pflege geistreicher Konversation, sondern auch die zunehmende Verrohung und Verwilderung aller guten Sitten, sogar auch des Geschmacks, kämen ausschließlich aus diesem der Welt aufgezwungenen Anschauungsunterricht vom amerikanischen Zelluloid.

Selbst die Gruppenbildung Jugendlicher scheint zunehmend amerikanisiert. Die altösterreichische „Platte", deren unverwechselbarer Repräsentant der „Plattenbruder" war, ist verschwunden; an ihre Stelle ist die „Gang" getreten. Die „Platte" hatte vielleicht einmal auch geschossen, die „Gang" schießt auf jeden Fall. Der Plattenbruder hatte seinen Feitel im Schuh, die Punks, Rocker, Hooligans und Skinheads tragen ihre Schlagringe, Überlebensmesser, Baseballschläger und

Pump-Guns nicht selten offen spazieren, scharf geladen und schußbereit wie im Film. Also alles nur Kopien?

Das könnte man ja auch von vergleichsweise harmlosen Räuber- und Gendarm-Filmen wie „Tatort“, „Der Alte“, „Die Neue“, Kommissar Rex“, „Ein Fall für Zwei“, „Columbo“ bis zu „XY ungelöst“ behaupten. Von diesen Sofakrimis geht allerdings nie so etwas zu brachialem Terror Verführendes aus, als daß man sie als Ursache jugendlicher Gewaltverbrechen dingfest machen könnte.

Dennoch wird die Zahl gerichtlicher Verurteilungen bei allen Bevölkerungsgruppen als eher rückläufig bezeichnet. Das angstschlotternde Publikum bekommt in schöner Regelmäßigkeit hochdramatisierte Greuelberichte zu lesen. Nicht verwunderlich, daß Berichterstattung über Gewalttaten vorerst einmal ebensolche gewalttätigen Strafe- und Rachegelüste in der zu Recht aufgebrachten Bevölkerung hervorruft. Jeder war schon mit der ausschweifenden Phantasie jener nach „angemessener Bestrafung“ und „ausgleichender Gerechtigkeit“ rufenden Ordnungsmacher konfrontiert, die den immer mißverstandenen Satz „Aug' um Aug', Zahn um Zahn“ enthusiastisch weiter liberalisieren, und denen beginnend mit „Also, die g'hörn ja ...“ keine sadistische Scheußlichkeit, keine grauenhafte Tortur zu unmenschlich ist, um sie nicht als Vergeltung an den Untätern angewendet sehen zu wollen.

„Sofakrimis“

Freilich schöpfen sie ihren Einfallsreichtum dabei aus der scheinbar ewig gurgelnden Kloake menschlicher Grausamkeit, bedienen sich aus dem übervollen Magazin historisch verbürgter Quälereien, von denen die Carolina der spanischen und die Theresiana der österreichischen Habsburger nur die bekanntesten Strafgerichtsordnungen sind. Gewalttätigkeiten, und ihre Ahndung durch obrigkeitliche Allgewalt, gibt es ja nicht erst, seit Menschen – etwa auch durch Fernsehen – zu Unmenschlichkeiten inspiriert werden. Die Literatur der Antike, beispielsweise die Odyssee, ist voll von grausamen Gewalttätigkeiten. Die germanische Edda, die Heldensagen, sogar manche Märchen sind voll von detailliert geschilderten blutigen Scheußlichkeiten. In den Märtyrerspielen des Mittelalters wurden Menschen gepeitscht, geschlagen, getreten, gestoßen, geschleift, gefesselt, gehängt, gebraten, gesotten, gewürgt, gekreuzigt, gevierteilt, geköpft und überhaupt gefoltert, daß es eine wahre Freude war und dem Publikum das Herz im Leibe lachte, wenn es einem Delinquenten gerade herausgeschnitten wurde.

Das elisabethanische Theater, einschließlich das des William Shakespeare, wäre ohne die dabei präzise und artistisch vorgeführten Mordtaten nicht halb so berühmt und beliebt geworden, „weil die Natur der Menschen noch wild ist“, wie der Dichter nur allzu gut wußte. Weshalb während des Schah-Regimes in Persien Shakespeare nicht aufgeführt werden durfte. Die Angst des Monarchen, gut inszenierte Königsmorde könnten Nachahmung finden, war nicht unberechtigt.

Gewalt gab es auch in der Opernwelt von Anfang an, wozu den Komponisten aller Länder auch gewaltig viel einfiel. Richard Wagner zum Beispiel, dessen

Nibelungenring eine Verkettung aller Arten heroisch instrumentierter Gewalttätigkeiten darstellt: Raub, Inzest, Betrug, Verrat, Ehebruch, Entführung, Mord. Das deutsche Strafrecht (als Begleittext in einem Programmheft) machte die Oper zu einem interessanten Krimi, dessen Unterhaltungswert sich mit vielen US-Thrillern in guter Gesellschaft befände.

Superman, Westernheld

„Gewalt! Gewalt!" war der durch die Jahrhunderte gellende Hilfeschrei mißhandelter und bedrohter Opfer von Verfolgungen, er wurde millionenfach durch „starke Männer" mit Brachialgewalt erstickt. Nur zu begreiflich, daß der amerikanische Ersatzschutzengel Superman bei Kindern „in" ist und gern gesehen wird: Da ist er ja, der neue Nothelfer, der Kämpfer gegen das Unrecht, der Rächer. Wenn der gewaltig herabfährt und den Bösen die Schnauze poliert, dann tut er nämlich nur Gutes.

Deshalb wird auch der Westernheld nicht als böse und gewalttätig gesehen, selbst wenn er ballert, daß der Colt raucht und nicht einer übrigbleibt: Er übt Gerechtigkeit – und das ist doch gut! Oder? Überhaupt gilt im Fernsehen so wie im Film, daß jeder schießen darf, soviel er will, wenn's nur für die gerechte Sache ist.

Es gibt eben die Ungerechtigkeit, die meistens zuerst schießt. Und es gibt die Gerechtigkeit, für die man danach leider schießen muß. So ist es eben im Krieg, nicht? Die Kriegsberichterstattung in den Medien ist da nicht zimperlich, wenn sie von den „Greueln" berichtet (an denen es, natürlich nur im Sinne steigender Auflagen und Einschaltquoten, gottlob nicht mangelt). Wer einen Begriff von – im wahrsten Sinn des Wortes – „mörderischer" Kriegsberichterstattung bekommen möchte, lese in einigen Zeitungen des Ersten Weltkriegs nach. Die Art und Weise, wie etwa die nicht umsonst von Karl Kraus in den „Letzten Tagen der Menschheit" zitierte Reporterin Schalek über die Kampfhandlungen an der vordersten Front informiert, steht in der Schreibart den tatsächlichen Ereignissen kaum nach. Da wurde Gewalt geschildert und zugleich Gewalt provoziert.

US-Gewaltorgien

Im Zeitalter kopierbarer Ton- und Filmkassetten erscheinen Schutzbestimmungen wie „Für Jugendliche unter 14 Jahren nicht zugelassen" jedoch bereits naiv. Außerdem ist der Ruf nach mehr obrigkeitlicher Kontrolle nicht unbedenklich. Gleich hinter den ehrlich besorgten Jugendschützern warten nämlich bereits politisch argumentierende Zensoren, die Kultur, Gesellschaft, Staat, Deutschtum und überhaupt das Abendland schützen wollen.

Verständlich, daß 150 Krimis, Thriller, Action-Filme und Horrorstreifen – allein aus den USA – innerhalb einer einzigen Woche (zum Beispiel jener vom 25. September bis 1. Oktober 1998) in der Zeitspanne von 35 Stunden über 17 Kanäle laufend, die europäischen Alarmsirenen über den „US-Kultur-Imperialismus" aufheulen lassen. Doch vergeblich protestieren Politiker, Elternvereine, Bürgerinitiativen und Künstler. Der internationale TV-Markt wird seit Jahren einzig von Amerika beherrscht. Die Film- und Fernsehindustrie ist inzwischen die zweitgrößte Exportbranche der USA gleich nach der Luft- und Raumfahrtindustrie.

Hauptgrund für die weltweite Überschwemmung mit amerikanischen Fernsehserien und -filmen, in denen besonders viel Gewalt gezeigt wird, ist die erstaunliche Tatsache, daß die Kosten für die Produktion größtenteils bereits in den USA eingespielt werden, so daß die Filme im Ausland zu Dumpingpreisen angeboten werden können. Dadurch kann weltweit kein nicht-amerikanischer Produzent mithalten; vermutlich auch nicht mit den kaum mehr steigerbaren Brutalitäten, die in diesen „Kulturimporten“ gezeigt werden. Warum sie dennoch auch von unserem ORF angekauft werden? Zynische Erklärung: Weil die Leute das gern sehen!

Ein zweites Argument der Produzenten lautet: Die Abstimmung, ob ein Film zumutbar ist, findet an der Kassa statt. Daß das Angebot die Nachfrage bestimmt, wird freilich nicht erwähnt. Da tröstet uns doch der weltberühmte Arnold Schwarzenegger: „Wir wollen keine Glorifizierung der Gewalt. Die Botschaft in unseren Filmen ist klar: Gewalt wird immer positiv eingesetzt, nämlich, um das Böse zu zerstören. Es gibt keinen Beweis dafür, daß Filme zur Gewalt beigetragen haben.“

Gefragt, ob er besonders grausame Filmszenen schon einmal abgelehnt habe: „Nein, eher das Gegenteil. Ich wollte es zuweilen noch brutaler und grausamer. Was will ich mit einem Film erreichen? Unterhaltung. Was wir machen, muß man mit Humor nehmen. Ich will keine intellektuellen Erkenntnisse verbreiten und keine neue Philosophie entwickeln, sondern unterhalten.“

Über die Auswirkung solcher Unterhaltung liegen sich Soziologen und Psychologen freilich seit Jahren in den Haaren. Glauben die ersteren, durch Nachahmungstäter-Statistiken beweisen zu können, daß Gewalt in Film und Fernsehen die Gesellschaft brutalisiere und die Überflutung der Menschen mit immer mehr und mehr Gewalt schließlich zur Akzeptanz von Gewalt führe, so behaupten die Psychologen, daß die Leichenzählerei kein brauchbarer Ansatz zur Erforschung der wirklichen Ursachen steigender Gewalt und Jugendkriminalität sei. Generationen von Jugendlichen würden demnach nur deshalb stundenlang vor dem Fernsehapparat sitzen, weil ihre Familien nicht intakt wären. Und tatsächlich: Untersuchungen beweisen, daß Jugendliche nach TV-Gewaltszenen nur dann radikal würden, wenn sie unbewältigte Probleme schon zuvor in sich getragen haben. Außerdem gebe es auch die vom aristotelischen Theater herrührende Katharsis-Theorie, wonach durch das Erleben von Furcht und Mitleid letztlich Läuterung und innere Reinigung erfolge.

Bewiesen wäre lediglich: Viel TV = bessere Allgemeinbildung, wenig TV = bessere Schulnoten. Die Nachahmungstäter-Behauptung ist schlichtweg falsch, die Ursache-Wirkung-Theorie ein Irrtum. So könnte man auch behaupten, daß die Sonne aufginge, wenn die Hähne krähen. Und überhaupt sei die Gewaltkriminalität in der heutigen Gesellschaft deutlich niedriger als etwa um die Jahrhundertwende, also in der so oft beschworenen „guten alten Zeit“. Nur werden

Richard Wagners „Siegfried": Gewalt in der Oper

heute – dank des technischen Fortschritts – die Gewalttaten der Öffentlichkeit rascher bekannt. Auch in den Schulen und unter Jugendlichen existiere nicht mehr Gewalt als früher. Nur die Sensibilität für das Problem sei gestiegen. Kinder sähen Gewalt in Form von Action und Spannung nicht als real existierenden Extremismus. Wenn Kinder, wie unlängst in Malaysia, die Flugkünste des Comic-Fernsehhelden Batman nachahmten und dabei tödlich verunglückten, oder wenn ein Bub in Singapur eine Selbsttötung mittels Erhängen im Fernsehen sah und sich anschließend selbst tötete, so seien diese tragischen Einzelfälle aber nicht zu verallgemeinern.

Der frühere RTL-Geschäftsführer Helmut Thoma meint: „Es ist einfach zu sagen: Hier Gewaltdarstellung, daher dort Gewaltausübung. Aber das stimmt so nicht. Die größten Gewalttäter dieses Jahrhunderts waren nämlich exzessive Konsumenten von Heimatfilmen und Schmalzkomödien."

Daran mag etwas Wahres sein. Die NS-Verbrecher jedenfalls, die KZ-Beamten und die Massenmörder sahen sich tatsächlich keine Horrorfilme an. Sie waren Konsumenten der scheinbar harmlosen UFA-Filmchen. Und in diesen wurde eine blitzputzsaubere und beinah konfliktfreie Welt vorgeführt.

1.3. WIRKUNG VON MEDIALER GEWALT UND UMGANG DER REZIPIENTEN MIT GEWALT

Die Debatte um mediale Gewalt als „moral panic"

Brigitte Hipfl

In regelmäßigen Abständen, meist ausgelöst durch ein dramatisches Ereignis, bei dem ein Heranwachsender eine Gewalttat verübt, bricht die öffentliche Diskussion über die kausale Rolle, die dabei den Gewaltdarstellungen in den Medien zukommt, wieder mit voller Wucht aus. Es werden ExpertInnen um Stellungnahmen gebeten, deren Positionen dann in den Medien meist unter „es fehlen eindeutige Forschungsergebnisse" wiedergegeben werden, es werden politische Forderungen formuliert und manchmal auch konkrete Zusagen zur Einführung oder Verstärkung von Kontrollmaßnahmen gegeben – mit dem Resultat, daß sich beim nächsten Anlaß dasselbe nur in gleicher Weise wiederholt.

Nachvollziehbar wird dies erst, wenn die Debatte um die „gefährlichen Medien" in einem breiteren Kontext gesehen wird – als Beispiel für eine Form der Auseinandersetzung mit der Frage, wie unsere Gesellschaft organisiert und reguliert werden soll. Dann zeigt sich nämlich, daß hier tiefsitzende moralische und politische Überzeugungen zum Ausdruck kommen, die in Zusammenhang stehen mit den gegenwärtigen gesellschaftlichen Veränderungen, wie sie häufig mit Schlagworten wie Individualisierung, Globalisierung, Veränderungen der Familienstruktur, Konsum- und Mediengesellschaft charakterisiert werden.

Die Geschichte der Medien ist auch eine Geschichte moralischer Bedenken gegen diese Medien. Beim Aufkommen jedes neuen Mediums wurden Befürchtungen laut, daß dadurch die bestehende Kultur gefährdet werde. So hat z.B. schon Platon vor Dichtung gewarnt, die die Schrecken der Unterwelt darstellt, da damit schlechte Vorbilder geliefert sowie intensive emotionale Reaktionen ausgelöst würden (vgl. Bachmair, 1998, 13). Als besonders problematisch wurden jedoch Film und Fernsehen eingeschätzt, und zwar aufgrund der Verführungskraft, die den Bildern zugeschrieben wurde. Aussagen über zu befürchtende negative Einflüsse der Medien sind fast immer Aussagen über andere (vgl. dazu auch Buckingham, 1997; Petley, 1997). So sind es vor allem Angehörige sozial niedriger Gruppen, Frauen und vor allem Kinder, die als besonders gefährdet gelten.

Die gegenwärtigen Debatten zu den Auswirkungen medialer Gewalt sind bestimmt von dem Argument, die Kinder vor schädlichen Einflüssen zu schützen. Nun ist wohl gerade dies eine Forderung, der sich niemand ernsthaft entgegenstellen wird. Gleichzeitig ist diese Argumentation von einer spezifischen Konzeption von Kindheit und Kindsein bestimmt (vgl. Barker/Petley, 1997), die es sich genauer anzuschauen lohnt. Kinder werden hier über das definiert, was ihnen im Vergleich zu den Erwachsenen fehlt – die Unfähigkeit oder fehlende Bereitschaft, den Normen der Erwachsenen zu entsprechen (vgl. Buckingham, 1997). Bewertet wird dies meist sehr positiv, wie etwa als „natürliche Unschuld", die es möglichst lange aufrechtzuerhalten gilt. Die Kinder werden als verletzliche und, da ihnen die intellektuellen Fähigkeiten, das Wissen, sowie die Erfahrungen der Erwachsenen fehlen, auch als irrationale Wesen angesehen, die beschützt werden müssen. Hier kommt eine nostalgische Sicht von Kindheit zum Tragen, die von den Utopien und Projektionen der Erwachsenen und nicht von der Lebenssituation realer Kinder bestimmt ist.

Eine abwehrende Haltung gegenüber den aktuellen Massenmedien haftet dieser Position fast zwangsläufig an, sind es doch insbesondere die Medien, die diesen Idealzustand zu zerstören drohen. Als Beispiel sei etwa Neil Postmans „Das Verschwinden der Kindheit" angeführt. Die Klage über die Medien ist hier auch eine Klage über das Zusammenbrechen der Grenzen zwischen Erwachsenen- und Kinderwelt. Nicht nur geben Medien wie das Fernsehen die Geheimnisse der Erwachsenenwelt, angefangen von Sexualität über berufliche und persönliche Probleme, preis, von denen Eltern und LehrerInnen immer glaubten, sie hätten sie den Kindern schrittweise und zu angemessenen Zeitpunkten nahegebracht. Es ist den Kindern nun auch möglich, sich diese neuen Medien ohne viel Hilfe von Erwachsenen anzueignen und, wie sich am Beispiel von Computern und Videospielen zeigt, Kompetenzen zu erwerben, über die Erwachsene nicht im selben Ausmaß verfügen. Diese Entwicklung bedeutet eine klare Autoritätseinbuße der Erwachsenen. Als Schreckgespenst wird ein Bild gezeichnet, das jeder aus irgendwelchen Medienberichten kennt – das Bild eines monströsen, nicht mehr kontrollierbaren Kindes, das die bisherige gesellschaftliche Ordnung bedroht. In diesem Bild verdichten sich all die Ängste und Unsicherheiten im Zusammenhang mit den gesellschaftlichen Veränderungen, an denen wir gegenwärtig teilhaben. Der Schritt zum Ruf nach der Wiedereinführung der alten Ordnung ist dann nicht weit.

Was in diesem Zugang zur Thematik Kinder und Medien bezeichnenderweise völlig fehlt, ist eine ernsthafte Auseinandersetzung damit, welche Rolle nun tatsächlich den Medien im Leben von Kindern zukommt, welche Kompetenzen sich Kinder im Umgang damit aneignen, wie Medien zur Arbeit an ihrer Identität genutzt werden und in welcher Weise dabei Hilfestellungen seitens der Erwachsenen nötig sind, um die Handlungsfähigkeit der Kinder zu erweitern.

Medienwirkung – zu simple Fragen für komplexe Zusammenhänge

Die öffentliche Diskussion zu den Auswirkungen von Gewaltdarstellungen in den Medien ist, wie schon aus der Formulierung deutlich wird, stark beeinflußt vom sogenannten „Wirkungsansatz", einem theoretischen Konzept, in dem die Medieninhalte als Reize angesehen werden, auf die ihre Konsumenten reagieren. Dieses Gedankengebäude entwickelte sich in Verbindung mit einer aus den Naturwissenschaften übernommenen empirisch-analytischen Forschungsmethodologie, die beansprucht, objektive und verallgemeinerbare Ergebnisse bereitzustellen, zum Mainstream in der Kommunikations- und Medienforschung. Aus der Geschichte der amerikanischen Wirkungsforschung läßt sich der Aufschwung dieses Forschungsansatzes damit erklären, daß er sich in idealer Weise mit den ökonomischen und politischen Interessen verschiedenster Gruppierungen, angefangen bei der Industrie bis zur Regierung, verbinden ließ (vgl. etwa Rowland, 1997). Entsprechend wurde auch in erster Linie angewandte empirische Sozialforschung finanziell unterstützt, von der man sich direkten pragmatischen Nutzen erwartete. Ansätze, in denen eine umfassende Auseinandersetzung mit der gesellschaftlichen und kulturellen Bedeutung der Massenmedien unter Heranziehung von Forschungsmethoden, deren Ergebnisse sich nicht mit einfachen Zahlen – die immer auch suggerieren, damit sei das Feld beherrschbar und unter Kontrolle – darstellen lassen, wurden marginalisiert (siehe als Beispiel dafür etwa den u.a. von Kausch [1988] beschriebenen Konflikt zwischen Paul Lazarsfeld, einem der Begründer der angewandten Medienforschung, und Theodor Adorno, dem Vertreter einer kritischen Kommunikationsforschung).

Das Wirkungsmodell hat sich in der Zwischenzeit von anfänglich sehr simplifizierenden mechanistischen Vorstellungen zu komplexen Kausalmodellen entwickelt, in denen mediale Wirkungen zunehmend in Abhängigkeit von sogenannten Rezipientenvariablen (wie z.B. Persönlichkeitsmerkmale oder Lebensbedingungen) gebracht werden. Zentrales Interesse bleibt jedoch nach wie vor der Nachweis von Kausalzusammenhängen. In die öffentliche Diskussion hat nicht einmal diese Entwicklung Eingang gefunden. Hier dominieren immer noch Erklärungsansätze nach dem Muster einfacher Wirkungszusammenhänge. Die große Kluft zwischen dem öffentlichen Diskurs zum Einfluß der Medien und den sehr differenzierten Ergebnissen der Medienforschung wird noch offensichtlicher bei den neueren theoretischen Ansätzen zur Erklärung medialer Kommunikationsprozesse, mit denen die Angemessenheit einer kausalistischen Zugangsweise für einen Bereich in Frage gestellt wird, in dem es um Bedeutungsangebote und Sinnzuschreibungen geht.

In diesen neueren theoretischen Entwicklungen ist der Schwerpunkt auf die Frage gerichtet, was die Menschen mit den Medien machen. Entsprechend wird auch häufiger von Medienrezeptions- als von Medienwirkungsforschung gesprochen (vgl. Charlton, 1997). Ausgegangen wird von der aktiven Rolle, die den RezipientInnen der Medien dabei zukommt, die Medieninhalte mit Bedeutung zu versehen. Beim Anschauen eines Fernsehfilmes wird die Bedeutung dieses Films erst durch die RezipientInnen selbst konstruiert, so daß man eigentlich sagen kann, es werden unterschiedliche Filme in den Köpfen der ZuschauerInnen produziert. Die Art und Weise, wie diese individuellen Interpretationen aussehen, hängt davon ab, was für die einzelnen Personen von Bedeutung ist, welche Konzepte und Denkformen ihnen zur Verfügung stehen und worauf sich ihr Interesse und ihre emotionale Involviertheit richtet. Und das gilt für Kinder genauso wie für Erwachsene. Kinder sind also den Medien keineswegs so hilflos ausgeliefert, wie es ihnen in der oben angesprochenen Diskussion unterstellt wird. Vielmehr setzen sie sich selbst zu einem Bedeutungsangebot, das ihnen über die Medien zur Verfügung gestellt wird, in Beziehung, indem sie sich den Inhalten zuwenden, die für sie von persönlicher Relevanz sind. Die Verarbeitung von Medieninhalten wird hier als ein sozialer Prozeß verstanden, der immer etwas mit sich selbst zu tun hat. Medienrezeption ist also immer auch „Identitätsarbeit", Auseinandersetzung mit der Frage, was oder wer ich eigentlich bin. Genaugenommen sind es gerade solche alltäglichen sozialen Praktiken, wie eben auch der Umgang mit Medienangeboten oder die Gespräche über sie, in denen wir definieren, wer wir sind, und damit Identität herstellen.

Daß unter dieser Perspektive medialen Gewaltdarstellungen eine ganz andere Bedeutung als etwa im Wirkungsansatz zukommt, möchte ich anhand einiger Beispiele veranschaulichen. Valerie Walkerdine (1986) hat in ihrer Studie zur Faszination eines Mannes für den Film „Rocky II" vorgeführt, daß der Film eine „psychische Realität" anspricht, die sich durch leidvolle Erfahrungen und den Wunsch, sich nicht unterkriegen zu lassen, charakterisieren läßt. Für Rocky, einen Boxer (gespielt von Sylvester Stallone), besteht der einzige Weg, sich zur Wehr zu setzen und seine Chancen zu nutzen, darin, zu kämpfen und nicht aufzugeben. Auch zu Hause agiert er als „starker Mann", der seine Frau beschützt. Mit dem Diskurs des „Kämpfens" sind ganz bestimmte Männlichkeitsphantasien verbunden, unter anderem die, über den Körper den sozialen Aufstieg zu schaffen. Der von Walkerdine beschriebene Mann, der sich immer wieder „Rocky II" anschaut, bezeichnet sich selbst als Kämpfertyp, der sich in seinem Lebensalltag auch ständig wehren muß. All dies versucht er auch seinen Kindern zu vermitteln. Es ist ihm wichtig, daß sie lernen, sich nicht unterkriegen zu lassen und zu kämpfen.

Ein anderes Beispiel stammt aus einem Interview mit einem 9jährigen Buben, das wir im Rahmen eines Forschungsprojekts zum Umgang mit Bildern aus anderen Kulturen durchgeführt haben. Der kränkliche, sehr aufgeweckte Bub, dessen Mutter viel Zeit aufwendete, um ihn in seiner intellektuellen Entwicklung zu fördern, und der auch für ein Kind in seinem Alter in ungewöhnlich reflektierter Weise über Fernsehen sprechen konnte, schockierte seine Mutter, als er plötzlich seine Begeisterung für Saddam Hussein äußerte. Das Gespräch fand zur Zeit des zweiten Golfkrieges statt, und der Junge schilderte, wie toll er es findet, daß sich jemand, der im Vergleich zu den USA so klein und unbedeutend ist, dennoch so gut behaupten kann. Seine Interpretation steht ganz im Gegensatz zur Sichtweise, die ihm seine Mutter in den Diskussionen über Medienberichte zum Golfkrieg nahegelegt hatte. Für ihn verkörpert Saddam Hussein mehr solche Phantasien, wie sie auch mit David im Kampf gegen Goliath verbunden sind und selbst den so offensichtlich kleiner und schwächer Erscheinenden eine Chance geben. Gleichzeitig versucht der Bub mit dieser Aussage, sich gegen seine Mutter zu behaupten. Ganz ähnlich berichtet zum Beispiel Jan-Uwe Rogge (1990) von einem 6jährigen

Buben, der zum Entsetzen seiner Eltern, die ihn bewußt gewaltfrei zu erziehen versuchen, Gefallen an medialen Gewaltdarstellungen findet und aus seinen Bauklötzen Pistolen und Granaten baut. Als die Eltern mit ihm darüber sprechen, reagiert er sehr aggressiv und erklärt, daß er Krieg toll findet und selbst auch gerne Soldat werden möchte. Rogge versteht dies als Versuch des Kindes, seine Eigenständigkeit gegenüber den Eltern zu behaupten und dafür auch die Medien zu benutzen.

Auch das Sprechen über mediale Gewalt ist eine soziale Praktik, mit der die eigene soziale Identität ausgehandelt wird. So stellt gerade die Position, dem Fernsehen negative Wirkungen zuzuschreiben und eine stärkere Kontrolle zu fordern, für Erwachsene eine sozial akzeptierte Form dar, sich selbst als „besorgte Eltern" zu präsentieren. Häufig wird diese Haltung nämlich überhaupt nicht gestützt durch die Erfahrungen, die sie mit ihren eigenen Kindern machen (vgl. auch Buckingham, 1997), es sind vielmehr die Kinder anderer, schlechter Eltern, die als Belege angeführt werden.

Ein anderes Beispiel findet sich in der Aussage eines 14jährigen Jugendlichen, der sich über seine Faszination für Horrorfilme von den Erwachsenen abgrenzt: „Sie müssen sich mal diese Frankenstein-Gesichter von Erwachsenen ansehen, wenn die hören, man hat das und das gesehen. Da die solche Filme nicht kennen, können wir so richtig aufschneiden, und dann müssen sie mal die Augen sehen, die immer größer werden, oder wie die Kinnladen ‚runterklappen'. Also wir nennen das: Lehrer erschrecken." (Rogge, 1984, 263)

Wenn sich Menschen diversen Medieninhalten zuwenden, machen sie dies mit ganz bestimmten Erwartungen. Aus ihren bisherigen Medienerfahrungen haben sie gelernt, daß es verschiedene Genres wie etwa Krimis, Actionfilme, Soaps, Talk-Shows, Horrorfilme, Science-Fiction usw. gibt und diese nach bestimmten Mustern und Konventionen gemacht sind. Sie wissen, daß das Verbrechen, mit dem der Kriminalfilm beginnt, am Ende aufgeklärt wird oder etwa in den Soaps immer wieder neue Verwicklungen und Beziehungsprobleme auftauchen. Und sie haben auf diese Weise auch gelernt, welche dieser Medienangebote ihnen selbst gefallen. Für Fans einzelner Genres ergibt sich ein großer Teil der Faszination gerade aus der genauen Kenntnis der Regeln dieses Genres. Bei der Rezeption geht es dann immer auch darum, wie gut dieses konkrete Filmbeispiel gemacht ist, in welcher Weise z.B. auch mit Abweichungen von Genre-Konventionen oder durch das Einbinden von Elementen aus anderen Genres gearbeitet wurde. Dies heißt auch, daß der genauen Kenntnis von Genre-Regeln eine gewisse Schutzfunktion zukommen kann und sich die NutzerInnen der Medien nicht als den Medien ausgeliefert erleben.

Die Kluft, die sich in dem Zusammenhang zwischen Fans und gelegentlichen NutzerInnen ergibt, wird besonders deutlich bei Horrorfilmen. Die Fans sind davon überzeugt, daß jemand, der nur ab und zu einen Horrorfilm sieht, diesen gar nicht richtig verstehen kann, während von den anderen befürchtet wird, daß die Vorliebe für derartige Filme nicht ohne Auswirkungen sein kann. An dem

Sylvester Stallone als „Rocky": Kämpft stellvertretend für den Durchschnittsmann

Beispiel wird nicht nur der gravierende Unterschied im Umgang mit Angeboten eines bestimmten Genres zwischen den beiden Gruppen deutlich, es wird uns in der Ablehnung der Horrorfilme auch ein klassisches Beispiel für eine Argumentationsschiene vorgeführt, die dazu beiträgt, die Wirkungsthese am Leben zu erhalten. Aus der eigenen Erfahrung, daß etwas als emotional aufwühlend oder angstauslösend etc. erlebt wurde, wird gefolgert, daß dies auch bei anderen zutreffen muß (vgl. dazu auch Kübler, 1995). Doch diese Schlußfolgerung ist im Lichte der bisherigen Ausführungen nicht haltbar, ist doch der Umgang mit Medien immer mitbestimmt vom jeweiligen Genre-Wissen und auch davon, in welcher Weise ein bestimmtes Medienangebot die „psychische Realität" und damit Ängste, Hoffnungen, Sehnsüchte und Phantasien seiner NutzerInnen anspricht. Aus psychoanalytischer Perspektive könnte zum Beispiel die Faszination für Horrorfilme ein Versuch sein, sich mit dem Realen, also mit dem, was wir als bedrohlich, unfaßbar und unkontrollierbar erleben und das plötzlich in unser Leben – sei es in Form von Krankheiten, Unfällen oder Tod – einbrechen kann, auseinanderzusetzen (vgl. Zizek, 1993).

Vor diesem Hintergrund erweist sich auch die Frage, was als mediale Gewalt klassifiziert wird, als nicht mehr so einfach. Es ist zum Beispiel durchaus möglich, daß Medieninhalte, die von Erwachsenen als unproblematisch eingestuft werden, von Kindern als Inszenierungen psychischer Gewalt (etwa wenn es um Trennungen oder den Verlust geliebter Personen geht) erlebt werden.

Insgesamt wird deutlich, daß die Beziehungen zwischen den Medien und ihren NutzerInnen viel komplexer sind als sie im Wirkungsmodell skizziert werden. Die aktive Rolle der RezipientInnen zu betonen heißt jedoch nicht, sie damit von jeglichem Einfluß der Medien freizusprechen. Ganz im Gegenteil, daß Medien wirken, steht außer Zweifel. Sie wirken insofern, als sie uns die Bedeutungsangebote zur Verfügung stellen, mit denen wir ein Verständnis der Welt und von uns selbst erwerben. Jedes Genre erfüllt immer auch eine soziale Funktion, indem ein Set an sozialen Praktiken und Wertvorstellungen präsentiert wird (vgl. dazu auch Bachmair/Kress, 1996). Den Medien kommt damit eine Verantwortung zu, der sie sich nicht einfach durch Bezug auf eine Medienwirkungsforschung, die keine nachweislichen direkten Kausalzusammenhänge zwischen medialen Gewaltdarstellungen und nachfolgendem Verhalten erbracht hat, entziehen kann. Hier geht es nämlich um eine politische Frage in dem Sinn, daß mit den über die Medien in Umlauf gebrachten Bedeutungsangeboten immer auch bestimmte Diskurse und soziale Praktiken nahegelegt werden, während andere ausgegrenzt und marginalisiert werden oder aber überhaupt nicht vorkommen. Und es sind gerade diese Bedeutungsangebote, die als Material für die Arbeit an unserer Identität fungieren. Anstelle der Forderung, die Kinder durch stärkere Kontrollen des Medienangebotes zu schützen, erscheint mir die Forderung nach einem vielfältigen und qualitativ hochwertigen Medienangebot für Kinder angemessener, die auch die Auseinandersetzung mit Gewalt, mit der Kinder in ihrem Alltag in unterschiedlichen Formen konfrontiert werden, ermöglicht (vgl. auch Buckingham, 1997). Gebraucht wird dabei auch eine Medienerziehung, die unter der Perspektive, die Handlungsfähigkeit der Kinder zu erweitern, dazu beitragen kann, eventuelle Fixierungen, die sich aus spezifischen Bedeutungsangeboten und Bedeutungszuschreibungen ergeben, zu lösen.

Gewalt als Repräsentation patriarchaler Strukturen

Erst in den vergangenen Jahren wurden in den Studien zur Gewaltthematik stärker geschlechtsspezifische Gesichtspunkte berücksichtigt. Es werden die unterschiedlichen Medienvorlieben beschrieben und wie zum Beispiel von Renate Luca (1993) vorgeführt, daß Jungen und Mädchen mediale Bilder von Gewalt unterschiedlich erleben. Bei den Mädchen werden in stärkerem Maße Ohnmachtsphantasien hervorgerufen, bei den Jungen sind es mehr Allmachtsphantasien. Hier zeigt sich deutlich die unterschiedliche Bedeutung von Gewalt in der kulturellen Konstruktion der beiden Geschlechter. Zur Veranschaulichung greife ich auf Edgar Forsters (1998) Vorschlag zurück, unterschiedliche Formen der Gewalt, wie sie von Johann Galtung (1982, 1990) beschrieben werden, mit den von der australischen Philosophin Elisabeth Grosz (in Knapp, 1992, 310 f) dargestellten sozio-kulturellen Dimensionen der Machtverhältnisse zwischen den Geschlechtern zusammenzudenken.

Nach Galtung lassen sich drei Ebenen der Gewalt unterscheiden: direkte, strukturelle und kulturelle Gewalt. Direkte Gewalt wird durch das konkrete Handeln einer Person gegenüber einer anderen Person ausgeübt und kann sich in unterschiedlicher Form – physisch, psychisch, intendiert, nicht-intendiert, manifest oder latent – äußern. Als strukturelle Gewalt wird Gewaltausübung in entpersonalisierter, indirekter Form bezeichnet. Darunter wird die Gewalt verstanden, die in den gesellschaftlichen Strukturen verankert ist und durch ungleiche Machtverhältnisse zu ungleichen Lebenschancen, Schädigung und Leiden von Menschen führt. Kulturelle Gewalt bezieht sich auf jede Eigenschaft einer Kultur, durch die direkte und strukturelle Gewalt legitimiert werden kann.

Die direkte Gewalt entspricht im Modell von Grosz dem, was sie als Sexismus bezeichnet, nämlich „einer Serie individueller oder kollektiver Akte der Frauendiskriminierung. [...] Sie reichen von abwertenden, negativen Kommentaren und Annahmen über Frauen, ihrem aktiven Ausschluß aus bestimmten sozialen Sphären oder Aktivitäten bis hin zu bewußter Einschüchterung, Belästigung und offener Gewalt, einschließlich Vergewaltigung. Sexismus ist ein empirisches Phänomen. Es ist sichtbar, bestimmbar, materiell, eine Reihe von Aktionen (Sprache eingeschlossen), die Frauen im Vergleich zu Männern ungleich behandelt. Es ist die unberechtigt differentielle Behandlung der beiden Geschlechter zum Nutzen des einen und auf Kosten des anderen." (Knapp, 1992, 311)

Galtungs strukturelle Gewalt kommt bei Grosz in der „patriarchalen" Struktur zum Tragen, die in systematischer Weise „Männlichkeit in positiven und Weiblichkeit in negativen Termini wertet. Patriarchalismus ist damit ein struktureller Modus der Sozialorganisation, der Männer und Frauen in gesellschaftlichen, ökonomischen und interpersonellen Verhältnissen unterschiedlich positioniert. Er besteht nicht aus empirischen Handlungen; es ist eine latente Struktur, die diese individuellen Akte ermöglicht und sie in einer systematischen Form organisiert. Sie besteht nicht nur aus der unterschiedlichen und ungleichen Behandlung der beiden Geschlechter, sondern auch aus den differenten Bedeutungen und Wertungen, die ihnen zugeschrieben werden, auch wenn sie sich auf gleiche Weise verhalten. Was bei Männern als Zeichen von Stärke gewertet wird, würde bei Frauen als Aggressivität betrachtet werden, selbst bei identischem Verhalten." (Knapp, 1992, 312)

Ausdruck kultureller Gewalt sind für Grosz die kulturellen Repräsentationssysteme, die der Rechtfertigung von Sexismus und Patriarchalismus dienen. Sie bezeichnet diese als „Phallozentrismus", „... eine spezifisch diskursive Serie von Prozeduren, eine Strategie, die Repräsentationen der beiden Geschlechter in einem einzigen Modell zusammenzufassen, das ‚menschlich' oder ‚human' genannt wird, tatsächlich aber nur mit dem Maskulinen kongruent ist. [...] (Phallozentrismus) erlaubt Frauen keinen konzeptuellen Raum, autonome Interessen oder Sichtweisen zu entwickeln, die anders oder different wären von männlichen. Frauen sind hier auf drei Möglichkeiten beschränkt, von denen jede den Primat des Maskulinen und die Subordination des Femininen bestätigt. Wann immer Frauen oder Weiblichkeit gefaßt werden: in Begriffen von Identität oder Gleichheit mit Männern, als Gegenteil bzw. Umkehrung des Männlichen oder als Komplementäres, ist ihre Repräsentation phallozentrisch.“ (Knapp, 1992, 312)

Literatur:

BACHMAIR, B. u. KRESS, G. (Hg.): Hölleninszenierung „Wrestling“. Beiträge zur pädagogischen Genreforschung. Opladen, Leske + Budrich 1996; BACHMAIR, B.: Gewaltdarstellungen – Schlüssel zur Definition von Subjektivität? In: Medien Impulse, Heft 23, 13-19, 1998; BARKER, M. u. PETLEY, J. (Eds.): Ill Effects. The Media/Violence Debate. London/New York, Routledge 1997; BUCKINGHAM, D.: Electronic Child Abuse? Rethinking the Media's Effects on Children. In: Barker, Martin/Petley, Julian (Eds.): Ill Effects. The Media/Violence Debate. 32-47, London/New York, Routledge 1997; CHARLTON, M.: Rezeptionsforschung als Aufgabe einer interdisziplinären Medienwissenschaft. In: Charlton, Michael/Schneider, Silvia (Hg.): Rezeptionsforschung. Theorien und Untersuchungen zum Umgang mit Massenmedien. 16-39, Opladen, Westdeutscher Verlag 1997; FORSTER, E. J.: Macht mediale Gewalt Alltagsgewalt unsichtbar? Reformulierungen zum Dauerthema „Fernsehen und Gewalt“. In: Medien Impulse, Heft 23, 5-12, 1998; GALTUNG, J.: Strukturelle Gewalt. Reinbek, Rowohlt, 1982; GALTUNG, J.: Cultural Violence. In: Journal of Peace Research, vol. 27, 3, 291-305, 1990; KAUSCH, M.: Kulturindustrie und Populärkultur. Kritische Theorie der Massenmedien. Frankfurt, Fischer, 1998; KNAPP, G.-A.: Macht und Geschlecht. Neuere Entwicklungen in der feministischen Macht- und Herrschaftsdiskussion. In: Knapp, Gudrun-Axeli/Wetterer, Angelika (Hg.): Traditionen Brüche. Entwicklungen feministischer Theorie. 287-321, Freiburg, Kore 1992; KÜBLER, H.-D.: Das unendliche Ende der Wirkungsforschung. In: medien praktisch, 3, 4-12, 1995; LUCA, R.: Zwischen Ohnmacht und Allmacht. Unterschiede im Erleben medialer Gewalt von Mädchen und Jungen. Frankfurt/New York, Campus 1993; PETLEY, J.: Us and Them. In: Barker, Martin/Petley, Julian (Eds.): Ill Effects. The Media/Violence Debate. 87-101, London/New York, Routledge 1997; ROGGE, J.-U.: Über Aneignung und Faszination von Horrorfilmen. In: medien und erziehung, 5, 258-269, 1984; ROGGE, J.-U.: Kinder können fernsehen. Reinbek, Rowohlt 1990; ROWLAND, Jr., W. D.: Television Violence Redux: The Continuing Mythology of Effects. In: Barker, Martin/Petley, Julian (Eds.): Ill Effects. The Media/Violence Debate. 102-124, London/New York, Routledge 1997; WALKERDINE, V.: Video Replay: Families, Films and Fantasies. In: Burgin, Victor et al. (Eds.): Formations of Fantasies. 167-199, London/New York 1986; ZIZEK, S.: Grimassen des Realen. Köln, Kiepenheuer & Witsch 1993

Konstruktive Medienerziehung statt rigider Prohibition

Peter Vitouch

Das Thema „Gewalt in den Medien“ ist ein Dauerbrenner in der Öffentlichkeit. Aber auch die Fachliteratur hat sich schon ausgiebig damit beschäftigt. Geschätzte 3.000 Bücher und etwa 9.000 Zeitschriftenartikel allein im deutschen Sprachraum haben dieses Thema zum Inhalt. Dabei ist die Darstellung von Gewalt ja nicht erst durch die modernen Massenmedien erfunden worden. Man denke nur an die Griechische Tragödie, die Shakespeareschen Dramen oder die Deutschen Götter- und Heldensagen. Neu an unserer jetzigen Situation ist jedoch die jederzeitige Verfügbarkeit von Gewalt in der enormen Variationsbreite von fiktionalen Darstellungen bis hin zur bitteren Realität. Ein Angebot, das von vielen als Gewaltüberflutung beklagt wird, der man nicht mehr entkommen kann.

In zahlreichen Diskussionen weisen immer wieder engagierte Elternvertreter oder Lehrer auf die Gefahren dieser Entwicklung hin, die sie in der steigenden Gewaltbereitschaft und Verrohung der Gesellschaft sehen. In dieser Argumentationskette wird die Darstellung von Gewalt in den Medien als unmittelbare (manchmal alleinige) Ursache für Gewalttaten angesehen. Medienvertreter kontern, daß derartiges nicht eindeutig bewiesen und der Aufruf zur Zensur ein demokratiepolitisch zweifelhafter Ansatz sei.

„Wie wirkt denn nun Gewalt in den Medien?“ fragen spätestens zu diesem Zeitpunkt die Streitparteien und rufen den Medienwissenschaftler zum Schiedsrichter auf. Und dieser muß zum allgemeinen Unmut eingestehen, auf eine einfache Frage keine einfache Antwort zu wissen. Eher hält er es mit einem berühmt gewordenen Politikerausspruch: „Es ist alles sehr kompliziert.“ Die folgenden Gedankengänge und Informationen sollen dazu beitragen, die Problematik zu strukturieren und die bisherigen Forschungsergebnisse zu verdeutlichen.

Eines scheint zumindest sicher: Massiver, andauernder Gewaltkonsum kann jedenfalls nicht nützlich sein. Ich habe dafür den Begriff „psychische Umweltverschmutzung“ geprägt, und gerade diese Bezeichnung weist auf ein besonderes Problem hin. Von der Medizin wird z. B. nicht verlangt, eindeutig festzulegen, ab welcher Stärke der Ausprägung ein Stoff für Menschen gesundheitsgefährdend ist. Es ist allseits akzeptiert, daß es individuelle Unterschiede gibt und daß kranke oder belastete Menschen schneller negativ reagieren als gesunde. Es müssen deshalb für Umweltgifte (z. B. Abgase) normative Grenzwerte bestimmt werden, die für die Gesellschaft akzeptabel sind und andererseits auch noch die wirtschaftlichen Notwendigkeiten zulassen. Von der Psychologie will man jedoch allzuoft den absoluten Wert erfahren, ab dem Mediengewalt grundsätzlich schädlich ist. Ein Fernsehverantwortlicher wollte einmal allen Ernstes von mir wissen: „Also, wieviel Prozent Gewalt darf ich in einer Sendung zeigen, ohne daß etwas passiert?“ Es gibt keinen allgemeingültigen, absoluten und für jedermann verbindlichen Wert, ab dem die Katastrophe eintritt. Dennoch kann nicht geleugnet werden, daß Gewalt in den Medien etwas bewirken kann.

Die Problematik eines unmittelbaren Ursache-Wirkungs-Zusammenhanges sei durch die nachfolgend dargestellten Ergebnisse verdeutlicht.

Jedem wird klar sein, daß die Erforschung des Zusammenhanges zwischen Selbstmordfällen und einschlägigen Medienberichten ein höchst sensibles Feld ist. Aus ethischen Gründen können natürlich nicht – wie im Gewaltbereich – sozialwissenschaftliche Experimente durchgeführt werden, die untersuchen, inwieweit einschlägige Berichte den Selbstmord fördern. Das „Found Experiment“ gibt entsprechenden Aufschluß. In einer Rückwärtsanalyse wurden nach aufsehenerregenden Medienberichten über Selbstmordfälle die Selbstmordstatistiken gesichtet. Es ergaben sich signifikante (überzufällige) Häufungen nach sensationell aufgemachten Darstellungen. So kam es vor einigen Jahren in New York zu einer wahren „Selbstmordepidemie“ in der U-Bahn. Diese konnte erst durch gezielt lancierte Artikel in der New York Times beendet werden, in denen beschrieben wurde, daß nur ein Bruchteil der Selbstmörder sofort tot war, daß die meisten unter Schmerzen im Durchschnitt noch 20 Sekunden lebten, daß viele schwerverletzt überlebten usw. Die Selbstmordrate in der U-Bahn sank nach dieser Analyse sofort drastisch gegen Null. Neben den anderen Daten ein klarer Beweis, daß Medienberichte und Selbstmordhäufigkeit in einem ursächlichen Zusammenhang stehen. Dennoch wird keiner von uns vermuten, daß völlig im psychischen Gleichgewicht befindliche, gesunde, glückliche Menschen durch Berichte über Selbstmordfälle plötzlich in den Tod getrieben werden. Gefährdet sind ohne Zweifel Menschen, die aus den vielfältigsten Gründen in psychische Bedrängnis geraten sind. Menschen, denen der Bericht offenbar den letzten Anstoß zu ihrem verzweifelten Schritt gegeben hat. Die Mediendarstellungen haben demnach „Triggerfunktion“. Sie bringen durch einen letzten Tropfen ein volles Faß zum Überlaufen.

Ein naheliegender Gedankengang, der im Zusammenhang mit der Gewaltproblematik nur sehr selten auftaucht. Ein ausgeglichener, friedlicher und anständiger Mensch wird durch Gewaltdarstellungen kaum provoziert werden. Mediengewalt als die grundlegende und alleinverantwortliche Ursache für die Gewalt in unserer Gesellschaft anzusehen, ist deshalb sicherlich zu kurz gegriffen. Dennoch muß man einräumen, daß ständige und ausführliche Darstellung von Selbstmorden Zuseher häufiger dazu verleiten könnte, ihre Probleme auf diese Art zu lösen. Gehäufte Darstellung von Gewalt könnte demnach auch zu aggressiven Problemlösungsstrategien führen.

Welche Theorien gibt es bislang zur Wirkung von Gewaltdarstellungen in den Medien? Eine der ältesten ist die Katharsisthese. Sie hat ihren Ursprung im antiken Griechenland und sagt, daß das Beobachten von Gewaltdarstellungen einen reinigenden Effekt habe und folglich die Aggressivität senke. Diese These hat zu vielen Mißverständnissen geführt. Vor allem Medienproduzenten sahen sich in ihrer Gewaltproduktion bestätigt und nahmen gleichsam pädagogische Aktivitäten für sich in Anspruch. Der kathartische Effekt entstand im alten Griechenland jedoch durch die stark ritualisierte, aktive und gemeinsame Teilnahme am Ablauf der griechischen Tragödien. Ein Vorgang, der mit dem passiven Konsumverhalten vor dem TV-Schirm nicht vergleichbar ist. Demgemäß konnte auch keine medienpsychologische Untersuchung unterstützende Ergebnisse für diese These liefern, und sie gilt deshalb als eindeutig widerlegt. Ein humorvoller Kollege hat dazu einmal gemeint: „Es ist ja auch bisher noch niemand durch die Betrachtung eines Festmahls im Fernsehen satt geworden."

Die wichtigste Gegenthese ist die Stimulationsthese. Sie stützt sich auf die Erkenntnisse des sozialen Modellernens, das als einen wesentlichen Lernmechanismus des Menschen die Imitation von beobachteten Verhaltensweisen identifiziert. Nach dieser These sind Gewaltdarstellungen im Fernsehen eindeutig aggressionsfördernd, weil dadurch die Zuschauer zur Imitation stimuliert, also angeregt werden. Zu dieser These gibt es zahlreiche Untersuchungen, und sie ist im wesentlichen bestätigt, obwohl einige Einschränkungen zu erwähnen sind.

Der angesprochene soziale Imitationsprozeß funktioniert unter einigen grundlegenden Bedingungen besonders gut. Nämlich: Wenn sich der Zuschauer leicht mit der beobachteten Person identifizieren kann (weil sie in Alter, Aussehen, sozialer Stellung ähnlich ist), wenn die Lebensumstände der Person vergleichbar sind, wenn die Handlung der Person erfolgreich ist und belohnt wird, wenn das Umfeld der Handlung vertraut ist.

In seltenen Fällen werden alle diese Faktoren von TV-Sendungen erfüllt. Man denke nur an Western- oder Science-Fiction-Filme, an ritualisierte Krimis oder irreale Actionszenen. Vordergründig unverdächtige Sendungen wie „XY ungelöst" erfüllen da viel besser die erwähnten Vorgaben. Es mußten deshalb im Laufe der Zeit die Verbrechensszenen deutlich entschärft werden, weil Kriminelle die Sendung in manchen Fällen als Anleitung nahmen, den idealen Überfall zu entwickeln.

Auch die Entwicklung von manchmal irrationalen und überschießenden Bedrohungs- und Angstgefühlen bei den sogenannten Opferpopulationen (alte Leute, Frauen, Geschäftsleute) ist bei derartigen Darstellungen besonders deutlich und schwerwiegend.

Es ist also der Stimulationseffekt nachweisbar, aber durchaus differenziert zu betrachten.

Die Erregungsthese bezieht sich auf die aktivierungssteigernde Wirkung von Gewaltdarstellungen. Die erhöhte Erregung kann unter geeigneten Bedingungen überspringen und zu Aggressivität führen. Das trifft aber auch für Erregung zu, die durch erotische Filme hervorgerufen wird.

Besonders gut können derartige Reaktionen oft bei oder nach Massenveranstaltungen beobachtet werden, wobei hier noch Gruppenphänomene eine bedeutende Rolle spielen.

Die Habituationsthese rückt einen langfristigen Effekt in den Vordergrund. Habituation heißt Gewöhnung und bezieht sich auf die abstumpfende Wirkung oftmaliger und in vielerlei Variationen vorgeführter Gewalt. Die fortschreitende Gewöhnung führt möglicherweise zu einer Verringerung der Sensibilität gegenüber Aggression und zu einer steigenden Toleranz gegenüber dem Einsatz von Gewalt im weitesten Sinn in allen Gesellschaftsbereichen. Damit ist auch berufliche Durchschlagskraft oder die Durchsetzung der eigenen Interessen in der Partnerschaft gemeint. Bezeichnungen wie „Ellbogengesellschaft" oder „sozialer Darwinismus" sind plakative Beschreibungen für das angesprochene Phänomen. Die ständig steigende Scheidungsrate spricht auch nicht gerade für Kompromißbereitschaft oder das Hintanstellen egoistischer Bedürfnisse.

Die beiden nächsten Thesen beziehen sich in besonderer Weise auf das Gefühl der Angst, das uns verständlicherweise im Zusammenhang mit Gewalt noch näher interessieren wird.

Die Emotionalisierungsthese betont die angsterregende Wirkung von dargestellter Aggression. Gehäufte Gewaltdarstellungen können demnach zu generalisierten Angstreaktionen führen. Analysiert man nämlich die sogenannte Fernsehwelt, so zeigt sich, daß die Wahrscheinlichkeit, in diesem Ambiente einem Verbrechen zum Opfer zu fallen, erheblich größer ist als in der Realität. Menschen, die – wie z. B. Vielseher – dazu neigen, die Realität in Richtung Fernsehwelt zu verlassen, beginnen die Bedrohung zu überschätzen und unter Ängstlichkeit zu leiden.

Die Inhibitionsthese richtet die Aufmerksamkeit auf den hemmenden Effekt von Gewaltdarstellungen. Besonders bei Kindern kann beobachtet werden, daß Aggression auch Angst hervorruft, die dann möglicherweise zur Vermeidung von Gewalt führen mag.

Welche dieser einander zum Teil widersprechenden Thesen stimmt nun?

Alle ein wenig und keine wirklich. Daraus ist die etwas hilflose und zynische These der Wirkungslosigkeit entstanden, die postuliert, daß es keinen nachweisbaren Zusammenhang zwischen Gewaltdarstellung in den Medien und beobachtbarer Aggression gäbe.

Diese Vermutung ist natürlich höchst unwahrscheinlich. Dennoch muß klar sein, daß das Fernsehen nur ein bestimmender Faktor unter vielen für die Auseinandersetzung von Individuen mit Gewalt ist. Sogenannte vermittelnde oder intervenierende Variablen sorgen für unterschiedliche Reaktionen. Dazu gehören: die familiäre Erziehung (wie in der Familie mit Aggression umgegangen wird, welchen Stellenwert sie hat, wie auf Emotionen eingegangen wird), die schulische Erziehung, die Haltung der Gesellschaft gegenüber Aggression, die momentane Situation während des Gewaltkonsums und – was uns noch näher interessieren wird – die Kompensation von individuellen Defiziten.

Bemerkenswert am Phänomen „Gewalt in den Medien" ist die konsensuale Ablehnung in der Gesellschaft. Es gibt so gut wie keine Diskussion oder Stellungnahme in der Öffentlichkeit, bei der sich jemand zur Gewalt bekennt. Nach diesen Diskussionen gehen dann alle wieder nach Hause und schauen unbeeindruckt den

Berichte über Umweltkatastrophen: Bewußtsein schaffen für das Leid der Opfer

Abendkrimi an. Anders wären die hohen Einschaltziffern der Privaten, die sie hauptsächlich mit Sex and Crime erreichen, nicht zu erklären.

Was ist die Wurzel dieser Divergenz zwischen Einstellung und Verhalten?

Eine Erklärungsmöglichkeit ist der sogenannte Third-person-Effekt, der erstmals in der Propagandaforschung der Amerikaner während des Krieges erwähnt wurde. Er besagt, daß wir alle dazu neigen, den Einfluß der Medien auf andere zu überschätzen. Wenn man also über die Wirkung von Gewalt mit einem Gesprächspartner diskutiert, ist man sich schnell einig, daß die anderen (third persons) sehr gefährdet sind, man selbst aber natürlich den nötigen Durchblick hat. Höchst diffizile Untersuchungen haben nachgewiesen, daß tatsächlich der Einfluß auf andere überschätzt wird und nicht die eigene Beeinflussung unterschätzt. Wir müssen deshalb bezüglich der Wirkung von Gewaltdarstellungen auf die Gesellschaft (besonders auf Kinder) besorgt sein, können selbst aber unbesorgt Gewalt konsumieren. Und das denkt jeder.

Über diesen Aspekt hinaus hat dieser Effekt auch weitergehende Auswirkungen auf das Verhalten. Wir Menschen sind soziale Wesen und richten uns (in oft sinnvoller Weise) nach den Reaktionen unserer Umgebung. „Was wir glauben, was andere glauben" heißt eine Publikation zum Third-person-Effekt. Die Vermutungen, die wir über die medienbeeinflußten Verhaltensweisen der anderen hegen, bestimmen wiederum unsere Handlungen, die auf Zustimmung und

Beifall ausgerichtet sind. Ein Ansatz, der uns auch noch bei der Diskussion zur Wirkung der Werbung interessieren wird.

Daß diese Überlegungen auch politisch relevant sind, liegt auf der Hand. Ein Politiker (oder sein Medienberater), der an die starke Beeinflußbarkeit der Bürger durch die Medien glaubt, wird in vorauseilendem Gehorsam alles zu tun versuchen, was die Presse gutheißt. Erst dadurch erlangen jedoch die Massenmedien jene Macht, vor der sich die Öffentlichkeit fürchtet.

Der Third-person-Effekt ist ein Erklärungsansatz für den Gewaltkonsum der Zuschauer. Er erklärt nur, wie wir unser Verhalten rechtfertigen, gibt aber noch keinen Hinweis darauf, warum wir es tun. Wie die Psychologie nachweisen kann, tut der Mensch auf Dauer nur das, was ihm angenehm ist. Wobei die Definition des Angenehmen durchaus subjektiv ist und vom Erregen von Aufmerksamkeit (auch durch Verhalten, das Strafe nach sich zieht) bis zum puren Masochismus reichen kann. Dennoch muß der Gewaltkonsum für die Zuschauer etwas Positives beinhalten, soll er auf Dauer Bestand haben.

Auffällig an den oben dargestellten Gewaltthesen ist, daß sie alle nur die möglichen Wirkungen der Massenmedien auf die Rezipienten behandeln. Sie folgen damit dem Wirkungsansatz in der Medienforschung, der bis Ende der sechziger Jahre dominierte. Er stellt die Frage: „Was machen die Medien mit den Menschen?“ Dreht man die Frage um: „Was machen die Menschen mit den Medien?“, formuliert man automatisch den „Nutzen- und Belohnungsansatz“ der Massenkommunikationsforschung. Er kümmert sich darum, welche Motivationen hinter dem Konsum von spezifischen Medieninhalten stehen könnten.

Wie kann nun dieser Nutzen- und Belohnungsansatz die Freude am Betrachten von Gewalt erklären? Warum ziehen sich die Zuschauer immer schrecklichere Horrorszenarien hinein, wenn doch auch Angst und Abscheu eine Rolle spielen? Führt man – nach alter sozialwissenschaftlicher Tradition – Befragungen durch, bekommt man höchst unbefriedigende Antworten. „Ich schau mir spannende Sendungen an, weil sie mich erregen“; oder „Ich schau mir lustige Sendungen an, weil sie mich amüsieren“. Der Erklärungswert derartiger Antworten ist natürlich gleich null und führt zum klassischen Zirkelschluß. Man muß also davon ausgehen, daß die Konsumenten über die zugrundeliegenden Motive ihres Handelns selbst nicht Bescheid wissen.

Die Erregungskomponente, die mit dem Gewaltkonsum einhergeht, liefert Hinweise auf die sogenannte physiologische Aktivierung. Jeder Mensch befindet sich während des Tages auf einem ständig wechselnden Aktivierungsniveau, das von totaler Entspannung bis zu extremer Erregung (z. B. Panik) reichen kann. Veränderungen dieses Niveaus können mit Hilfe von psychophysiologischen Meßmethoden registriert werden. Als häufigste Maße werden die Veränderungen der Herzfrequenz, der Atemfrequenz und der Hautleitfähigkeit beobachtet. In der Medienforschung wird diese Methode prozeßbegleitend eingesetzt, so daß während der Rezeption einer Fernsehsendung zu jedem Zeitpunkt der Erregungszustand des Zuschauers sichtbar gemacht werden kann.

Zu diesem Forschungsbereich gibt es umfangreiche Literatur und aktuelle Ergebnisse. In vereinfachter Form dargestellt, liefern diese komplexen Vorgänge auch eine plausible Erklärung für die Lust des Menschen an spannenden Abläufen. Längerdauernde gleichbleibende Aktivierung wird von uns als Langeweile und also unangenehm erlebt. Demzufolge ist der Mensch ständig auf der Suche nach neuen Reizen und Abwechslung. Stark und schnell ansteigende Erregung wird als aversiv erlebt und müßte eigentlich vermieden werden. Jedem Anstieg folgt jedoch wieder der Abfall, sodaß die Aktivierung jedenfalls wieder auf das ideale Niveau abfällt. Und dieser Rückgang wird als extrem angenehm empfunden. Der Mensch sucht also Aufregung, um erleben zu können, daß der „Schmerz wieder nachläßt".

Davon lebt die Freizeit- und Vergnügungsindustrie. Man denke nur an die Rummelplätze, auf denen immer wieder neue, ausgeklügelte Sensationen angeboten werden, die den Besuchern kurzzeitig den eisigen Schrecken bieten, um sie danach in die wohlige Entspannung der Bewältigung zu entlassen. Neuestes Produkt im Freizeitbereich ist das Bungeejumpen, das all den theoretischen Forderungen der Aktivierungsmanipulation am besten entspricht. Wirklich angenehm werden derartige Situationen nämlich nur dann erlebt, wenn man sicher sein kann, daß die Situation nicht wirklich außer Kontrolle gerät. Von der Freizeitindustrie wird absolut „sicheres Risiko" verlangt. Die Situation muß maximal aufregend, aber auch jederzeit beherrschbar sein und darf in keinem Fall wirklich gefährlich werden. Wenn man derartige Bedingungen schaffen kann, ist einem der Zustrom der gelangweilten Zivilisationsbürger sicher. Die Intensität, die Länge und der grundsätzliche Bedarf an derartigen Aktivierungsänderungen ist natürlich individuell verschieden. Und auch die Risikobereitschaft variiert aufgrund anlagebedingter Unterschiede oder unterschiedlicher Lerngeschichten. Für alle ist jedoch der Verlust der Kontrolle über die Situation jener Moment, an dem sich der Spaß aufhört, wobei sich manche doch eng an diese Grenze herantasten. Für diejenigen, die lieber auf der absolut sicheren Seite stehen, ist Fernsehen das ideale Mittel zur Beeinflussung ihres Aktivierungsniveaus. Oft wird zur Beschreibung dieses Phänomens auch die Bezeichnung „Angstlust" gewählt. Spannende Programme verändern also das Aktivierungsniveau. Bedenklich daran ist nur, daß durch den Gewöhnungseffekt die Dosis immer höher werden muß, mit der das erwünschte Ergebnis erreicht werden soll. Die logische Entwicklung ist die Brutalisierungswelle, die via Hollywood – das sich dieser Mechanismen gekonnt bedient – über uns hereinschwappt.

Genügt dieser Erklärungsansatz, um den Gewaltkonsum – vor allem vieler Jugendlicher – plausibel zu machen?

Die Emotion Angst und die Bewältigung von Angstgefühlen spielen im Zusammenhang mit dem Gewaltkonsum eine unzweifelhaft dominante Rolle. Schon in den sechziger Jahren wurde festgestellt, daß Vielseher eine deutlich höhere Ängstlichkeit zeigen als Wenigseher. Damals wurde dieses Ergebnis rein vom Wirkungsansatz ausgehend interpretiert. Weil die Vielseher soviel Gewalt sehen (jedenfalls deutlich mehr als die Wenigseher), werden sie notwendigerweise ängstlicher, lautete die Erklärung. Nicht klar wird, warum die Vielseher überhaupt das bedrohliche Programm in derartigen Mengen auswählen, wenn es sie doch so ängstigt. Und weiters ist es aus forschungsmethodischen Gründen nicht zulässig, derartige korrelative Daten einseitig kausal zu interpretieren. Aber das ist eine andere Geschichte, mit der Sie im einzelnen nicht behelligt werden sollen. (Ändert man die Richtung der Kausalität – weil die Vielseher ängstlich sind, sehen sie soviel fern –, wird auch ein interpretierbares Ergebnis daraus. Diesmal aus der Sicht des Nutzen- und Belohnungsansatzes.)

Als erstes könnte man vermuten, daß es für ängstliche Menschen angenehm ist, sich vor den Fernseher zurückzuziehen. Man kommt mit weniger Menschen in Kontakt und hat weniger Probleme. Das stellt durchaus einen Nutzen dar. Klingt schon ganz gut, ist aber noch nicht endgültig überzeugend. Mein Gedankengang, der mich zu einer umfassenden Untersuchung dieses Phänomens bewog, ging von den sogenannten Angstbewältigungsstrategien aus.

Jeder Mensch muß im Lauf seiner Sozialisation lernen, mit Bedrohungen fertigzuwerden. Man entwickelt dafür sogenannte kognitive Angstbewältigungsstrategien. Adäquate Strategien erlauben es, im Vorfeld der Bedrohung die kognitive Bewältigung zu organisieren. Das heißt, nicht bei jedem Angstreiz sofort mit einer maximalen Angstreaktion (einer Alles-oder-Nichts-Reaktion) zu reagieren. Routinierte Fallschirmspringer zeigen deshalb schon lange Zeit vor dem Sprung (z. B. wenn aufgrund des guten Wetters feststeht, daß an diesem Tag gesprungen wird) beherrschbare Angstreaktionen. Anfänger hingegen ängstigen sich erst im Flugzeug und geraten vollends in Panik, wenn sie aus dem Ausstieg getreten werden.

Inadäquate Angstbewältigungsstrategien beschränken sich auf die selektive Unterdrückung der Angstreize (Represser) oder die übertriebene Suche nach Angstreizen (Sensibilisierer), um vor Überraschungen sicher zu sein. Dieser Ansatz ist für das Fernsehen insofern interessant, als die Angstbewältigungsstrategien ganz eindeutig die Informationsaufnahme beeinflussen. Die Programmselektion, aber auch die unwillkürliche Ausfilterung von unangenehmen Wahrnehmungsinhalten (man sieht nur das, was man sehen will) werden von der Angstbewältigung gesteuert.

Wie reagieren nun Menschen, die in definierter Weise Probleme mit der Bewältigung ihrer Angst haben, auf bedrohliche Fernsehinhalte? Die Schlüsseluntersuchung, die mich zu einer intensiveren Beschäftigung mit dem Phänomen Angst führte (es entstand daraus ein Buch mit dem Titel „Fernsehen und Angstbewältigung – Zur Typologie des Zuschauerverhaltens"), geht dieser Frage nach. Untersucht wurden drei Gruppen von je 20 Kindern zwischen acht und zwölf Jahren. Die ersten beiden Gruppen bestanden aus Kindern, die aufgrund einer Angstproblematik auffällig gewoden waren und einer Therapie zugeführt werden sollten. Die Gruppe eins war zusammengesetzt aus Kindern mit diagnostizierten Angstneurosen, die zweite aus Kindern, die Todesfälle in der Familie miterlebt und nicht überwunden hatten, und die dritte aus unauffälligen Kindern eines Hortes.

Als bemerkenswertestes Ergebnis zeigte sich, daß gerade die Kinder, die Probleme mit ihrer Angst hatten, besonders gern und viel Gewaltprogramme sahen. Am stärksten betraf das die angstneurotischen Kinder, die auch angaben, noch mehr aufregendes Programm sehen zu wollen, wenn es die Eltern nur erlaubten. Am signifikant wenigsten Gewaltprogramm sahen die unauffälligen Kinder, und sie wollten auch nicht mehr sehen. Sie suchten im geringsten Ausmaß nach Spannung. Die Kinder der zweiten Gruppe lagen mit all ihren Ergebnissen zwischen den beiden anderen, unterschieden sich aber ebenfalls signifikant von der dritten.

Auch mit dieser Untersuchung kann nicht eindeutig geklärt werden, ob die Kinder angstneurotisch sind, weil sie Gewaltprogramme sehen, oder ob die Kausalität in die andere Richtung läuft. Klar ist jedoch, daß der Auslöser der Angstprobleme für die zweite Gruppe das Verlusterlebnis in ihrer Familie war. Man kann hier ziemlich eindeutig schließen, daß sie sich zur Gewalt hingezogen fühlen, weil sie Probleme mit ihrer Angstbewältigung haben. Und wahrscheinlich ist es bei der ersten Gruppe ähnlich. Das angstneurotische Problem führt zu vermehrtem Gewaltkonsum. Diese Ergebnisse führten zur Vermutung, daß die Gewaltprogramme vor allem von Jugendlichen als eine Art Training für die Angstbewältigung unter geschützten Bedingungen benützt werden. Nachfolgende Untersuchungen bestätigten diese Vermutung. Jene, die besonders viel Gewalt konsumieren, sind nicht die besonders Tapferen, sondern im Gegenteil jene, die Probleme mit der Bewältigung ihrer Angst haben. Das trifft natürlich nicht auf den gelegentlichen Konsum von spannenden Programmen zu. Hier ist eher die Erzeugung von Aktivierungsspitzen als angestrebte Belohnung verantwortlich zu machen. Die Problematik der inadäquaten Angstbewältigung ist hingegen eine plausible Erklärung für den gehäuften Fernsehkonsum der Ängstlichen. Mehr Gewalt zu sehen, stellt offenbar den Versuch dar, sich unter kontrollierten Bedingungen den eigenen Ängsten zu stellen. Eine ähnliche Funktion haben ja die – nicht gerade gewaltlosen – Märchen für unsere Kleinsten. Und es ist nicht ungewöhnlich, wenn Kinder immer wieder die gleiche Geschichte hören wollen.

Eine weitere Erklärung für die Tendenz zur Spannung wird in einer ganz neuen – von mir betreuten – Dissertation erläutert. In dieser Arbeit wird nachgewiesen, daß sowohl lustige Filminhalte als auch kurzzeitige Angstreize zu einer positiven Anregung und Reaktion des Abwehrsystems führen. Jenes Systems, das für die Bekämpfung von Krankheitserregern zuständig ist. Chronische Angstbelastung führt hingegen zu einer Schwächung des Systems. Die Hinwendung zu angenehm spannenden und erregenden Film- und Fernsehprogrammen könnte also auch einen physiologisch sinnvollen Grund haben. Nämlich die Ankurbelung des körpereigenen Immunsystems. Weitere Untersuchungen zu diesem Thema sind sicher von Interesse und auch geplant. So könnte man darüber nachdenken, Filme gezielt therapeutisch einzusetzen, um die Abwehrkräfte zu stärken. Nicht absurd, heißt es doch schon lange: Lachen ist gesund.

Will man übertriebene Gewaltdarstellungen aus dem Programm eliminieren, so bleibt dieses Ansinnen bei Unterhaltungssendungen unwidersprochen. Viele meinen jedoch, daß die erheblich grausameren Szenen sich in den Nachrichten abspielen und dabei noch dazu die Realität abbilden. Folglich sollten hier die Restriktionen noch schärfer sein. Mit dieser Forderung handelt man sich aber ein ernstes demokratiepolitisches Problem ein. Sollen die Medien wirklich ein gewaltfreies Bild vorgaukeln, während in unserer Welt die Gewalt allgegenwärtig ist? Haben die Nachrichtenredakteure nicht die Pflicht, wahrheitsgemäß zu informieren? Sind nicht viele Katastrophen erst ins Bewußtsein der Weltöffentlichkeit gedrungen, nachdem die entsetzlichen Grausamkeiten in brutaler Deutlichkeit über die Fernsehkanäle geschickt wurden? Aber wo ist die Grenze zwischen pflichtgemäßer Aufklärung und den Voyeurismus bedienender, nach Quoten gierender Berechnung?

Die Informationssendungen werfen aber noch ein weiteres Problem auf. Information ist in unserer heutigen Zeit zur Ware geworden. Eine Ware, die sich blendend verkauft und von erheblichem Wert ist. Aufgrund dieser Situation muß Sendezeit gefüllt werden, was in zunehmendem Maße mit kontextloser Information erreicht wird. Unter kontextloser Information versteht man jene Nachrichten, deren Inhalt in keinem persönlichen Kontext zu unserer Lebenswelt stehen. Ironische Kritiker meinen, daß die einzigen medialen Informationen, aufgrund derer wir unser Verhalten ändern oder konsequent darauf reagieren können, der Wetterbericht sei. Auf nahezu alle anderen Nachrichten kann man eigentlich nur emotional reagieren, das heißt mit Entsetzen, Bestürzung oder Angst. Ein seltsames Paradoxon, daß uns die objektive Information nicht als Grundlage für gezieltes Handeln, sondern eher für emotionale Gestimmtheit dient.

Die Unmöglichkeit, durch aktives Handeln zu reagieren, rückt die Medieninformation in die Nähe eines Syndroms, das eigentlich im Bereich der klinischen Psychologie genauer untersucht wurde. Gelernte Hilflosigkeit tritt dann auf, wenn ein Individuum den Ablauf der Geschehnisse durch eigene Aktivitäten in keiner Weise beeinflussen kann. Egal was man tut, der Ablauf der Dinge kann nicht beeinflußt bzw. vorhergesagt werden. Der Verlust an Vorhersagbarkeit und Kontrollierbarkeit ist der Auslöser für die Entstehung der gelernten Hilflosigkeit. Eine Situation, die tagtäglich durch die Weltnachrichten provoziert wird. Kriege, Flüchtlingsströme, Umweltkatastrophen, Atomkraftwerke an den Grenzen, politische Entwicklungen, all das sind Abläufe, die vom Zuschauer nicht unmittelbar beeinflußt werden können. Die gut untersuchten Symptome der gelernten Hilflosigkeit sind Motivationslosigkeit, die Unfähigkeit, neue Situationen zu bewältigen, Apathie, Ängstlichkeit (!) und Depressivität. Erscheinungen, die in unserer Zeit nicht unbekannt und auch in verstärkter Weise bei Vielsehern zu beobachten sind.

Hier paßt das Bild vom Global Village, das im Zusammenhang mit der weltweiten Vernetzung der Massenmedien eine oft zitierte Phrase darstellt. Die Verbindung der Weltgemeinschaft zu einem globalen Dorf, in dem jeder über alles Bescheid weiß und alle alles angeht, ist ein vordergründig faszinierender Gedanke. Es hat sich jedoch gezeigt, daß dieser Anspruch den Menschen weit überfordert. Die Unfähigkeit, in diesem Welttheater selbst gestaltend und bestimmend einzugreifen, und der Zwang, lediglich als informierter Beobachter den Abläufen ausgeliefert zu sein, führt zu Vermeidungsstrategien. Die Abwendung von der globalen Sichtweise stellt demgemäß einen Selbstschutz gegen das Abgleiten in die gelernte Hilflosigkeit dar. Ein Schutzreflex, der bis zur Verweigerung der Aufnahme neuer Information führen kann und die so unterschiedliche Akzeptanz und Nutzung neuer Kommunikationstechnologien wie des Internets erklärt.

Natürlich sind Zuschauer in sehr unterschiedlicher Weise von diesem Syndrom betroffen. Menschen, die in ihrem Berufs- und Familienleben genug an Kompetenz und Handlungsfähigkeit aufgebaut haben, werden eine größere Toleranz für unbeeinflußbare Information haben. Jene, deren Kompetenz auch schon im täglichen Leben reduziert ist, werden eine deutlich eingeschränktere Aufnahmekapazität für derartige Nachrichten haben. Daraus ergibt sich ein Auswahlkriterium bezüglich der Programmwahl (Information versus Unterhaltung), das aussagekräftiger erscheint als die Fixierung auf Intelligenz und Schichtzugehörigkeit. Dieses Problem wird im Zusammenhang mit dem Stichwort Knowledge-Gap-Forschung noch näher besprochen werden. Prägnant und vereinfacht ausgedrückt sagt der Ansatz: Die Gescheiten suchen sich informatives Programm aus und werden deshalb noch gescheiter. Die Dummen suchen sich wenig informatives Programm aus, das sie noch weiter verdummt. Dieser Vorgang ist verantwortlich für die Wissenskluft, die nach dieser These durch das Fernsehen vergrößert wird.

Eine sehr pragmatische Annäherung an das Gewaltproblem stellt die aus den USA importierte Idee des V(iolence)-Chips dar. Wie soll das funktionieren? Ein in das Fernsehgerät eingebauter elektronischer Chip erkennt eine vom Sender mitgelieferte Kennung, die Gewalt signalisiert, und unterbricht das Signal. Dieser Chip ist programmierbar und kann auf verschiedene Kennungssignale eingestellt werden. Eltern wird damit eine Möglichkeit in die Hand gegeben, den Fernsehkonsum ihrer Kinder zu beschränken, auch wenn die Sprößlinge alleine fernsehen. Das Gewaltproblem wird damit sehr einfach gelöst, indem es im wahrsten Sinne des Wortes ausgeblendet wird.

Probleme sind aber selten auf Knopfdruck zu lösen, und deshalb hat diese Methode entscheidende Nachteile, obwohl sie auf den ersten Blick überzeugend wirkt. Grundsätzlich muß klar sein, daß der Chip natürlich nicht von sich aus erkennt, ob Gewalt vorkommt. Wie erwähnt, muß der Sender ein Signal zur Identifizierung mitschicken. Welche Szenen als gewaltsam eingestuft werden, bestimmen der TV-Sender oder dafür eingesetzte Kommissionen. Die Entscheidung wird also delegiert. Wesentlicher aber ist, daß all jene, die Verantwortung hinsichtlich der Gewalt auf den Bildschirmen übernehmen sollten, sich ab dann herausmogeln können. Die Eltern müssen sich um den Fernsehkonsum ihrer Kinder nicht mehr kümmern, weil der Chip alles regelt. Die Politiker müssen sich um die Gewaltanteile im Programm nicht mehr kümmern, weil Eltern ja den Chip programmieren können. Die Produzenten können mehr und härtere Gewalt produzieren, weil die Gesellschaft durch den Chip geschützt ist. Es ist also zu vermuten, daß die Einführung des V-Chips eher für mehr Gewalt auf dem Bildschirm sorgen wird. Und es ist die Frage, ob dann die Sinnhaftigkeit dieser Entwicklung überhaupt noch diskutiert wird, weil der Chip sowieso ... etc. Ob Kinder damit wirklich vom Gewaltkonsum abgehalten werden können, ist zu bezweifeln. Untersuchungen zeigen eindeutig, daß als gewalthaltig gekennzeichnete Programme auf Jugendliche besonders anziehend wirken. Daraus entwickelte sich die „Forbidden Fruit Theory", die mehrfach bestätigt werden konnte. Die angeregte Aufmerksamkeit der Jugendlichen wird sich folgerichtig auf den Chip konzentrieren. Und viele der jungen Technik-Freaks werden den V-Chip schneller knacken, als ihre Eltern ihn programmieren können.

Bedenklich an dieser Entwicklung ist, daß damit eine konstruktive Medienerziehung eher die Ausnahme sein wird. Das bewahrungspädagogische Zensurieren jeglicher Gewalt, um die Jugendlichen dann ins kalte Wasser einer besonders brutalen Medienszene zu stoßen, ist mit Sicherheit kein zukunftsträchtiges Konzept. Es spielt nur jenen in die Hände, die unbehelligt von jeglicher öffentlichen Diskussion mit ihrer schrankenlosen Gewaltproduktion Geld scheffeln wollen. Wir werden uns durch den V-Chip nicht daran vorbeischwindeln können, die permanent anwesende Gewalt in unserer Gesellschaft zu akzeptieren. Und daß wir uns ständig Rechenschaft darüber geben müssen, wie man sie bewältigt und minimiert. Rigide Prohibition hat in solchen Fällen noch nie geholfen.

Aus: „in medias res", Verlag Holzhausen 1999

Literatur

BROSIUS, H.B. & ENGEL, D.: The Causes of Third Person Effect: Unrealistic Optimism, Impersonal Impact, or Generalized Negative Attitudes towards Media Influence? In: International Journal of Public Opinion Research Vol. 8, No. 2, 1996; DAVISON, W. P.: The Third Person Effect in Communication. In: Gurevich, M. & Levy, M. R. (Eds.): Mass communication Review Yearbook Vol. 5, 1983; GAZIANO, C.: The knowledge gap. An analytical review of media effects. Communication Research, 10, 447-486, 1983; GERBNER, G. & GROSS, L.: The scary world of TV's heavy-viewer. Psychology Today, 89, 41-45, 1976; HADINGER, BOGLARKA: Selbstmord und Medien. Tübingen, Verlag Lebenskunst 1994; HADINGER, BOGLARKA: Das Immunsystem des Menschen. Seine physiologischen und psychologischen Modifikationsmöglichkeiten. Unveröffentlichte Dissertation für Psychologie. Univ. Wien 1998; KEPPLINGER, H. M. & GIESELMANN, T.: Gewaltdarstellung in der aktuellen TV-Berichterstattung. Medienpsychologie, 3, 160-189, Opladen, Westdeutscher Verlag 1993; KERNBEISZ, G., TINCHON H.-J. & VITOUCH, P.: Psychophysiology in Media-Effect-Research: The Problem of Data-Analysis. Studia Psychologica 3 (39), 197-211, 1997; KUNCZIK, M.: Gewalt und Medien. Köln, Wien, Böhlau 1987; WINTERHOFF-SPURK, P.: Fernsehen. Psychologische Befunde zur Medienwirkung. Verlag Hans Huber 1986; RUSSEL, GORDON, W.: Violent Sports Entertainment and the Promise of Catharsis. Medienpsychologie, 2, 101-106, Opladen, Westdeutscher Verlag 1993; SELIGMAN, M.E.P.: Gelernte Hilflosigkeit. Wien, Urban & Schwarzenberg 1979; VITOUCH, P. & TINCHON, H.-J.: Psychophysiologische Medienpsychologie. In: B. Rollett, M. Jirasco, J. Glück (Hg.): Psychologische Forschung in Österreich 1995. Berichtband zur 2. Tagung der Österreichischen Gesellschaft für Psychologie. 227-330, Wien, WUV-Universitätsverlag 1996; VITOUCH, P.: Fernsehen und Angstbewältigung. Zur Typologie des Zuschauerverhaltens. Opladen, Westdeutscher Verlag 1993; VITOUCH, P.: Brennpunkt Medienforschung. Ein Kompendium approbierter Diplomarbeiten und Dissertationen in Abstractform. Wien, WUV-Universitätsverlag 1997.

Das Fernsehen als Sündenbock?

Rudolf Bretschneider/Johannes Hawlik

„Titus Andronicus hat fünfunddreißig Leichen aufzuweisen, abgesehen von den ermordeten Soldaten, Dienern, Nebenpersonen. Verglichen mit diesem Renaissancedrama erscheint die moderne amerikanische schwarze Literatur wie eine süße Idylle." (Jan Kott: Shakespeare heute)

Gewalt und Medien

Die Debatte über Gewaltdarstellungen und ihre Wirkungen begleiten die audiovisuellen Medien seit ihrer Verbreitung als Massenkommunikationsmittel. Als kürzlich ein 15jähriger Schüler in Niederösterreich seine Lehrerin erschoß, gab es eine breite öffentliche Diskussion über Gewaltzunahme in der Gesellschaft. Einig war man sich bald über einen Schuldigen: das Fernsehen, „das die Gehirne der Kinder vergifte". Immer schon mußten die Massenmedien als Sündenbock herhalten und wurden für soziale Mißstände, Kriminalität, Schüleraggression oder Terrorismus verantwortlich gemacht.

Waren die früheren Zeiten ohne Fernsehen so viel friedlicher? Sind Kulturen, in denen das Fernsehen noch eine geringere Rolle spielt, gewaltloser?

Wenn bis zum Jahre 2000 etwa 160 Millionen Menschen via Internet-Netzwerk miteinander verbunden sein werden, wird jeder Teilnehmer nach Lust und Laune Informationen abrufen und absetzen können. In gleichem Maß, wie dieses Netzwerk wächst, wird auf wundersame Weise Verantwortung abgeschoben. Nicht mehr Programmverantwortliche werden die „Bösewichte" sein, sondern die Konsumenten selbst.

Mediengewalt als „Klassiker" der Medienforschung

In Inhaltsanalysen aus den 20er und 30er Jahren stellte man bereits fest, daß vier von zehn amerikanischen Filmen Morde zeigten.[1] Heute wird Wissenschaft sehr selektiv herangezogen. Entweder gilt es, plakative Argumente zu untermauern, wie: „Es gibt ein natürliches Publikumsbedürfnis nach Gewalt" oder „Mediengewalt ist nützlich zum Abbau von Aggressionen" und „Medien bzw. Gewaltdarstellungen sind insgesamt schädlich"; oder man ignoriert ihre Ergebnisse. Dabei dürften sich alle Wissenschaftler heute einig sein: Eine zwangsläufige Wirkung aggressiver Darstellungen in eine einzige Richtung nach einem Erklärungsmodell gibt es nicht. Was nämlich vielfach übersehen wird, ist, daß in kaum einem Bereich der Forschung über komplexe soziale Wirklichkeit eine einzelne oder einige wenige Untersuchungen pauschal „endgültige Beweise" bieten können.[2]

Wissenschaft kann das „Angebotspotential", d.h. die Häufigkeit und die Qualität der in den Medien vorkommenden Gewalt, Aggression und Bedrohung analysieren. Diese Inhalte führen nicht zwangsläufig zu Wirkungen, sie stellen aber ein Potential dar, aus dem sich mögliche Wirkungen ergeben können.[3]

Eine der größten Untersuchungen der jüngsten Zeit ist die großangelegte amerikanische „National Television Violence Study".

Einige der Ergebnisse zusammengefaßt:

- 57 Prozent aller amerikanischen TV-Sendungen enthalten Gewaltszenen;
- in 73 Prozent aller Fälle wird „der Täter" im Film nicht bestraft;
- nur in 16 Prozent der Fälle werden auch die negativen Folgen von Gewaltanwendung gezeigt;
- durch hohen TV-Konsum steigt die Akzeptanz von Gewalt bzw. aggressivem Verhalten.

Als Empfehlungen gegen allzu starkes TV-Gewalt-Angebot werden genannt:

- mehr Programmangebote ohne Gewalt (und wenn, dann sollte die Anzahl von Gewaltszenen gering gehalten werden oder der Sendeplatz in die späten Abendstunden verlegt werden);
- Aufzeigen der Bestrafung ungerechter Gewalt;
- Aufzeigen negativer Folgewirkungen von Gewaltanwendung;
- Aufzeigen von Alternativen zur Lösung von Problemen statt Gewaltanwendung;
- geringe Rechtfertigung für Gewaltanwendung;
- Programmberatung gegen Gewaltprogramme; Kennzeichnung von Programmen; Monitoring verschiedener Sender/Programme; Anstrengungen auf dem Gebiet der Anti-Gewaltthematisierung.[4]

Wenn auch stellvertretend für die zahlreichen Publikationen der jüngsten Zeit[5] hier nur die „National Television Violence Study" aus Amerika zitiert wird, lassen sich doch generell die wissenschaftlichen Ergebnisse über die Wirkungen von Mediengewalt zusammenfassen:

- nahezu keine neuere Studie belegt den Abbau von Aggressionen durch Mediengewalt;
- die Verstärkung von Anlagen (aggressivem/ängstlichem Verhalten) ist wahrscheinlicher als eine ursächliche Wirkung;
- kein Medienangebot allein führt zwangsläufig zu aggressiven oder kriminellen Verhaltensweisen;
- je weniger an alternativen (nicht medialen) Erfahrungen und Erlebnissen gemacht werden, z.B. bei sehr häufig „fernsehenden" Kindern, desto größer ist die Wahrscheinlichkeit des Medieneinflusses;

- Medien und ihre möglichen Wirkungen sind eingebettet in den jeweiligen sozialen und gesellschaftlichen Kontext.

International liegen in bezug auf Gewaltdarstellungen die USA und Japan an der Spitze, gefolgt von den westeuropäischen Staaten und Australien. Skandinavien und Großbritannien haben geringe Werte aufzuweisen.[6]

Kinder und TV-Gewalt

Kein Zweifel besteht nach der internationalen Forschungslage mehr daran, daß besonders jüngere Kinder durch Häufung und Intensität von Mediengewalt in ihrer Wahrnehmung, ihrer Einstellung und ihren Verhaltensweisen beeinflußt werden.[7]

Die Verantwortung gegenüber Kindern kann sich auch nicht nur auf das für sie gedachte Programm erstrecken, wenn man weiß, daß Kinder weltweit durchschnittlich mehr als drei Stunden täglich fernsehen. Die umfangreichste Studie der letzten Zeit über „Children and Media Violence" wurde von der UNESCO in Auftrag gegeben und untersuchte im Zeitraum von 1996 bis 1997 bei 5000 Kindern (12 Jahre alt) aus 23 verschiedenen Ländern, welche Rolle das Fernsehen in ihrem Leben spielt, warum Kinder von Gewalt so fasziniert sind, welche Beziehung zwischen TV-Gewalt und aggressivem Verhalten der Kinder besteht; ob es kulturelle oder geschlechtliche Unterschiede gibt, was die Auswirkungen von TV-Gewalt auf aggressives Verhalten betrifft.

Die Ergebnisse stimmen nachdenklich:

- 91 Prozent der Kinder haben Zugang zu einem Fernsehgerät (die Anzahl ist mit 99 Prozent in der nordwestlichen Hemisphäre höher als in Afrika, Asien und Lateinamerika – wo es nur 83 Prozent sind).
- Durchschnittlich wird 3 Stunden täglich ferngesehen (das bedeutet, daß für das Fernsehen 50 Prozent mehr Zeit aufgewendet wird als für jede andere außerschulische Aktivität).
- „Media violence is universal. It is primarily presented in a rewarding context. Depending on the personality characteristics of the children and depending on the every day life experiences, media violence satisfies different needs: it ‚compensates' ones own frustrations and deficits in problem areas. It offers ‚thrills' for children in less problematic environments. For boys it creates a frame of reference for ‚attractive rule models'."
- Nicht der einzelne Film mit Gewaltszenen ist das Problem, sondern Umfang und Omnipräsenz der Mediengewalt (mit durchschnittlich 5-10 Gewaltakten pro TV-Programmstunde in manchen Ländern).
- Das Fernsehen suggeriert die Normalität von Gewalt weit stärker als die Belohnung von nicht aggressiven Handlungsweisen.[8]

Die Gefährdung der Kinder und Jugendlichen besteht weniger durch den einzelnen „schlechten Film" als in der „Weltaneignung" der Kinder durch das Fernsehen.

Trotz aller Gefahren (die vor allem in der UNESCO-Studie eindringlich beschrieben sind) darf nicht verkannt werden, daß den größten Einfluß auf die Medienwirkung und das Verhalten weiterhin das soziale Milieu hat, in dem ein Kind aufwächst.

„Die Spielfilme beinhalten von allen Programmangeboten die meisten Gewaltakte", stellt für die USA die „National Television Violence Study" fest: Während 57 Prozent der TV-Sendungen des untersuchten Zeitraumes 1994–1995 Gewalt enthalten, sind es bei den Spielfilmen jedoch 90 Prozent, wo zumindest ein Gewaltakt vorkommt.[9]

Auch in Europa (auch in Österreich) ist Gewalt häufig mit soliden Einschaltquoten verbunden. Die Produkte sind billig herzustellen oder (im Paket) einzukaufen. Schieß- und Prügelszenen erfordern kein ausgefeiltes Drehbuch, keine großen Schauspielerleistungen und keine komplizierte Dramaturgie. Gewalt bedient sich einer Universalsprache, die einfach und allgemein verständlich ist.

In der Prime Time des ORF zeigt sich deutlich, daß Filme oder Serien mit Gewaltakten keine Eigenproduktionen sind, sondern Filmmaterial aus dem Ausland. Mehr eigene Qualität statt zugekaufter Gewalt wäre ein guter österreichischer Weg.

1 DAHLE, E.: The content of motion pictures. N.Y. 1935.
2 GROEBEL, J./GLEICH, U.: Gewaltprofil des deutschen Fernsehprogramms. 12, Opladen 1993.
3 GROEBEL, J./GLEICH, U.: Gewaltprofil des deutschen Fernsehprogramms. 13, Opladen 1993.
4 National Television Violence Study. Bd. 1. Newbury Park 1997.
5 U.a. seien hier angeführt: GROEBEL/GLEICH: Gewaltprofil des deutschen Fernsehprogramms. Opladen 1993.
KRÜGER, U.M.: Gewalt in Informationssendungen und Reality TV. In: Media Perspektiven. 72-84, 2/94.
FRIEDRICHSEN, M./VOWE, G. (Hg.): Gewaltdarstellungen in Medien. Opladen 1995.
KUNCZIK, Michael: Gewalt und Medien. Köln 1994.
BARKER, M./PETLEY, J.: Ill effects – the media violence debate. London/New York 1997.
HAMILTON, J. T.: Channeling Violence. Princeton 1998.
6 GROEBEL, J./GLEICH, U.: Gewaltprofil des deutschen Fernsehprogramms. 40, Opladen 1993.
7 CARLSSON, V./von FEILITZEN, C. (Hg.): Children and Media Violence. In: Yearbook from the UNESCO International Clearinghouse on Children and Violence on the Screen. 1998.
8 GROEBEL, J. In: Carlsson, V.: The UNESCO Global Study on Media violence. 182 ff, 1998.
9 National Television Violence Study. Bd. 1, 1985.

Moderne Märchen

Werner Früh

Wirkungen von Gewaltdarstellungen des Fernsehens gehören zu den herausragenden gesellschaftlichen Themen, die nicht nur in vielfältigen Kontexten heftig diskutiert werden, sondern zu denen auch seit Jahrzehnten mit beachtlichem Aufwand geforscht wird. Inzwischen liegt auch eine ganze Reihe recht verläßlicher Teilergebnisse vor. Daß dennoch die Forschungsfrage noch nicht vollständig beantwortet werden kann, ist angesichts des vielschichtigen Problems nicht verwunderlich. Erstaunlicher ist vielmehr, daß das Problem trotz Forschungsergebnissen konzeptionell und terminologisch noch nicht im Griff ist. Das betrifft erstens den Gewaltbegriff selbst. Viele Studien zur Wirkung von Gewalt arbeiten ohne explizite Definition von Gewalt. Findet sich doch eine Definition, dann ist sie entweder verkürzt oder der Forscher hält sich in seiner eigenen Untersuchung selbst nicht daran. Sollte man sich in seltenen Fällen doch daran halten, entstehen höchst seltsame Ergebnisse. Dies läßt sich an einem einfachen Beispiel erklären.

Angenommen, es läge keine verkürzte Definition vor. Verkürzt wäre sie dann, wenn z.B. nur die ganz starken Gewaltformen wie Mord, Totschlag oder Körperverletzung einbezogen würden („Methode Leichenzählen") oder wenn nur eine ganz bestimmte Gewaltform wie z.B. physische Gewalt oder Gewalt gegen Personen Gegenstand der Definition wäre. Nehmen wir also an, wir hätten folgende umfassendere Gewaltdefinition vorliegen:

Gewalt ist die absichtliche physische oder psychische Schädigung von Menschen, Tieren, Pflanzen oder Sachen durch Personen. Nach dieser plausiblen und relativ umfassenden Gewaltdefinition sind korrekterweise Mord, Schlägereien, Demütigungen und Beleidigungen ebenso Gewalt wie Attentate, Sabotage, Tierquälerei oder das Einschlagen von Türen und Fensterscheiben. Unter diese Definition fallen aber auch Fouls in einem Fußballspiel, abfällige oder ironische Bemerkungen, das Pflücken einer Blume oder das Verschrotten eines noch fahrtüchtigen Autos. Auch in diesen schwachen Varianten wurden Menschen physisch oder psychisch geschädigt, Pflanzen, Tiere oder Sachen zerstört. Man kann nicht unterstellen, daß Inhaltsanalysen, die einen derartigen, etwas anspruchsvolleren Gewaltbegriff verwenden, der über das bloße Leichenzählen hinausgeht, solche Handlungsweisen des normalen Lebensvollzugs als Gewaltformen in ihre Analysen einbeziehen. Dann haben sie die Plausibilität zwar auf ihrer Seite, halten sich aber nicht an ihre eigene Definition. Damit werden die Ergebnisse uninterpretierbar, weil nicht mehr nachvollziehbar ist, wo die Grenze liegt zwischen dem, was in die Analyse einbezogen wurde, und jenem, was theoretisch zwar auch hinzugehört, aber einem „gesunden Menschenverstand“ gemäß nicht erfaßt wurde; der Forscher hat nach eigenem Gutdünken, einer subjektiven Plausibilität folgend, die Mediendarstellungen kategorisiert. Sollte er sich jedoch strikt an seine Definition gehalten haben, dann entstehen höchst seltsame Ergebnisse, die teilweise etwas darstellen, was in der öffentlichen Diskussion gemeinhin nicht als Gewalt aufgefaßt wird.

Das zweite konzeptionelle Defizit betrifft die Perspektive, aus der man Gewalt betrachtet, und den Kontext, in dem sie entsteht bzw. dann zur Wirkung gelangt. Sieht man Gewalt als kurzfristiges, episodisches Phänomen, dann bekommt man bevorzugt einzelne spektakuläre Gewaltakte in den Blick. Einige bekannte Theorieansätze von der Stimulations- bis zur Imitationsthese sind ein Beispiel dafür: Ein bestimmter Fernsehinhalt führt als Auslöser mit mehr oder weniger großer Verzögerung direkt zu einer Gewalttat. Sowohl die Ursache (Fernsehsendung) als auch die Wirkung (Gewalttat) sind als raum-zeitlich konkrete Ereignisse mit klaren Konturen identifizierbar. Sieht man Gewalt dagegen als eine sich permanent dynamisch entwickelnde individuelle Disposition, so bekommt man eher die Lebensgeschichte von Menschen und ihre langfristigen realen und medialen Kontexte in den Blick. Ein Beispiel dafür sind etwa die Studien von Huesmann und Eron oder Groebel, die unter dem Stichwort Sozialisationsperspektive oder Soziale Lerntheorie diskutiert werden.[1] Es sei also eingeräumt, daß man in der Forschung durchaus eine solche konzeptionelle Differenzierung vorfindet; was jedoch fehlt, ist der hinreichend klare Hinweis darauf, daß es sich dabei um ganz unterschiedliche Auffassungen von Gewalt handelt. Es geht dabei nicht nur um theoretisch unterschiedliche Positionen zum gleichen Gegenstand, sondern vielmehr um so unterschiedliche Gewaltkonzepte, daß man teilweise von unterschiedlichen Gegenständen sprechen muß, auf die man sich bezieht.

Die erste Perspektive betrifft einige bestimmte Medienangebote, die zweite eine ganze Medienangebotskultur. Die erste Sichtweise konzentriert sich auf wenige potentielle Täterpersonen, die aufgrund ihrer genetischen und sozialisatorischen Prädispositionen eher am Rande der Gesellschaft stehen. Die zweite Perspektive bezieht sich dagegen auf alle Mitglieder einer Gesellschaft. Nach allem, was man in der Wissenschaft bisher weiß, dürften dargestellte Massenmorde, Folterszenen oder sonstige Horrortaten allenfalls auf eine kleine Gruppe psychisch sehr labiler oder vermutlich sogar kranker Personen so nachhaltig wirken, daß sie zu Tätern werden. Für den großen Rest der Bevölkerung ist die Darstellung so weit von der eigenen Vorstellungs- und Erlebenswelt entfernt, daß die Mordszenen wie moderne Märchen als abgehobene Phantasiewelten erscheinen. Dennoch bleibt dieser große Rest der Bevölkerung vermutlich auch nicht ganz unbeeinflußt von diesen Gewaltdarstellungen. Sie wirken hier aber nicht in Form eines episodischen Auslösers für eine spektakuläre Gewalttat, sondern als weitgehend unauffälliger Teil einer umfassenden Medienkultur. Die permanente Kumulation auch nur tendenziell bzw. schwach gewalthaltiger Medienerlebnisse wird langfristig Werte, Normen und Verhaltensmuster des Publikums ganz langsam und weitgehend latent mitbeeinflussen. Damit könnten unter dieser Sozialisationsperspektive auf lange Sicht nicht nur die starken, sondern vor allem auch die weniger starken bis schwachen Formen von Gewaltdarstellungen sozial gefährlich sein. In den USA verbringen viele Kinder mehr Zeit vor dem Fernsehschirm als in der Schule. Auch bei uns sind Sehzeiten von mehr als fünf Stunden täglich bei einem Teil der Kinder schon keine außergewöhnliche Seltenheit mehr. Durch das Fernsehen allein verursachte „Sprünge“ in der Aggressionsbereitschaft sind dennoch unwahrscheinlich, weil hierbei auch andere Sozialisationsfaktoren wie Elternhaus, Schule oder soziales Umfeld mitwirken, die meist als Korrektiv wirken. Aber langfristige minimale Verschiebungen des gesellschaftlichen Gewaltempfindens sind möglich, ja sogar wahrscheinlich. Die Werte und Normen unseres sozialen Zusammenlebens besitzen in einzelnen Bereichen unterschiedlich enge Toleranzgrenzen, die viele Normverletzungen verbieten, aber auch gewisse Spielräume für abweichendes Verhalten eröffnen, wenn sich dieses nicht zu weit von der Norm entfernt. Durch Ausloten oder leichtes Überschreiten dieser Toleranzgrenzen im Fernsehen können analoge Verhaltensweisen in der Realität angeregt werden. Diese sind zwar etwas aggressiver, als es der durchschnittliche Konsens vorgibt, aber sie erlauben dem Individuum immer noch die Selbsteinschätzung, sich konform zu verhalten, weil das Handeln im Rahmen des Toleranzbereichs sozial wenig oder gar nicht sanktioniert wird. Wenn etwa ein energisches Drängeln an Bushaltestellen allgemein üblich ist, dann ist die Nachahmung eines TV-Vorbildes, das auch massiv seine Ellbogen benutzt, eher naheliegend als die Imitation eines Fernseh-Amoklaufs mit Maschinenpistole. Auf diesem „Ellbogen-Niveau“ angelangt (Verschiebung der Toleranzgrenze), wird dann die nächst stärkere Gewaltform angewandt, so daß langfristig und allmählich eine Tendenz zur Akzeptanz und Anwendung immer stärkerer Gewaltformen in der Gesellschaft entsteht. Damit könnten gerade die schwächeren Gewaltformen langfristig die sozial schädlicheren sein, weil sie auf wesentlich breiterer Basis das Wert- und Normgefüge einer Gesellschaft in Richtung Gewaltakzeptanz und Gewaltanwendung verändern. Nimmt man diese Hypothese ernst, so folgt daraus, daß gerade diese schwachen Gewaltformen, wie der Ellbogeneinsatz in unserem Beispiel, in Gewaltdefinitionen ebenso wie in Gewaltanalysen einbezogen werden müssen. Da sich diese Wirkungen nicht an einzelnen spektakulären Gewaltakten erkennen lassen, folgt daraus weiter die Erfordernis, Langfriststudien durchzuführen, welche die Dynamik des Wirkungsverlaufs zum Gegenstand haben.

Das dritte konzeptionelle Defizit betrifft das verwendete theoretische Wirkungsmodell. Das traditionelle Modell unterstellt einen bestimmten TV-Beitrag oder eine definierte Menge von gewalthaltigen Medieninhalten als Ursache für ein konkretes aggressives Verhalten oder das Entstehen einer aggressiven kognitiv-affektiven Disposition. In der theoretischen Literatur findet man zwar gelegentlich Hinweise darauf, daß auch Medieninhalte anderer Art Ursache für Aggressionen sein können, aber das Schema „Gewalt führt zu Gewalt" dominiert ganz eindeutig die Diskussion. Dabei können durch das Fernsehen geweckte Neidgefühle, der Eindruck von Diskriminierung oder starke, nicht erfüllbare Wünsche auch Aggressionen zur Folge haben. Umgekehrt ist mittlerweile hinlänglich bekannt, daß Gewaltdarstellungen nicht nur zu Gewalt, sondern auch zu Angst und Verunsicherung führen können. Neben diesen einfachen Wirkungsmodellen mit einer Ursache und einer Wirkung gibt es in der Forschung mittlerweile auch zunehmend multivariante Ansätze. Sie unterstellen, daß Gewalt als abhängige Größe durch ein ganzes Bündel verschiedener Ursachefaktoren hervorgerufen wird.

Alle diese Ansätze haben trotz aller Unterschiedlichkeit immer noch eines gemeinsam: Sie unterstellen, daß äußere Ursachen in einer von externen Beobachtern (z.B. dem Forscher) eindeutig identifizierbaren Form vorhanden sind. Als derart „objektive" Gegebenheit werden sie dann auch als identische Ursache für das gesamte Publikum unterstellt. Bezogen auf die Wirkungen von Fernsehgewalt heißt das, daß der Forscher normativ bestimmte Inhalte als Gewalt definiert und diese auf ihre Wirkung hin untersucht. Das Problem ist, daß das Publikum die Dinge vielleicht ganz anders sieht und Gewalt dort erkennt, wo der Forscher laut Definition keine sehen wird und umgekehrt. Das gilt nicht nur kategorial, sondern auch hinsichtlich der wahrgenommenen Gewaltintensität bzw. Gewaltstärke. Was ist in den Augen eines Beobachters die stärkere Gewaltform, ein Mord oder eine qualvolle Folter, Psychoterror oder eine brutale Schlägerei etc.? Man weiß aus empirischen Untersuchungen, daß Kinder verbale Streitigkeiten zwischen Erwachsenen als viel intensivere Gewalt empfinden als tätliche Auseinandersetzungen.[2] Bei den diversen amerikanischen Studien zur Wirkung von Gewalt, die Boxkämpfe als Stimuli verwendeten, wurde eingewandt, daß vor allem Männer einen Boxkampf kaum als gewalthaltig wahrnahmen, während Frauen dasselbe Geschehen als sehr viel brutaler einstuften. Im Zusammenhang mit der Vielseherproblematik wurde immer wieder unterstellt, daß häufige Rezeption von Gewalt abstumpfe, d.h. die Intensität des Gewaltempfindens generell herabgesetzt werde, so daß schwächere Gewaltformen den Vielsehern geradezu als normale Handlungsweisen erscheinen müßten, während Wenigseher noch deutliche Reaktionen zeigen. Es liegt also nahe, auch differentielle Effekte zu beachten, die unterschiedliche Gewaltwahrnehmungen verschiedener Zielgruppen beschreiben. Diese differentiellen Aspekte beziehen sich also nicht erst auf personenspezifisch relativierte Wirkungen, sondern bereits auf eine individuell bzw. zielgruppenspezifisch verschiedenartige Interpretation medialer Gewaltdarstellungen. Wo einige Personenkreise bereits Gewalt erkennen, können andere noch keine wahrnehmen; was für den einen brutal und aggressiv erscheint, ist für den anderen noch ganz normal. Dies ist aus kurzzeitiger Perspektive noch keine Wirkung, sondern die Identifikation des Stimulus, der erst zu violenten Effekten führen kann. Sieht man Medienwirkungen jedoch als dynamischen, langfristigen Prozeß, kann diese unterschiedliche Sicht- und Interpretationsweise teilweise durchaus schon eine Wirkung lange zuvor rezipierter Medieninhalte sein.

Noch einen weiteren Aspekt gilt es zu bedenken, der bisher oft nicht genug beachtet wurde. Unser Untersuchungsobjekt ist nicht reale, sondern durch Medien dargestellte Gewalt. Daher sollte auch den diversen medialen Darstellungsmitteln mehr Aufmerksamkeit geschenkt werden, mit denen Gewalt fokussiert, hervorgehoben, glorifiziert und intensiviert, aber auch bagatellisiert, kaschiert und in den Hintergrund gerückt werden kann. Ein Mord bleibt nicht immer derselbe Mord. Kameraführung, Zooms mit detaillierten Nahaufnahmen, Zeitlupe, Special effects oder Musik sind nur die vordergründigsten Darstellungsmittel, mit deren Hilfe medial dargestellte Gewalt modifiziert werden kann.

Empirische Studie[3]

Um den genannten Defiziten zu begegnen, muß man theoretisch einen anderen Gewaltbegriff verwenden und empirisch ein Rezeptionsmodell benutzen, das die wechselseitige, dynamische Abhängigkeit von Medienbotschaft, Publikumswahrnehmung und späterer Wirkung angemessen berücksichtigt. Außerdem verdient das ganze Gewaltspektrum Beachtung, besonders die meist vernachlässigten schwachen, fast alltäglich-banalen Gewaltformen.

Wir führten ein Projekt durch, das als Vorstufe einer Wirkungsstudie erst einmal ermittelt, was aus der Sicht des Publikums überhaupt Gewalt ist. Als theoretisches Modell legten wir dabei den dynamisch-transaktionalen Ansatz zugrunde.[4] Mediengewalt wird danach als Wirkungsursache sowohl seitens des Mediums als auch seitens des Publikums hervorgebracht. Dies ist vielleicht eine zunächst etwas irritierende Feststellung. Wir gehen dabei einerseits davon aus, daß Medien in der Lage sind, verschiedene Gewaltformen auf ganz unterschiedliche Weise darzustellen. Andererseits gehen wir aber auch davon aus, daß das Publikum in Wahrnehmung und Empfinden unterschiedlich reagiert. In unserem Zusammenhang relevant ist vor allem der Transaktionsbegriff. Wirkungen werden dabei nicht als einseitige, kausale Beeinflussung einer Größe durch eine andere gesehen, sondern als Interaktion zweier oder mehrerer Faktoren, wobei diese sich nicht nur wechselseitig, sondern auch selbst verändern. Wesentlich für die Transaktion ist, daß nicht ein Faktor wirkt und ein anderer beeinflußt wird, sondern zwei Größen in einer Beziehung zueinander stehen, die das Resultat gleichzeitiger aktiver Prägungen von beiden Seiten ist.[5]

Auf unser Thema bezogen bedeutet dies, daß der eigentliche Medienstimulus erst während seiner Wirkung auf das Publikum entsteht. Nicht das, was ein Forscher oder Journalist normativ als Gewalt definiert, ist der wirksame Stimulus, sondern das, was der Rezipient während der Rezeption als Gewalt identifiziert. Was das Publikum nicht als Gewalt erkennt, kann auch nicht als gewalthaltiges Medienangebot wirken, und umgekehrt kann das Publikum bestimmte Inhalte und Darstellungsweisen als gewalthaltig empfinden, die so nicht konzipiert waren und von einer normativen Definition deshalb ebensowenig erfaßt werden wie von einer operationalen Definition im Rahmen einer Inhaltsanalyse. Deshalb ist es erforderlich, den tatsächlich wirksamen Stimulus zunächst zu identifizieren, um dann im zweiten Schritt die wahrgenommene Mediengewalt entsprechend zu definieren. Der in unserer Studie verwendete Wirkungsbegriff hat einen normativen und einen transaktionalen Aspekt. Normativ geben wir allgemein akzeptierbare Kriterien vor, nach denen Medienbotschaften hinsichtlich ihres Gewaltpotentials beschrieben werden können. Die Definition ist in ihrem Bedeutungsspektrum sehr breit angelegt, das heißt es werden viele inhaltlich verschiedene Gewaltformen eingeschlossen und deren Ausprägungen von sehr schwach bis sehr stark angenommen.

Definition: Gewalt ist die realisierte oder beabsichtigte, bewußte (nicht notwendig geplante) Schädigung von Personen, Tieren, Pflanzen oder Sachen.

Der Rezeptionsstudie liegen zwei Forschungsfragen zugrunde:
1. Welche unterschiedlichen Mediendarstellungen werden von Rezipienten in welchem Ausmaß als gewalthaltig identifiziert?
2. Werden Gewaltdarstellungen im Fernsehen von Personen mit unterschiedlichen Persönlichkeitsmerkmalen verschieden interpretiert?

Basis der Analyse waren die in einer Befragung erhobenen Einschätzungen von kurzen, gewalthaltigen Szenen aus allen deutschen TV-Angeboten außer Werbung. Den Befragten wurde jeweils eines von mehreren Szenensets präsentiert. Jedes bestand aus drei Ankerstimuli, die für alle Sets identisch waren, und einer Reihe kurzer Filmsequenzen. Letztere waren in jedem Set verschieden, die Abfolge stärkerer und schwächerer Szenen aber weitgehend vergleichbar. Insgesamt wurden 167 Szenen als Stimuli verwendet. Unmittelbar nach der Rezeption einer Szene wurden die Versuchspersonen gebeten, sie danach zu beurteilen, wie „gewalthaltig" sie diese empfanden. Das Urteil „gewalthaltig" ist der Indikator für die kognitive Reaktion des Rezipienten auf die Gewaltdarstellung, die hier im Mittelpunkt der Betrachtung steht. Außerdem erhoben wir noch Urteile zur Angsterregung, Anteilnahme und Unterhaltsamkeit. Es wurden 176 Interviews durchgeführt. Davon entfielen 91 auf Männer und 85 auf Frauen. Das Alter der Befragten variierte zwischen 14 und 85 Jahren, die Bildung von Hauptschulabschluß bis Hochschulexamen. Obwohl die vier Sets keine Gruppen im Sinne eines Experimentaldesigns darstellten, wurden die soziodemographischen Merkmale durch Quotierung vergleichbar gehalten. Diese Egalisierung der Gruppen war erforderlich, um alle Szenen untereinander vergleichen zu können, ohne Rücksicht darauf, in welchem Set sie plaziert waren und welcher Gruppe sie vorgeführt wurden.

Im folgenden nennen wir stichwortartig einige der wichtigsten Ergebnisse:
1. Direkt dargestellte Gewalt wird als deutlich gewalthaltiger identifiziert als ver-

bal berichtete Gewalt. Selbst direkte fiktionale Gewalt ist in den Augen des Publikums noch gewalthaltiger als verbal berichtete reale Gewalt.

2. Physische Gewalt wird stärker erlebt als psychische Gewalt.
3. Reale Gewalt ist für das Publikum gewalthaltiger als fiktionale Gewalt.
4. Gewalt gegen Personen enthält für das Publikum deutlich mehr Gewalt als Gewalt gegen Sachen.
5. Die Stärke der Gewalt, d.h. die Größe des angerichteten Schadens, beeinflußt die wahrgenommene Gewalthaltigkeit positiv.
6. Dasselbe trifft auch für die Intensität der Darstellung zu. Bei vergleichbarer Gewaltstärke wird eine durch mediale Stilmittel betonte Szene als deutlich gewalthaltiger eingestuft. Dabei hat die Intensität der Darstellung oft sogar noch einen stärkeren Einfluß als der „objektive" Stärkegrad. Das gilt auch umgekehrt: „Objektiv" vorhandene Gewalt kann durch eine verharmlosende Darstellung für den Zuschauer auch reduziert bzw. eliminiert werden. Er nimmt keine Gewalt mehr wahr, wo tatsächlich Gewalt ist.
7. Humoristisch verfremdete Szenen vermindern in den Augen des Publikums zwar die Gewalt, eliminieren sie aber nicht. Vor allem in einem ansonsten relativ ernsthaften Kontext wird die dargestellte Gewalt noch deutlich wahrgenommen. Anders dagegen in einem eher lustigen Genre wie Slapstick, Komödie oder Klamotte. Hier werden nur noch die starken und intensiv dargestellten Gewaltvarianten, vor allem Gewalt gegen Personen, als solche wahrgenommen.
8. Ist Gewalt gesetzlich legitimiert (z.B. Polizei- oder Militäreinsatz), so zeigt sich insgesamt ein recht großer Einfluß. Ähnliche Gewalttaten, für die keine gesetzliche Legitimation vorliegt, werden um mehr als ein Drittel gewalthaltiger wahrgenommen als legitimierte Gewalt (Ausnahme: Gewalt gegen Sachen). Jedoch ist es für das Publikum offenbar relativ gleichgültig, ob im Falle eines gesetzlich legitimierten Gewalteinsatzes angemessene oder unangemessene Mittel benutzt werden.

Nach Zielgruppen unterteilt, zeigen sich ebenso klare Ergebnisse: Jüngere Personen unter 35 Jahren sehen in denselben Medienangeboten wesentlich weniger Gewalt als ältere, Frauen schätzen Mediengewalt als gewalthaltiger ein als Männer, während die Bildung keinen erkennbaren Einfluß hat. Das führt am unteren Ende des Gewaltspektrums zu unterschiedlichen Schwellenwerten für verschiedene Zuschauergruppen. Was die einen bereits als Gewalt interpretieren, stellt für andere noch keine Gewalt dar. Verschiedene Personenkreise sehen im selben Fernsehangebot also unterschiedlich viel Gewalt. Entsprechend sind bei den einen Wirkungen möglich, bei den anderen nicht. Selbstverständlich können auch letztere auf das Medienangebot reagieren, aber sie reagieren dann nicht auf Gewalt.

Schlußbemerkungen

Die Studie ist nur als Baustein innerhalb anderer Forschungskonzepte gedacht. Bei allen interessanten Ergebnissen, die Einblicke in die Art und Weise geben, wie das Publikum mit Fernsehgewalt umgeht, liegt darin nicht der eigentliche wissenschaftliche Ertrag. Das Wesentliche ist vielmehr die Service-Funktion unserer Daten für alle Studien, die sich mit Fernsehgewalt beschäftigen. Für Inhaltsanalysen wurden die Grenzen des sinnvollerweise verwendbaren Gewaltbegriffs aufgezeigt, für Wirkungsstudien der tatsächlich wirksame bzw. wahrgenommene Stimulus zielgruppenspezifisch definiert. Entsprechend liegen einige Möglichkeiten der Weiterverwendung unserer Daten nahe.

1. Unsere Evaluationswerte können mit Inhaltsanalysen des TV-Angebots fusioniert werden. Auf diesem Wege läßt sich die vom Publikum tatsächlich rezipierte Fernsehgewalt ermitteln, und zwar unterteilt nach verschiedenen Zielgruppen. Eine weitere Präzisierungsmöglichkeit besteht in der Gewichtung mit Einschaltquoten. Nicht jede Zielgruppe nutzt dasselbe Programmangebot, und nicht jede gewalthaltige Sendung wird von einem großen Publikum genutzt, so daß sich die wahrgenommene Fernsehgewalt auf diesen Ausschnitt begrenzt.
2. Bisher wurde nur die kognitive Reaktion des Publikums analysiert, indem es die Gewalthaltigkeit der TV-Szenen beurteilen sollte. Aus transaktionaler Sicht naheliegend (weil sich vermutlich wechselseitig beeinflussend) und angesichts des Untersuchungsthemas „Gewalt“ auch plausibel, ist darüber hinaus auch die Einbeziehung der affektiven Komponente. Es ist durchaus möglich, daß Rezipienten z.B. fiktionale Massaker oder einen Mord im Zeichentrickfilm kognitiv als starke Gewalt identifizieren, aber soviel Abstand dazu besitzen, daß sie diese Szenen affektiv nicht als besonders schrecklich oder schlimm erachten.
3. Es müßten systematisch Kumulations- bzw. Ceilingeffekte untersucht werden. Aus dynamisch-transaktionaler Perspektive erscheint es wahrscheinlich, daß sich die wahrgenommenen Gewaltpotentiale einzelner Szenen unter bestimmten Bedingungen nicht einfach addieren. Ab einer bestimmten Grenze könnte die Wahrnehmung von Gewalt nicht mehr steigerungsfähig sein, während von Seiten der Medien diese Möglichkeit problemlos besteht. Wie vor allem amerikanische Actionfilme zeigen, läßt sich offenbar immer mehr Gewalt in einer immer kürzeren Zeit darstellen. Ob die ganzheitliche Wahrnehmung des Publikums jedoch der analytisch ermittelten Steigerung des Gewaltangebots in allen Dichtebereichen analog folgt, ist fraglich. Für inhaltsanalytische Verwendungen der Evaluationsdaten wäre es durchaus wichtig, eine solche Wahrnehmungsgrenze, sofern sie existiert, zu kennen, um dem Programmangebot nicht unzutreffende Gewaltpotentiale zuzuschreiben.
4. Schließlich sollte man in einigen Jahren erneut die „Schwellenwerte“, d.h. diejenigen Szenen überprüfen, die in der vorliegenden Untersuchung gerade noch als schwache Gewalt identifiziert wurden. Sollten sie demnächst unter

die Wahrnehmungsschwelle von Gewalt abrutschen, dann wäre dies ein Beleg dafür, daß diese Gewaltformen zwischenzeitlich als „normal“ von unserer Gesellschaft assimiliert wurden.

Die Daten für die Punkte 1. bis 4. sind in einem umfangreichen Folgeprojekt bereits erhoben und werden zur Zeit ausgewertet.

1 Vgl. z.B. HUESMANN, R., ROWELL, L. & LEONARD, D. E. (Hg.): Television and the Aggressive Child: A Cross-National Comparison, Hillsdale 1986; GROEBEL, J.: Sozialisation durch Fernsehgewalt. Ergebnisse einer kulturvergleichenden Studie. Publizistik 33, 486-480, 1988; GROEBEL, J. & GLEICH U.: Gewaltprofil des deutschen Fernsehprogramms. Eine Analyse des Angebots privater und öffentlich-rechtlicher Sender. Schriftenreihe der Landesanstalt für Rundfunk Nordrhein-Westfalen, Band 6. Opladen 1993; GERBNER, G. & GROSS, L.: Living with Television: The Violence Profile. Journal of Communication 26, 173-199, 1976.

2 Vgl. THEUNERT, H. et al.: Zwischen Vergnügen und Angst – Fernsehen im Alltag von Kindern. Eine Untersuchung zur Wahrnehmung und Verarbeitung von Fernsehinhalten durch Kinder aus unterschiedlichen soziokulturellen Milieus in Hamburg. Schriftenreihe der Hamburgischen Anstalt für Medien, Band 5. Berlin 1992.

3 FRÜH, W.: Die Rezeption von Fernsehgewalt. In: Media Perspektiven, Heft 4, 172-185, 1995.

4 Vgl. FRÜH, W. u. SCHÖNBACH, K.: Der dynamisch-transaktionale Ansatz. Ein neues Paradigma der Medienwirkungen. Publizistik 27, 74-88, 1982;
SCHÖNBACH, K. u. FRÜH, W.: Der dynamisch-transaktionale Ansatz II: Konsequenzen. Rundfunk und Fernsehen 32, 315-329, 1984; FRÜH, W.: Medienwirkungen: Das dynamisch-transaktionale Modell. Opladen 1991.

5 FRÜH, W.: Medienwirkungen: Das dynamisch-transaktionale Modell. Opladen 1991.

Der Mensch als Produzent und Konsument

Franz König

Daß die Medien in ihrer rasanten Vielfalt bereits eine Weltmacht geworden sind, ist uns fast entgangen. Wir nehmen kaum zur Kenntnis, wie sehr unsere Information und Kommunikation den Horizont unseres Erfahrens und Wissens erweitert und bereichert hat. Der große Fortschritt in Richtung Globalisierung und Solidarisierung motiviert unter anderem die Hilfsbereitschaft, wie etwa durch „Nachbar in Not“ oder durch die Caritas bei Katastrophenfällen in Teilen der Welt, die früher kaum bekannt waren.

Auf der anderen Seite aber wird das Ansteigen eines Klimas von Rücksichtslosigkeit, von Gewalt und Brutalität in unserer Gesellschaft – ob zu Recht oder zu Unrecht, das ist zu klären – mit unserer Medienwelt in Zusammenhang gebracht. Nicht nur auf unserem europäischen Kontinent fragt man, wie wir verantwortlich mit den Medien umgehen sollen, um uns vor drohenden Schäden zu bewahren. Das, wonach wir fragen, ist nicht nur die Ethik, sondern es ist der Mensch selber, sein eigenes Welt- und Menschenbild, in dem die ethische Orientierung wurzelt. Es geht um den Menschen und seine Würde, es geht um seine Freiheit und Verantwortung.

Es geht um unsere moderne Welt mit ihrer Störung des Gleichgewichts. Auch diese Störung hat letztlich wieder im Herzen des Menschen ihren Ursprung. Denn im Menschen selbst sind viele widersprüchliche Elemente vorhanden; er erfährt sich einerseits als Geschöpf, vielfach begrenzt; andererseits spürt er in sich ein unbegrenztes Verlangen nach dem Größeren, nach dem Höheren, nach einer höheren Ordnung. Er steht immer wieder vor vielen Möglichkeiten, Entscheidungen zu treffen und damit dieses zu tun oder auf jenes zu verzichten.

Als schwacher Mensch, der verführbar ist und verführt wird, tut er oft das, was er nicht will; und das, was er tun sollte, tut er nicht. So leidet er an Zerrissenheit, auch in seiner gesellschaftlichen Umwelt.Dieser Mensch, auf den uns die Ethik verweist, tritt uns in der Welt der Medien gegenüber als ein produzierender und als ein konsumierender Mensch, der im Grunde immer noch ein wenig mehr Mensch, ein besserer Mensch werden will. Der Produzent will Interesse wecken für seine Angebote; er möchte Erfolge haben, die sich in Zahlen widerspiegeln. Der Konsument will Information und Unterhaltung, er will auch Orientierung in einer orientierungslosen Welt. Er möchte sich aber auch auskennen in der medialen Vergesellschaftung, er möchte dazugehören zu dieser neuen Form einer medialen gesellschaftlichen Verbundenheit mit ihrer großen Vielfalt.

Der Produzent gerät leicht – um auf seinem Sektor erfolgreich zu sein – in den Sog, seine Angebote als Ware zu sehen, für die er auch Werbung mit deren Methoden einzusetzen bereit ist. So ist gerade der Produzent – verständlicherweise – in Versuchung, die freie und verantwortungsbewußte Entscheidung des Konsumenten zu beeinflussen, und zwar wirksam in seinem Sinne zu beeinflussen. Man kann, und die Werbefachleute wissen das sehr wohl, eine Entscheidung zwischen gut und schlecht, zwischen positiv und negativ, so geschickt manipulieren, bzw. beeinflussen, daß nicht die freie und verantwortungsbewußte Entscheidung des Konsumenten den Ausschlag gibt, sondern die menschliche Neigung zum Negativen. Dies ist ein schwieriges allgemein-menschliches Problem, das der Journalist in die bekannte Formel faßt: Nur schlechte Nachrichten sind gute Nachrichten (bad news are good news). Damit stehen wir vor der Frage, ob schlechte Bilder in den Medien eine „Gewalt fördernde" oder auch „Gewalt hemmende" Wirkung haben können. Das Für und Wider in der offiziellen Fachdiskussion dieser Sache ist seltsamerweise noch offen. Es besteht heute kein Zweifel, daß eine immer größere Zahl ernst zu nehmender Beobachter den Eindruck hat: Die Macht der „bösen Bilder", wie sie durch Medien vermittelt werden, hat auf Geist und Seele nicht nur der jungen Menschen einen zunehmend negativen Einfluß. Eine wachsende Mehrheit ist der Überzeugung, daß solche negativen Einflüsse zu einer Verrohung der Sprache und der Ausdrucksformen führen, zu einer vermehrten Anwendung von Gewalt in verschiedenen Formen. Und auch hier gilt das Sprichwort: „Sage mir, mit wem du umgehst, und ich sage dir, wer du bist." Es liegt heute wohl auf der Hand, daß es zu negativen Konsequenzen führt, wenn Menschen durch Jahre hindurch, von Kindheit an, am TV-Schirm lernen, daß man Konflikte nicht durch Dialog, sondern durch die Gewalt des Stärkeren lösen müsse. Für eine solche „Schule" der Lebensbewältigung und Lösung zwischenmenschlicher und gesellschaftlicher Probleme kann heute wohl niemand ernsthaft eintreten. Eine Einschränkung persönlicher Meinungs- und Handlungsfreiheit durch Zensur ist in einer demokratisch verfaßten Staatsführung nicht möglich. Wohl aber ist ein demokratischer Staat verpflichtet, für das Gemeinwohl aller Bürger zu sorgen, Schutzmaßnahmen für alle zu treffen. Dies hat Vorrang vor eventuellen Einzelinteressen. Was für die materielle Umweltverschmutzung recht ist, muß für eine geistige Verschmutzung unserer und unserer Nachkommen Umwelt billig sein. Dieser Aspekt ist bisher zu wenig beachtet worden. Und hier ist eine mediale Informations- und Konsumationsgesellschaft direkt angesprochen, denn sie trifft nicht den Körper der Menschen, sondern den geistig-seelischen Bereich, und das in Verbindung mit dem bisher noch nicht ausreichend erforschten Bereich des Unterbewußten. In dem verständlichen Interessenskonflikt zwischen Produzenten einerseits und den Konsumenten – das sind wir alle – andererseits, nützen Appelle nur wenig. Daher mein Vorschlag: Zur Bewältigung des bestehenden Konfliktes im Interesse aller eine demokratische Einrichtung zu schaffen, die sich an dem Modell eines Ombudsmanns orientiert und in einem beständigen Meinungsaustausch angesichts der aktuellen Gegebenheiten nach jeweils besseren Lösungen sucht.

Der Mensch als freies und autarkes Wesen

Alois Huter

In der Ethik geht es letzten Endes immer darum, das „Tun“ – welcher Art es auch immer sei – zu begründen. Das mag vielleicht zu früheren Zeiten, wo die Folgen einer Handlung noch einigermaßen absehbar waren, leichter gewesen sein als in unserer hochkomplexen Gegenwart. Gerade um dieses Problem kreisen ja auch die Gedanken von Hans Jonas: „Handlungsmöglichkeiten sind so neuartig geworden, Entscheidungen können so weittragend und folgenschwer sein, daß die Übernahme von Verantwortung sichtlich zunehmend problematisch wird. Tatsächlich setzen wir heute laufend Handlungen und treffen Entscheidungen, deren Folgen wegen ihrer Fernwirkung nicht absehbar sind und für die wir daher auch die geschuldete Rechenschaft nicht mehr zu leisten vermögen, weil wir, die ‚Schuldigen‘, nicht mehr da sind.“

Worauf es uns hier neben der zeitlichen Fernwirkung noch mehr ankommt, sind unsere Handlungen und Entscheidungen von räumlicher Fernwirkung, deren Fernwirkung sich in der Komplexität der kulturellen und sozialen Bezüge verlieren und daher nicht mehr „verfolgbar“ in des Wortes tiefster Bedeutung sind. Die „Schuldigen“ sind zwar da, können aber nicht ausgemacht werden.

In Wahrheit hat die Ethik bereits bei Aristoteles nie Zweifel aufkommen lassen, daß das „gute“, das „gerechte“ Handeln ein Wissen im doppelten Sinne voraussetzt: das Wissen um den Zweck, auf welchen hin gehandelt werden soll, und das Wissen um das Wesen der Sache, die wir zur Erreichung des Zweckes einsetzen.

Gerade weil unsere Gegenwart uns so außerordentliche Handlungsmöglichkeiten innerhalb der komplizierten Strukturen der Massenmedien eröffnet, wird das theoretische Wissen um die Sache selbst zur ethischen Forderung.

An den Anfang einer Ethik der Massenmedien ist daher die Erörterung dieser beiden Fragen zu stellen: Die Frage nach dem Zwecke der Massenmedien und der Massenkommunikation, und die Frage nach dem Wesen der Massenkommunikation und dem Phänomen Massenmedien.

Letzter Zweck überhaupt, an den sich auch Information zu orientieren hat, ist der Mensch, der als ein grundsätzlich „freier“ gedacht ist und der sich, um Freiheit zu verwirklichen, in Gesellschaft zusammenschließt. Um diese aristotelische Vorstellung vom Menschen als einem gesellschaftlichen, dennoch aber autarken Wesen und von der Gesellschaft als einer Freiheit und Autarkie ermöglichenden Organisation von Menschen kommt keine rechtsphilosophische Abhandlung und keine verfassungsrechtliche Praxis herum, wenngleich es erhebliche Auffassungsunterschiede in der Prioritätenfrage gibt. Für Aristoteles bestand diesbezüglich überhaupt kein Zweifel: „Die Autarkie aber ist das Ziel und das Beste."

In diesem Zusammenhang muß in aller Kürze auf die ethische Dimension des Begriffes „Manipulation" eingegangen werden, denn in kaum einem anderen Zusammenhang als in jenem mit Massenmedien taucht er in so auffälliger Häufigkeit auf. Überflüssig zu sagen, daß die traditionelle Medien- und Kommunikationsforschung, welcher bereits die moralische Dimension des Begriffes „Wirkung" verloren geblieben ist, auch den korrelierenden Begriff „Manipulation" nie als ethisches Problem erfassen konnte. Man sprach zwar dauernd von Manipulation, unterstellte den Medien diesbezüglich die finstersten Absichten, aber warum Manipulation eine üble Sache sei, konnte auch beim besten Willen so lange nicht erklärbar werden, weil man das Problem nicht als ein ethisches erfaßte. In letzter Konsequenz ist Manipulation der dem Menschen versagte Respekt vor seinem Recht auf Autarkie. Es ist die Negation des Menschen als Selbstzweck, seine Degradierung auf ein Mittel zu heteronomen Zwecken. In eigentümlicher Weise hat sich, wie vorhin schon angedeutet, die Angst vor Manipulation ganz auf die Massenmedien konzentriert. Und es wird kaum jemanden geben, der diese Angelegenheit als ein Scheinproblem außer Betracht stellen würde, am allerwenigsten der Ethiker. Denn selbst, wenn der Nachweis gelänge, daß „Manipulation" durch Massenmedien nicht möglich sei, wäre doch bereits der Versuch, die alleinige Absicht schon unmoralisch. Daraus wäre für die journalistische Praxis ein ursprünglicher Imperativ bereits gegeben, als Ziel der Information und mithin des journalistischen Tuns den Menschen als Selbstzweck zu sehen.

Vom Standpunkt der Ethik interessiert dabei die Information an sich erst in zweiter Linie, in erster Linie geht es um Absicht, Wollen und Intentionalität, um das Informieren als einem Tun auf ein Ziel hin. Und dieses Ziel kann im einen Fall in der Anerkennung menschlicher Selbstverwirklichung liegen, im anderen Fall in der Erniedrigung zum „Objekt".

Das alles gilt, mehr noch als für den Journalisten, für den Politiker, der die Macht hat, auf einer höheren Ebene nicht erst die Information, sondern schon die Massenmedien selbst – in letzter Konsequenz das Mediensystem einer ganzen Gesellschaft – durch Mediengesetze und politischen Druck in der einen oder anderen Absicht zu gestalten. Das ist der Punkt, an welchem sich journalistische Ethik und politische Ethik eng berühren. Hier ist die politische Ethik aufgerufen, Massenmedien und Massenkommunikation als eines ihrer Probleme zu akzeptieren, sie in ihren Kategorien abzuhandeln und damit ihren Beitrag zu einer umfassenden Ethik der Massenkommunikation zu leisten. Denn unter Zugrundelegung des Schemas, daß die Verantwortung am Gelingen von Massenkommunikation proportional zur Macht, den Prozeß zu gestalten, ist, liegt der Schwerpunkt der Ethik der Massenkommunikation eindeutig in der politischen Ethik.

Der Mensch zwischen Gesellschaft und Gewissen

Gerhard Schwarz

Moralische Normen brauchen die Menschen immer dann, wenn die von der Natur vorgesehenen Verhaltensweisen nicht mehr brauchbar sind. So ist es etwa von der Natur vorgesehen, daß der Stärkere dem Schwächeren – mit Gewalt – sein Essen wegnimmt. Das hat den (evolutiven) Vorteil, daß der Schwächere verhungert und damit keine Gelegenheit hat, seine (schwächeren) Gene an Nachkommen weiterzugeben, so funktioniert die Evolution. Die Menschen kamen irgendwann überein, innerhalb einer Gruppe den Schwächeren zu schützen und setzten als Gebot fest: „Du sollst nicht stehlen.“ Da es sich gegen die Natur richtete, muß die Einhaltung des Gebotes mit Gewalt durchgesetzt werden (Polizei). Versagen diese zivilisatorischen Ordnungsprinzipien (z.B. in Kriegen), setzt sich wieder die (natürliche) Rangordnung des Stärkeren durch.

Gewalt und Ordnungs(gegen)gewalt ist somit ein notwendiges Element des menschlichen Verhaltens. Die Massenmedien zu allen Zeiten (von den Priester-Versammlungen im Tempel über den trommelnden Herold des Königs, die Inschriftentafel des Hamurabi, die Versammlungen in Kirchen bis zum TV) hatten die Aufgabe, das – natürlich immer komplexer werdende – Normensystem den Menschen zu übermitteln und die Sanktionen für die Nichteinhaltung bekanntzugeben.

Seit Menschen gleichzeitig mehreren Gruppen angehören können (also mit dem Verlust der mononormativen Stammeszugehörigkeit und dem damit verbundenen Kontrollverlust über den einzelnen), gibt es so etwas wie individuelles Gewissen, das über Schuldgefühle die Einhaltung der Normen steuert. Die großen Weltreligionen haben diese Steuerung durch Schuldgefühle wecken (Sünde als Normverletzung) und wieder wegnehmen (bei Reue Wiederaufnahme in die Gruppe) lange Zeit perfektioniert. Um dies zu können, wurde immer die jeweils (technisch) größtmögliche Öffentlichkeit hergestellt. Ob auf großen Tempelplätzen Normverletzer geopfert wurden oder in großen Kirchen die Bürger mehr oder weniger vollständig versammelt wurden, es waren immer „Massenmedien“, die zur Steuerung des Normverhaltens notwendig waren. Nachfolger dieser großen Religionen sind heute die modernen Massenmedien (Print, Hörfunk, TV). Eine einheitliche Koordination der Normen wie früher in den Religionen ist aber nicht mehr möglich. Eine solche Koordination hat es aber auch früher nur im Christentum und im Islam gegeben. In Asien konnte man schon sehr früh Mitglied auch mehrerer Religionsgemeinschaften (mit unterschiedlichen Normsystemen) sein.

Die ethische Verantwortung der Massenmedien kann sich daher nur auf den Transport der Relation: Normverfehlung (z.B. Mord) und Sanktionen beziehen. Nicht sinnvoll wäre es, auf Darstellung von Normverletzungen, die im Handeln der Menschen auftreten (z.B. Gewalt), überhaupt zu verzichten. Damit würde ja gerade der Sinn der Verantwortung für das Normensystem verlorengehen und die Massenmedien ihrer ethischen Aufgabe nicht gerecht werden.

Ein Problem der mehr oder weniger künstlerischen Darstellung von (un)moralischem Handeln könnten individuelle oder kollektive Illusionsbildungen sein (z.B. ein Mensch wird getötet und steht nachher wieder auf). Besonders Kinder und Jugendliche können natürlich zunächst nicht zwischen Phantasie und Wirklichkeit unterscheiden. Darin liegt ja gerade eines der Momente des Erwachsenwerdens, von den Phantasien der Kindheit und Jugend Abschied nehmen zu müssen. Hier besteht möglicherweise die Gefahr, daß durch die als Realität getarnte Phantasie in den Massenmedien der Reifungsprozeß verlängert wird, was eventuell zur Folge hat, daß die technischen Möglichkeiten im Umgang mit Waffen aller Art weiter entwickelt sind als die individuellen Realitätsbezüge von Normverletzung und Sanktion. So wie früher die Religionen konstruieren die Massenmedien heute die Wirklichkeit, die eben nicht mehr von der Natur geregelt wird, als menschliche Über-Natur. Die Menschen beziehen von dort alle Antworten auf die (eigentlich unbeantwortbaren) Fragen des Lebens. Damit setzen die Massenmedien ebenfalls die Traditionen der Religionen fort, auf die unbeantwortbaren Fragen dennoch eine Antwort zu geben.

Normträger (früher Könige und Priester) waren immer schon für die Anpassung des Normensystems an Umweltveränderungen verantwortlich, weshalb alle Ereignisse, die dem normalen Ablauf widersprachen (Unfälle, Normverletzungen, Katastrophen aller Art) mit der Zeit einen höheren Aufmerksamkeitswert bekamen als die systemkonformen Informationen. Das Herausfiltern der „bad news“ fördert dabei natürlich eine nicht immer notwendige oder wünschenswerte „Alarmstimmung“ bei den Konsumenten der Massenmedien. Dies wird jedoch sicher durch die dem Menschen eigene „Abwehr“ neutralisiert.

Neben den drei Elementen der Gewaltenteilung (Legislative, Exekutive und Jurisprudenz) stellen somit die Massenmedien eine vierte Gewalt von universeller Natur dar, die natürlich wie alle Gewalten entsprechend dem politischen System (in unserem Fall demokratisch) kontrolliert werden muß. Im Rahmen unseres naturwissenschaftlichen Weltbildes gibt es daher auch den Wahrheitsanspruch an die Aussagen der Massenmedien. Wahrheit ist in diesem Fall die Übereinstimmung eines Urteils mit dem von ihm behaupteten Sachverhalt. Diese Übereinstimmung ist in unserer Kultur ein ethischer Imperativ (wahr = gut, Lüge = böse). Hier zeigen sich aber auch bereits die Möglichkeiten einer Weiterentwicklung: Nur bei asymmetrischer Kommunikation (die einen senden, die anderen hören) ist Wahrheit formal und „objektiv“ definierbar. Sobald das System interaktiv wird, muß ein neuer Wahrheitsbegriff gefunden werden. Es gelten dann wieder neue Normen, so wie Kant sagt: „An einem Aufklärungsprozeß gibt es nur Beteiligte.“

2. GEWALT UND MEDIEN

Das Massenmedium des Mittelalters: Sanktionen vor größtmöglicher Öffentlichkeit
Im Bild: Die erste Hexenverbrennung in Wien

2.1. GEWALT UND FERNSEHEN

Von Amarettohühnern und Geschäften

Frido Hütter

Gewalt begleitet die Menschen in furchtbarer Treue. Fast jeder politische Prozeß zwischen sozialen Gruppierungen wurde durch Gewalt im einen oder anderen Sinn gesteuert. Abgesehen von frühen, friedensstiftenden Ermunterungen durch manche Weltreligionen besetzte erst die postindustrielle Gesellschaft des Nordens den Begriff Gewalt offiziell negativ. – Und zelebriert seine subtileren Varianten.

Wenn in österreichischen Gefängnissen Schubhäftlinge nur einmal in der Woche duschen durften (dürfen?), hat das mit Gewalt zu tun. Wenn nach Unfällen der Stau auf der Gegenspur länger und länger wird, so zeugt das von Interesse an – zumindest physikalisch – gewaltsamem Geschehen. Die Kontaktannonce „Erstversuch – Kleines Biest, macht alles“ gleich gegenüber dem Rezept für Amaretto-Huhn sagt viel über die hohe bürgerliche Akzeptanz von struktureller Gewalt aus. Und in der Wirtschaft ist so manche „unfreundliche Übernahme“ schierer Krieg.

Auf der Gewinnerseite ist Gewalt ein attraktiver Mythos geblieben, einer, der von schnellen Siegen und glanzvollem Weiterleben raunt. Ein scheinbar unfehlbarer Schachzug gegen den eigenen Tod.

Die Medien haben das früh erkannt: Gilgamesch, Mahabarata, Odyssee, Nibelungenlied und all die anderen Megaseller der literarischen Frühgeschichte sind damit erfolgreich gewesen. Das Fernsehen hat Gewalt per se weder erfunden noch wesentlich verändert. Das Fernsehen killt samt all seinen Killern bloß den Verstand seiner Kunden. Indem es komplexe Sachlagen auf sekundenkurze Sketches verkürzt und in seiner tatsächlichen Ubiquität virtuelle Ängste schürt: Der aufmerksame Konsum einer einzigen Nachrichtensendung muß zwangsläufig zur Annahme führen, die Mehrheit der Menschheit sei von Krieg, Katastrophen und Kapitaleinbrüchen bedroht. Kaum ein Beitrag gilt den Satten, den Friedlichen. Und Verhandlungen im Krisenfall bilden sich via Fernsehen nur als kreuzende Kriegsschiffe oder besorgte Stirnfalten der Diplomaten ab. Nie aber als ein möglicherweise intelligentes Verfahren. So wird eine Angstgesellschaft motiviert, sich vorsichtshalber in präventiver Aggression zu wappnen. Mag sein, daß in den siebziger Jahren tatsächlich Fernsehbilder geholfen haben, den Vietnamkrieg zu beenden. Knapp zwanzig Jahre später taugen sie auch dazu nicht mehr. Niemand in Ruanda, Tschetschenien, Bosnien hat überlebt, weil es das Fernsehen gibt. Im Gegenteil: Das Fernsehen lebt so gut, weil dort gestorben wird. Gewalt ist ein Geschäft. Geschäfte bedürfen einer Grundlage, also einer konsumwilligen Klientel. Erst wenn diese die Geschäftsbedingungen aufkündigt, werde neue, zivilisiertere Geschäfte möglich sein.

Die Faszination der Gewalt

Monika Lindner

Es war und ist mir immer unbegreiflich, warum Kinder durchaus auch im Vorschulalter mit großem Vergnügen die schrecklichsten Szenen in Indianerfilmen oder in angeblich harmlosen Trickfilmen verfolgen. Aber vielleicht waren es nur jene Kinder, die sich in meiner unmittelbaren Umgebung befanden. Nichtsdestotrotz übt Gewalt auf Kinder offenbar eine Faszination aus. Ich bin keine Psychologin, daher habe ich dafür auch keine schlüssige Erklärung. Weiß aber, daß Kinderpsychologen davor warnen, Kindern gewalttätige Szenen zu vermitteln, weil sie letztlich zwischen Wirklichkeit und gestellter Szene nicht mehr unterscheiden können. Die beruhigenden Worte mancher Erwachsener, wenn es doch zu hart wird: „Aber das ist ja nur ein Film, dem passiert ja in Wirklichkeit gar nichts", klingen vermutlich in der Kinderseele auch dann nach, wenn es sich um tatsächliche Gewalt, z.B. in Nachrichtensendungen, handelt.

Die Diskussion um Bilder der Gewalt im Fernsehen hat eine lange Tradition; vor allem werden die schädlichen Auswirkungen von Gewaltszenen auf Kinder und Jugendliche ins Treffen geführt. Im ORF wurde daher beschlossen, Programme, die für Kinder nicht geeignet sind, besonders zu kennzeichnen. Die Debatte um die Gewalt wird aber zweifellos weitergehen. Sie wird deshalb weitergehen, weil es auch weiterhin Gewalt geben wird und Nachrichtenvermittler immer auf dem Standpunkt stehen werden, daß es ihr Geschäft ist, über die Wirklichkeit zu berichten und Geschehenes auch bildlich zu vermitteln – allerdings gibt es ja auch für erwachsene TV-Konsumenten eine Schmerzgrenze, die von verantwortungsbewußten Nachrichtenredakteuren bedacht und eingehalten wird.

Auch brutale Szenen in Filmen wird es weiter geben, seien es Krimis, Abenteuerfilme oder Western. Und jede Kennzeichnung wird zur Farce, wenn Erziehungsberechtigte diese Hilfestellung, und mehr kann es ja nicht sein, nicht annehmen. Fernsehen grundsätzlich gewaltfrei zu halten, entspräche nicht der Wirklichkeit, in der Kinder aufwachsen. Brutalitäten von Kindern fernzuhalten, ist in erster Linie aber Aufgabe der Eltern, und nicht des Fernsehens, das, um manchen Forderungen nachzukommen, eine Welt darstellen müßte, so heil, wie sie einfach nicht ist.

Es gibt Eingriffschancen

Gerfried Sperl

Kein Medium kann sich der Vermittlung von Gewaltszenen entziehen. Aber die Verantwortlichen können sich von der Gabe der Unterscheidung leiten lassen. Hier die unvermeidbare und knappe Dokumentation der Wirklichkeit, dort die brutale, an Pornographie grenzende Billigware, die mangelnden Formwillen und Inhalt im schnellen „Kick" und dröhnenden Kugelhagel kaschiert.

Wir alle kennen die Probleme dazwischen. Wir alle wissen, daß man mediale Gewalt nicht über einen Leisten scheren kann. Aber genauso wie Tageszeitungen ihre Sprache „entmilitarisieren" können, wenn sie wollen, bieten sich auch dem Fernsehen Möglichkeiten, das Gewaltpotential zu entschärfen.

Eine im Auftrag des „Standard" von MediAwatch erstellte Zählstudie hat 1997 ergeben, daß wir beim Medienkonsum schon derart an gewalttätige Sprache und an Gewaltszenen der unterschwelligen Art gewöhnt sind, daß wir deren Gefährlichkeit, vor allem für Kinder, gar nicht mehr (oder noch nicht) erkennen. Wir sind abgestumpft gegenüber medial vermittelter Gewalt, weil wir Varianten davon entweder selbst benützen oder zur Genüge kennen. Oft sind wir zu träge, um gegen den Gewalt-Konsum in den eigenen vier Wänden einzuschreiten.

Es gibt Eingriffschancen. Erstens: Der ORF könnte noch strenger als bisher Filme aussortieren, die den Minimalstandards der Filmkritiker nicht entsprechen. Zweitens: Der ORF sollte bei Trailern und vor allem bei Eigenproduktionen unnötige Gewaltsequenzen vermeiden. Gleichzeitig kann Zensur im Sinne von herausgeschnittenen Sequenzen die Lösung des Problems nicht sein. Es geht nicht an, Programme in verstümmelter Form jugendkompatibel zu machen. Daß der ORF nicht untätig ist und eine Kennzeichnung der Produktionen einführte, deren Konsum für Kinder und Jugendliche nicht ratsam ist, läßt hoffen. Man gibt mit „X" und „O" ja die Verantwortung auch an jene zurück, die das Fernsehen für ihren Nachwuchs verfügbar machen und oft das Medium als Ersatz-Gouvernante mißbrauchen. Solange aber die pädagogische Verantwortung auf die TV-Programm-Macher abgeschoben wird und die Eltern untätig und ratlos zusehen bei dem, was sich die Kids ansehen – solange nützen Altersbeschränkungen und Zensur-Maßnahmen rein gar nichts.

Kinder und Jugendliche von den TV-Spätschienen, Computer- und Video-Malls fernzuhalten beziehungsweise einen reflektierten Umgang mit diesem Phänomen der Gegenwart zu lehren – das funktioniert letztlich nur über persönliche, liebevolle Zuwendung. Es soll noch Familien geben, in denen das funktioniert.

Zwölf Punkte zum Thema Gewalt im Fernsehen

Werner Urbanek

1. Es gilt als politisch korrekt, sich dieser Frage mit Abscheu zu nähern.
2. Mit Gewaltdarstellungen kann die Publikumsakzeptanz erhöht werden.
3. Dem Autor ist das völlig unbegreiflich. Er wendet sich mit Grausen. Als er zufällig im ORF-Programm den Film „Casino“ sah, schockte ihn eine Szene, in der zwei Mafiosi in einem Maisfeld von mit Baseball-Schlägern bewaffneten Männern zu Tode geprügelt wurden.
4. Ausgerechnet diese Szene diente dem ORF als Beweis seiner öffentlich-rechtlichen Verantwortung, weil er einige, noch brutalere Sequenzen herausgeschnitten hatte, die im ZDF zu sehen waren.
5. Vielleicht hatte das ZDF aber recht. Durch das Weglassen der abscheulichsten Momente wurde diese abstoßende Szene wieder konsumierbarer, harmloser.
6. Sohn Max, 31, mit der Frage befaßt, meinte: „Wieso wird da weggeschnitten, der Regisseur hat sich doch dabei etwas gedacht, als er die Szene so drehte.“
7. Was kann es wohl gewesen sein?
   a) Er will zeigen, Achtung, diese Sorte Mensch ist einfach schlecht. Sie kennt keine Gnade. Deshalb dürfen wir auch mit ihr keine Gnade haben.
   b) Er dachte schlicht ans Geschäft.
8. Warum finden vor allem jüngere Menschen immer mehr Gefallen an Brutalszenen?
   a) Sie sind abgestumpft.
   b) Die Umwelt wird immer herzloser.
   c) Sie nehmen diese Prügeleien nicht ernst, sondern von der heiteren Seite.
9. Fassungslos erlebte der Autor bei einem Boxkampf, wie einige durchaus nette Damen mit spitzen Schreien schrill den Lokalmatador unterstützten, als er dem Gegner voll „in die Goschen“ schlug. Ein Akt der Befreiung?
10. Ich erinnere mich noch heute schmerzhaft daran, wie ich als Zwölfjähriger in einem Park von einer Jugendbande ohne Anlaß gestoppt wurde und einen Faustschlag ins Gesicht bekam. Diese Erfahrung hat mich nicht hart gemacht.
11. Es ist keine Frage, die Jugend muß geschützt werden. Selbst auf die Gefahr hin, daß es nichts nützt und sie andere Wege zum Objekt ihrer Betrachtungen sucht.
12. Meiner Meinung nach werden Filme unterschätzt, in denen die Gewalt mit Humor serviert wird, wie zum Beispiel in Bud-Spencer-Filmen. Hier wird die Gewalt zur lustigen Hetz ohne Folgen. Das kann zu Fehlschlüssen führen.

Gewalt ist nicht gleich Gewalt

Pierre A. Wallnöfer

Es gibt überhaupt keinen Zweifel, daß Gewalt ein verabscheuungswürdiges Phänomen der Gesellschaft ist. Es besteht ebenfalls kein Zweifel daran, daß das Fernsehen Gewalt weder ursächlich auslöst noch aus der Welt schaffen kann. Wer Gewalt und Fernsehen in Zusammenhang bringt, wird sich in einem Labyrinth von Vorurteilen, Anschuldigungen und Statistiken wiederfinden. Gewalt ist eine Seuche, die Jahrhunderte, ja Jahrtausende überstanden hat. Sie ist eine chronische, gleichwohl nicht ständig sichtbare Erkrankung der Gesellschaft, eine Pestbeule, gegen die es – um im Bild zu bleiben – nur beschränkt Arzneien und keine Impfung gibt.

Seit es Medien gibt, gerät jeweils das jüngste in Verdacht, der Gewalt in besonderer Weise zu erliegen. Nach dem Fernsehen erleidet nun das Internet dieses Schicksal. Obwohl klar sein sollte, daß die Medien nur exakt das sind, was Menschen aus ihnen machen. Fernsehen gerät ins Schußfeld, wenn es Gewalt lediglich dokumentarisch abbildet, statt sie gleichzeitig einzuordnen oder zumindest zu kommentieren.

Natürlich ist Gewalt im Fernsehen vor allem dann problematisch, wenn Kinder und Jugendliche ungehemmten Zugang haben. Gewalterlebnisse führen zu Angstgefühlen. Angst-haben hat zu tun mit Sich-identifizieren-Können, denn: Gewalt ist nicht Gewalt. Wenn Kater Tom und Maus Jerry aneinandergeraten, ist dies eine andere Form von Gewalt als die Konflikte im Schuldrama „Dangerous Minds". Unabhängig von der Frage, ob nun Gewalt Gewalt provoziert oder Gewaltdarstellungen eher feindselige Gefühle abbauen helfen, stellt sich im Rahmen eines zu fordernden, permanenten Diskussionsprozesses die Frage der freien Programmwahl der Seher einerseits bzw. andererseits der Auswahl- und Kennzeichnungspflicht der Sender. Weder Fernsehen noch Zuschauer dürfen uneingeschränkt in die Pflicht genommen werden. Ersteres wäre das Ende eines vernünftigen Fernsehprogramms, letzteres eine unrealistische Abwälzung. Solange die Bildschirm-Welt in der Wohnstube etwas zu tun haben soll mit der Welt draußen, bleibt das Gewalt-Problem bestehen. Wer nicht bevormundet werden will, muß – gut informiert – auch selbst Verantwortung tragen. Sich selbst und den Anvertrauten gegenüber. Im eigenen Wohnzimmer. Mit dem Um- oder Abschaltknopf.

Gewalt tut not

Peter A. Bruck

Diskussionen zu Gewalt in den Medien sind in einer wesentlich von den Medien bestimmten Gesellschaft als sozialhygienische Notwendigkeiten anzusehen. Keine der bedeutenden Institutionen gesellschaftlicher Reproduktion darf und kann ohne Grundsatzdebatten über seine Funktion und Wirkung für das gesellschaftliche Ganze auskommen, und die Diskussion zur Darstellung von Gewalt in TV und Film, Comics und Zeitungen drückt dies aus. Dabei ist die Wahl der Medien, an Hand derer diese Diskussion geführt wird, als Indikator dafür zu sehen, welchem Medium und welchen damit verbundenen sozialen und politischen Kräften in der geschichtlichen Situation besondere Bedeutung zugeschrieben wird.

Diese Bedeutung hängt mit der Wirkungsstärke, Novität, aber auch dem Verpflichtungsrahmen der Medien zusammen. Gewalt im Internet wird nicht deswegen diskutiert, weil das Medium heute schon so wirksam wäre, sondern weil es ein neues Medium ist, dessen Zugänglichkeiten bisherigen Medien widersprechen und bei dem sich im ersten Augenschein individuelles Tun in einer globalen Scheinanonymität der Verantwortung entziehen kann. Dies weist schon darauf hin, daß es sich bei der Gewaltdarstellungsdebatte um ein gesellschaftliches Phänomen handelt, das selbst einer Aufschlüsselung bedarf.

Was heißt Gewalt?

Grundsätzlich ist davon auszugehen, daß der Regelsatz gilt: Gewalt ist nicht Gewalt ist nicht Gewalt. Man kann dies auch in Abwandlung von Erich Fried so formulieren: Es ist nicht, was es nicht ist. Gewalt und ihre Darstellungen sind in Semantik und Pragmatik kontextbezogen. In ihrer Grammatik sind sie kulturell wie medienmäßig spezifisch. Alle Diskussionsbeiträge, die sich diesen Fakten nicht stellen, sind Zeitverschwendung und/oder primär ideologisch.

Dieser Kontextbezug heißt aber nicht absolute Relativität und muß nicht moralische Unschlüssigkeit nach sich ziehen. Er verpflichtet vielmehr, den Pauschalurteilen zu entsagen und sich auf Differenzierungen einzulassen, die gängigen Vereinfachungsstrategien zuwiderlaufen. Vor allem aber paßt die Anerkennung von Kontextbezug nicht mit kausalen Wirkungsmodellen zusammen, die immer dann hervorgerufen werden, wenn in groben Debatten Positionen mehr oder minder propagandistisch durchgesetzt werden sollen.

Zwei Punkte erscheinen in diesem Zusammenhang wichtig: Zum einen gibt es eine Effektideologie. Diese meint, daß Gewaltdarstellungen dann verwerflich und nicht rechtfertigbar sind, wenn „umfangreiche“ Forschungen das „wissenschaftlich klare und eindeutige“ Ergebnis erbracht haben, daß drei Morde, 44 Vergewaltigungen und 231 Diebstähle durch ein bestimmtes Medium oder eine bestimmte Berichterstattung „verursacht“ wurden.

Im Bereich der Medienrezeption ist ein kausales Verursacherprinzip blanker Nonsens und jede noch so angestrengte Evidenzsuche wird scheitern, da wir nicht um die grundsätzliche Kontextbezogenheit der Bedeutung aller Zeichen und kulturellen Phänomene herumkommen.

Verursacherargumente haben aber ein berechtigtes Anliegen in der Suche nach Verantwortungsbeziehungen und Handlungskompetenzen angesichts von gesellschaftlichen Problemen. Hier sind aber kommunikationsökologische Argumente um vieles sinnvoller und zielführender.

Gewaltdarstellungen sind gewollt

Aus der Text- und Institutionenforschung der Printmedien läßt sich gut darstellen, daß Gewaltdarstellungen weder eine akkurate Abbildung der Wirklichkeit sind noch als beiläufige Ergebnisse redaktioneller oder verlegerischer Arbeit zu werten sind. Vielmehr ist es so, daß Gewaltdarstellungen mediale Konstruktionen sind, die den Vorgaben von Medienformaten und Zielgruppenbestimmung entsprechen und strategisch eingesetzt werden, um beispielsweise auf dem Massenmarkt des Boulevards erfolgreich zu sein. Dazu werden Gewaltdarstellungen systematisch eingesetzt.

Versteht man die Entstehung von Mediendarstellungen produktionssoziologisch, so läßt sich festhalten, daß grundsätzlich alle Aspekte eines Medienproduktes Resultat von langen Planungen und einer systematischen Organisation sind. Diese sind gezielt aufgebaut und zweckrational. Redakteure und Produzenten von Medien kommen Gewaltdarstellungen nicht zufällig unter. Vielmehr ist es richtig davon zu sprechen, daß Gewaltdarstellungen gewollt sind und regelgerecht inszeniert werden. So werden für bestimmte Medienformate bestimmte Formen und Genres der Gewaltdarstellung ausgesucht und kontinuierlich verwendet.

Für Boulevardzeitungen zum Beispiel gehört Gewalt integral zur dargestellten Welt, und die LeserInnen erwarten die Darstellungen und rechnen sie und wofür sie stehen der Welt als fixen Bestandteil zu. Gewaltdarstellungen stellen wesentliche Elemente des täglichen Leseangebots von Boulevardzeitungen. Die Konzentration liegt dabei auf einer Handvoll von narrativen Figuren, die wenig abgewandelt ihre tägliche Wiederholung finden, und so für die Leserschaft eine Familiarität gewinnen. Zu diesen narrativen Figuren gehören wesentlich alle Arten von Verbrechensberichten, Mordgeschichten und Einbruchsnotizen, Vergewaltigungsstories und Erzählungen von tätlichen Auseinandersetzungen unterschiedlicher Art.

In diesen Narrativen gibt es klare Rollen und eindeutige Funktionen. Täter und Opfer sind genau identifizierbar, der Schaden gut in Worte und Bilder zu fassen, die Schuld klar zuordenbar, wenn auch manchmal nicht mühelos verständlich. Um diese Klarheit deutlich produzieren zu können, werden Täter monsterhaft oder hexengleich gezeichnet, die Opfer hilflos und unschuldig. Boulevardmedien reichern Gewaltdarstellungen daher um Drama und Tragödien an.

Dieser diegetischen Konstruktion entsprechen die von Boulevardmedien angebotenen Identifikationsmuster. Täter sind vom Bösen „beseelt", gehören zum unverständlichen anderen und haben mit den LeserInnen nichts zu tun. Täter werden scharf von Opfern getrennt. Mit den Opfern dürfen die LeserInnen sympathisieren, sich von ihrem schrecklichen Schicksal wenn auch nur momenthaft rühren lassen. Der Kitzel einer flüchtigen Betroffenheit schafft der Leserschaft auch Genuß.

Verbrechen gehören zu den vorherrschenden Arten der Gewaltdarstellung, sie werden von Unfällen und Katastrophen ergänzt. Bei diesen gibt es keine Täter, sondern primär Opfer, die an Gesundheit, Leben und Besitz durch Gewalt oder andere Einwirkungen Schaden nehmen. Im Vordergrund steht die Darstellung der Gewalteinwirkung und ihrer Folgen für das subjektive Erleben und Empfinden der Opfer. Gewalt wird – wie auch bei Verbrechen – situativ und konkret dargestellt, massiv und mit klar bezeichenbarer Ursache und Wirkung.

Gewalt schafft Klarheit

Gewaltdarstellungen erlauben es, die Komplexität der Welt in wenigen Sätzen zu reduzieren, und Boulevardmedien machen ihr Geschäft in der Erzeugung von einfachen Klarheiten. Erweitert wird dies um den kathartischen Leseeffekt: Gott sei Dank ist mir das nicht passiert.

In der medialen Konstruktion der gesellschaftlichen Wirklichkeit gehört die systematische und regelmäßige Verwendung von Gewaltdarstellungen zum selben Repertoire wie die Erzeugung von Feindbildern. In abgeänderter Form und teilweise mit anderen Maßstäben zu beurteilen, aber strukturell gleich, funktioniert die Sportberichterstattung. Auch hier wird systematisch Klarheit geschaffen, es gibt Sieger und Verlierer, klare Rituale und darüber hinaus auch noch die wesentlich vorteilhaftere Möglichkeit, den Täter/Sieger positiv besetzt zu sehen und erlebbar zu machen. Diese Identifikationsmöglichkeit LeserInnen anzubieten läßt sich kein Boulevardmedium entgehen.

In diesem besonderen Effekt der Komplexitätsreduktion von Gewalt liegt die narrative Nähe von Berichterstattungen zu Verbrechen und Kriegen. Kriege erlauben die unzweideutige Trennung in Helden und Feiglinge, Sieger und Verlierer, Gute und Böse. Diese Werturteile sind auch deswegen wichtig, weil sie die Umpolung von an sich negativ besetztem Verhalten, wie es die Anwendung von Gewalt gemeinhin in unserer Gesellschaft ist, erlaubt und als positiv, weil gerechtfertigt, erscheinen läßt. Der Einsatz von Gewalt durch die gute Seite kann nicht böse sein, solange bestimmte Konventionen eingehalten werden und die Grausamkeit als verhältnismäßig eingeschätzt wird.

Wenn es keine Kriege gibt, so werden auch nach Tunlichkeit welche herbeigeschrieben und, wenn notwendig, auch künstlich erzeugt. So kann aus einer Diskussion um Kunst schnell ein boulevardmäßig erklärter Kulturkrieg werden, und um den Bau einer Verkehrsverbindung ein Politkrieg. Hier wird Gewalt lexikalisch erfunden und einzelnen Akteuren zugeschrieben.

Zu berücksichtigen ist, daß Boulevardmedien, Zeitschriften und Zeitungen neben dieser Inszenierung von Gewalt auch viel Raum und Anstrengung aufwenden, um einen größeren Rahmen zu erzeugen. Gewalt ist eingebettet in eine heile Welt, die nach ewig gültigen Strickmustern von Liebe und Sex, Macht und Glamour funktioniert. Innerhalb dieser Welt lassen sich Gewalt und Katastrophen, Tod und Leid gut aushalten.

Unterhaltungswert von Gewaltdarstellungen

Gewalt ist auch Unterhaltung. Gewaltdarstellungen erlauben ein packendes Dazwischentreten einer symbolischen Welt zwischen LeserIn und der umgebenden Realität. Das subjektive Erleben des Alltags wird unterbrochen und ein Kurzdrama entfaltet sich. Gewaltdarstellungen können somit gut ablenken. Gerade in Druckmedien erlauben sie einen narrativen Blick auf Lebenssituationen, mit denen man „normalerweise“ nichts zu tun hat und/oder auch nichts zu tun haben will.

Diesem von den meisten Lesern geteilten Distanzierungswunsch steht das Verlangen nach genauer Beobachtung und detaillierter Sicht gegenüber. Es gehört zum Kern voyeuristischen Verhaltens, daß das Sehenwollen mit dem Wunsch nach Nichtgesehenwerden direkt verknüpft ist. Hier geht es vor allem darum, die Nichtbeteiligung in der Darstellung durch Photo, Graphik und Detail zu überwinden und ein möglichst „unmittelbares“ Nacherleben zu ermöglichen.

Lesemuster und Gewaltdarstellungen

Aus der Leseforschung läßt sich zeigen, daß Gewaltdarstellungen sehr unterscheidlich rezipiert werden. So spielen soziodemographische und psychologische Variable eine bedeutende Rolle in der Verstehensarbeit. Von ihnen hängen auch Selektion und Zusammensetzung der Text- und Bildteile zusammen, die aufgenommen werden. Je nach Leseort und Lesezeit kommt es dazu, daß Passagen überblättert oder überflogen, andere wieder genau gelesen und genüßlich konsumiert werden.

So gibt es bestimmte Lektüremuster wie „Unterhaltungslesen“ oder „Action-Lesen“, die bei Unterschichtlesern aktiviert werden und die dokumentierbar Gewaltdarstellungen besonders bevorzugen. Gewaltdarstellungen werden bei diesen Mustern der Lektüre als besonders geeignete Aufhänger für Erregung und Spannung verwendet. Beim Actionlesen steigt auch die Leser-Text-Identifikation, die sich in einem hohen Grad der emotionalen Beteiligung der LeserInnen an der Geschichte bestimmen läßt. Hier kann davon ausgegangen werden, daß in einer vor natürlichen Gefahren stark geschützten Gesellschaft und in an Erlebnissen armen Gruppen die mediale Auslösung starker Gefühle eine entscheidende Rezeptionsmotivation ist.

Blinder Fleck: Strukturelle Gewalt

Die Diskussion von Gewaltdarstellungen konzentriert sich ihrer Natur gemäß auf die von den Medien gedruckten oder übertragenen Botschaften. Dabei gerät vielfach außer Sicht, daß die übermäßig produzierten Darstellungen von konkreter Gewalt generell die Berichterstattung der in unserer gegenwärtigen Welt durchgängig vorhandenen strukturellen Gewalt verdrängen und diese unsichtbar machen. In ihrer abstrakten Natur ist die 25prozentige strukturelle Zurücksetzung von Frauen gegenüber Männern in ihren Verdienstmöglichkeiten nicht leicht faßbar, wiewohl sie täglich einen großen Teil der Bürgerinnen um ihr Geld bringt. Die strukturelle Gewalt der sich immer weiter öffnenden Schere zwischen Armen und Reichen ist weder innergesellschaftlich noch global konkret gefaßt.

Darstellungen konkreter Gewaltakte sind hier „hilfreich". Sie ziehen die Aufmerksamkeiten auf sich und lenken ab. Und passen so in den Gesamtlegitimationszusammenhang von Medienrealität und herrschender Gesellschaftsordnung.

Literatur:

BRUCK, P. A. (Hg.): Die Mozart Krone. Zur Empörung eines Boulevardblattes und der medialen Konstruktion eines Kulturkampfes. Wien-St. Johann/Pg.: Österreichischer Kunst und Kulturverlag 1991; BRUCK, P. A., STOCKER, G.: Die ganz normale Vielfältigkeit des Lesens: Zur Rezeption von Boulevardzeitungen. Münster & Wien, Lit Verlag & Falter Verlag 1996; BRUCK, P. A.: „Crisis as Spectacle: Tabloid News and the Politics of Outrage". In: Marc Raboy and Bernard Degenais (Hg.): Media, Crisis and Democracy. Mass Communication and the Disruption of Social Order. London, Newbury Park, New Delhi, Sage Publications 1992; FRIED, E.: „Was es ist". In: Gedichte. 55, Stuttgart, Reclam 1993.

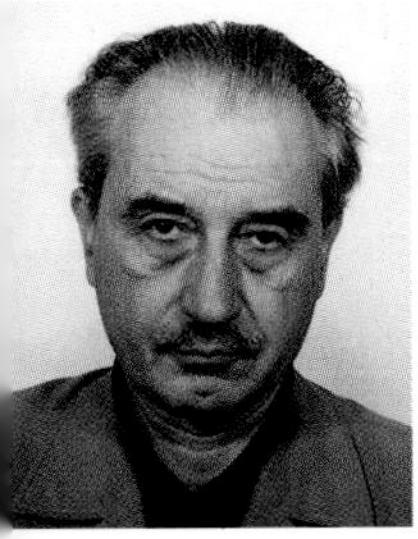

Wie im Kino ... so auch im Video?

Walter Aulehla

Kino

Eine verbreitete Vorstellung von jugendschützerischen Maßnahmen im Kino hat sich bis heute gehalten: Neben dem Filmprojektor des (Wander-)Kinos steht der Pfarrer oder eine Amtsperson und hält bei den „gefährdenden" Stellen die Hand vors Objektiv, bei den Erwachsenen weniger, bei Anwesenheit von Kindern – wenn sie nicht gänzlich ausgeschlossen blieben – öfter und länger.

Als sich das Kinowesen auszubreiten begann, wurde deshalb 1912 für das damalige österreichische Staatsgebiet eine Kinoverordnung erlassen, die eine Zensur der Filme sowie die *Prüfung* der Filme auf ihre *Eignung* besonders für Jugendliche vorsah. 1918 wurde für das Gebiet der Republik Österreich die Zensur aufgehoben, 1926 explizit die Filmzensur, mit der ja die Vorlagepflicht für alle Kinofilme vor ihrer öffentlichen Aufführung und ein allfälliges Verbot auf dem Verwaltungsweg verbunden war. Da das Kinowesen 1925 durch den Artikel 15 in den Hoheitsbereich der Bundesländer gefallen war, mußte dort die Regelung der Zutrittsbedingungen für Kinder und Jugendliche (bis 18) erfolgen. Das Bundesland Wien schuf mit seinem Kinogesetz 1926 das Modell für alle nachfolgenden Gesetze in den anderen Bundesländern. Zwischen 1934 und 1945 war die Filmzensur wieder eingeführt und lebte in der Kontrolle des Veranstaltungswesens durch die Besatzungsmächte bis 1954 fort. Bereits 1948 nahmen aber der Wiener Filmbeirat und die Jugendfilmkommission (JFK) beim Bundesministerium für Unterricht und kulturelle Angelegenheiten (BMUK), die ihre Sitzungen bis heute gemeinsam abhalten, ihre Arbeit auf.

Nach heutigem Rechtsstand gibt es Aufführungsverbote für Filme nur durch den gültigen Urteilsspruch eines Strafgerichtes. Solche Verfahren sind selten und werden dann hauptsächlich wegen Verletzung des „Pornographiegesetzes" (Verbreitung unzüchtiger Darstellungen) geführt, das ja seit den achtziger Jahren nur noch bei „harter Pornographie" einschreitet. Eine Gruppe dieser verbotenen Pornos zeigt Sexualakte, bei denen Gewalt im Spiel ist. Ein Strafverfahren aus den frühen siebziger Jahren zeigt jedoch, daß bei Überwiegen des Gewaltanteils über jene der anreißerischen Sexualdarstellung keine Verurteilung erfolgen kann, weil dem österreichischen Recht eine Strafverfolgung von Gewaltdarstellungen nicht eigen ist („Tokugawa – Gequälte Frauen", Japan 1968, in Wien gelaufen 1970).

So wie in Österreich gibt es in fast allen europäischen Ländern *keine strafrechtliche Bestimmung gegen Gewaltdarstellungen,* die ein totales Filmverbot bewirken könnten. Lediglich in der BRD wird nach dem § 131 StGB judiziert, der die Herstellung, die Verbreitung oder den Import von Medien verbietet, „die grausame oder sonst unmenschliche Gewalttätigkeiten gegen Menschen in einer Art schildern, die eine Verherrlichung oder Verharmlosung solcher Tätigkeiten ausdrückt oder die das Grausame oder das Unmenschliche des Vorgangs in einer die Menschenwürde verletzenden Weise darstellt". So leicht man dem Satz zustimmen kann, so schwierig ist die Beweisführung durch die Staatsanwaltschaft, die vor allem auch die strafbare Absicht des Herstellers beweisen muß und nicht wie bei den Jugendschutzverfahren die negativen Wirkungen vermuten darf. Es gab deshalb lediglich etwas mehr als hundert Verfahren, die mit Verurteilungen endeten.

Was die *Gewaltdarstellungen in einem Film* anlangt, sind die Länder dafür zuständig, Gesetze zu erlassen, die schädliche Einflüsse im psychischen oder physischen Bereich von Personen unter dem 18. Lebensjahr fernhalten. Die Grundlage für die konkrete Entscheidung über die Altersgrenze eines Films bildet das *Gutachten einer Expertenkommission,* derer sich ein Bundesland bedient oder die sie selbst einrichtet. Derzeit gibt es nur in Wien und in Tirol eine eigene Kommission, die anderen Bundesländer greifen auf die Gutachten der JFK zurück, über deren Arbeit an anderer Stelle (Seite 115) nachzulesen ist.

Die folgende Auswahl von geprüften Filmen, die 1998 in Wien angelaufen sind, zeigen, wie die Kommission mit den verschiedenen Arten der *Gewaltdarstellung* umgeht und wie sie Einstufungen begründet. Daraus wird auch deutlich, wie sehr die JFK bemüht ist, über die an anderer Stelle aufgelisteten Kriterien hinaus auf jene „Rechte des Kindes" zu achten, denen sich die Republik Österreich als Vertragspartner im UN-Übereinkommen über die Rechte des Kindes im Artikel 17 lit. e) u.a. verpflichtet hat; die Schutzmaßnahmen vor nachteiligen Einflüssen durch Medienkonsum nicht so weit gehen zu lassen, daß etwa auf die günstige Beeinflussung der Sprachentwicklung, der Vermittlung sozialer Normen, Berufsbilder und politischer Orientierung durch die Massenmedien verzichtet würde.

„Ab 10" wurden u.a. eingestuft:

ARMAGEDDON (USA): Die mögliche Vernichtung der Erde durch Asteroiden „...durch die zahlreichen, in düsteren Farben gehaltenen Szenen könnten bei kleineren Kindern (zwischen 0 bzw. 6 und 10 Jahren) *nachhaltige Ängste* ausgelöst werden."

MAD CITY (USA): Kindergruppe gerät in Geiselhaft. Bedenklich schien der JFK der Waffengebrauch, das Einsperren von Kindern und der letale Ausgang des Dramas. Die Kommission sah aber „die einfühlsame Aufbereitung des Themas im Hinblick auf die Folgen der Tat" als *entschärfend* an.

MAFIA (USA): Scharfe Satire über den amerikanischen Mafiafilm, Drastik in der Art eines Kasperlstückes. Mehrheitlich wurde die Altersstufe 10 als *Untergrenze für die Unterscheidungsfähigkeit zwischen Ernst und Satire* empfunden.

„Ab 12" wurden u. a. eingestuft:

GODZILLA (USA): Hier stellte sich die Frage, wie sehr „die weitgehend digital erzeugten Verwüstungsorgien auf Kinder belastend" wirken könnten, ab welchem Alter die *Einordnung in den Bereich der Fiktionalität im konkreten Fall* möglich sei und die „gleichsam ritualisierten Handlungsabläufe als solche" durchschaubar seien. Außerdem wurde das *Feindschema* im Film negativ bewertet.

AMISTAD (USA): Obwohl die grausame Behandlung an Bord des Sklavenschiffes, von der selbst Kinder nicht verschont bleiben, und die Szenen der gewaltsamen Selbstbefreiung der Sklaven nichts für Kinder sind, bewirkte die *Absicht der geschichtlichen Aufarbeitung* eines dunklen Kapitels der US-, aber auch der Menschenrechtsgeschichte diese Einstufung.

SMALL SOLDIERS (USA): Kriegsspielzeugfiguren greifen nicht nur ihresgleichen, sondern auch die Bewohner zweier Familienhäuser an, die völlig zerstört werden. Die Kampfhandlungen gehen von mechanischem Spielzeug aus und würden – im Realfilm gezeigt – vermutlich „ab 16" erhalten haben. So aber ist der Film „ab 12" eingestuft und wurde als *möglicher Diskussionsfilm über Kriegsspielzeug* und dessen Vermarktung bezeichnet.

„Ab 14" wurden u. a. eingestuft:

THE BOXER (Irland): Vor dem Hintergrund der Spannungen im Nordirland der Gegenwart sind Terroranschläge an der Tagesordnung, der politische Mord scheint legitimes Mittel zu sein. Die Kommission vertrat hier die Meinung, daß „ab 14" *Verständnis für die Hintergründe der Gewalt* zu erwarten sei.

DER SOLDAT JAMES RYAN (USA): Die vielen Kampfszenen waren sicherlich für Kinder zu belastend, doch schien der JFK dieser Film, der *„keineswegs kriegsverherrlichend"* sei, durchaus zumutbar.

„Ab 16" wurden u. a. eingestuft:

DIE AKTE JANE (USA): Hier wurde die realistische Darstellung der nahezu sadistischen und auch grausamen „Prüfungen" während der harten Abrichtung einer jungen Frau zur militärischen Kampfmaschine weniger unter dem Aspekt der Emanzipation von Frauen in einer Männerdomäne gesehen, als unter dem der *negativen Vorbildwirkung des Kriegsheldentums.*

HARD RAIN (USA): „Selten wurde von der Kommission ein Film auf Jugendzulässigkeit geprüft, der ein so hohes Maß an gezeigter Brutalität und moralischer Verkommenheit ausgewiesen hat." Gewaltorgien zur „Unterhaltung".

Folgende Filme (Auswahl) mit gewaltsamem Inhalt wurden nicht eingereicht, liefen deshalb „ab 16 (18)":

DOBERMANN (Frankreich 1997): blutrünstige Grausamkeit, eine Gewaltorgie; SCREAM 2 (USA 1997): Horror; HALLOWEEN H20 – 20 JAHRE SPÄTER (USA 1998): Horror; CITY OF INDUSTRY – TÖDLICHE FREUNDSCHAFT (USA 1997): Gangsterschlacht.

„Operation Broken Arrow": Brutale Actionszenen, freigegeben ab 16 Jahren

Ein kleiner Blick über die Grenzen zeigt, wie weit die Beurteilungen von Kommissionen verschiedener Länder übereinstimmen bzw. divergieren. Als Vergleichsfilme konnten nur US-Filme herangezogen werden, die in den betreffenden Ländern begutachtet wurden.

SCHNAPPT SHORTY (USA 1996): in Österreich (A) „ab 12", weil er trotz seiner erkennbaren parodistischen Absichten „streckenweise harte Action" zeigt. Ebenso urteilte die FSK in Deutschland (D); in Frankreich (F) und in den Niederlanden (NL) wurde der Film völlig *unbedenklich* gefunden, in Großbritannien (GB) hingegen wurde er erst „ab 15" freigegeben und in Schweden (Sd) mit dem dortigen Höchstalter 15 belegt.

OPERATION BROKEN ARROW (USA 1996): Jede Menge Action, *brutale Kampfszenen* mit vielen Toten, eine unterirdische Atomexplosion (A + D + NL 16, Sd + GB 15).

JADE (USA 1995): Sympathisieren mit dem verbrecherischen Milieu, viele Gewalthandlungen, viele erotische Einschübe (A + D 16, NL –, Sd 15, GB 18).

FLUCHT AUS L.A. (USA 1996): Ein düsteres Zukunftsszenario, einige diskussionswürdige Ansätze zur Gesellschaftskritik, die aber durch die dauernden Rückfälle in triviales Action-Kino zunichte gemacht werden. Die *Konfliktlösungen werden ausschließlich in Gewaltlösungen* gesucht, die gezeigte Gewalt trägt oft *grausame, sadistische Züge* (A + D 16, NL –, Sd + GB 15).

MICHAEL COLLINS (GB/USA 1996): zahlreiche, oft grausame Einzelheiten von Mordtaten und Folterszenen („ab 16“ annehmbarer Diskussionsfilm, A + D + NL 16).

Video

Wie sieht dies nun auf dem Videosektor in Österreich und anderswo aus? Sofern *Kinofilme öffentlich auf Video* oder ähnlichen Bildträgern vorgeführt werden, unterliegen sie den kinorechtlichen Bestimmungen. Unterscheidet sich das vorgeführte Video von einem begutachteten z.B. hinsichtlich der Länge, fällt es unter das Jugendverbot. Denn eine Begutachtung von Video(spiel)filmen jeglicher Art ist nicht vorgesehen. Weitergabe von Videos an Personen unter 18 Jahren ist deshalb grundsätzlich untersagt. Legistische Anpassungen an neue technische Möglichkeiten könnten von den Ländern jedoch vorgenommen werden. Derzeit gestalten die Länder die jugendschutzrechtlichen Bestimmungen für Videotheken aus. Hiebei spielt besonders der Paragraph betreffend *jugendgefährdende Gegenstände* eine Rolle, der sich in allen Jugendschutzgesetzen findet. Er ermöglicht es z. B. Videos zu erfassen, die Kriegshandlungen oder andere Gewalttaten verherrlichen und deren Überlassung an Kinder oder Jugendliche aller oder bestimmter Altersstufen durch Verordnung als unzulässig zu erklären. Das würde sich nicht nur auf die Videotheken beziehen, sondern auch den Handel einschließen. Die Realisierung des löblichen Vorhabens ist jedoch fraglich, weil – außer bei Kinofilmen auf Video – keinerlei verbindliche Kennzeichnung der fraglichen Produkte vorliegt. So behilft man sich besonders im Bereich des Handels mit Videos für Kinder mit dem „FSK-Pickerl“, das die Freiwillige Selbstkontrolle der deutschen Filmwirtschaft nach einem Prüfverfahren im Sinne ihrer Filmprüfung vergibt und das erst die Weitergabe an Minderjährige ab der bestimmten Altersstufe erlaubt. Das ist für Österreich rechtlich nicht bedeutsam, wird aber – so will ich vermuten – praktiziert. Die Problematik der fehlenden Qualitätsbezeichnung durch ein anerkanntes und qualifiziertes Fachgremium zeigt sich auch im Umstand, daß z.B. in den Niederlanden die Videoanbieter ihre Ware selbst einstufen, jedoch nur als Information für die Käufer. Bekommt in der BRD ein Film wie NATURAL BORN KILLERS (USA) nach Erfüllung mehrerer Schnittauflagen endlich das FSK-Pickerl „nicht unter 18“, so gilt das auch für das Video, das damit nur an Erwachsene verliehen oder verkauft werden darf, aber vor strafrechtlicher Verfolgung weitgehend schützt. Im Versandhandel darf eine deutsche Firma dieses Band nicht verkaufen, weil die Grenze für Videos „ab 16“ lautet. In Österreich konnte man übrigens die Kassette mit dem wegen seiner horrenden Brutalszenen viel diskutierten Film vor etwa einem Jahr zum Preis einer Kinokarte uneingeschränkt aus den Wühltischen von Großkaufhäusern fischen.

In Großbritannien, das ja eine Filmzensur hat, werden nach Gesetz – ähnlich wie in der BRD – alle Videos von einer unabhängigen Institution, dem British Board of Filmclassification, geprüft. Es gibt Altersklassifikation, Schnittauflagen

Steven Spielbergs Anti-Kriegsfilm „Der Soldat James Ryan": In Österreich freigegeben ab 14 Jahren

und Verbote, auch für Erwachsene, Pornos dürfen nur in Sex-Shops abgegeben werden. In Frankreich, das Filmzensur hat und wo Vorlagepflicht aller Filme besteht (die allerdings zu 75 Prozent freigegeben werden), gibt es *keinerlei gesetzliche Regelungen* für den Videomarkt, außer den wirtschaftlichen natürlich! Das wird wohl auch den Unterschied ausmachen zwischen der jugendpflegerischen Schutzzone Film und dem Wirtschaftsdschungelkind Video.

Ortlosigkeit und sozialer Kontrollverlust

Bernd Guggenberger

Wer heute zwölf Jahre alt ist, hat rund 14.000mal Mord und Totschlag erlebt, ungezählte Schlägereien, Quälereien, Vergewaltigungen und Körperverletzungen. Wo? Am Bildschirm, auf Video, in Filmen und Fernsehserien, zunehmend auch im Internet und in Computerspielen, gerade auch in den – vergleichsweise – harmlosen Versionen von Super Mario (Nintendo) bis Tomb Raider (Core Design). An letzterem – mit seiner so sexy fightenden und kletternden, kämpfenden und schießenden rechnergenerierten Heldin Lara Croft inzwischen das erfolgreichste Computerspiel aller Zeiten – lassen sich, von Tomb Raider I bis Tomb Raider III, die mediennotorischen Überbietungszwänge in Gestalt der produkteigenen Enthemmungs- und Aggressionsspirale studieren: Es geht auch hier, von Folge zu Folge, brutaler zu. Längst steht die coole Combat-Schöne mit ihrer unvermeidlichen vollautomatischen Uzi den männlichen Actionkollegen nicht mehr nach, wenn's ums unerschrockene Niedermachen, Abknallen und Liquidieren von bedrohlicher Exotikkreatur oder Artgenossen-Bösewichten geht.

Und in rund 80 Prozent aller Video- und Computerspiele wird eben dies ins Bild gesetzt: Was lebt, sich bewegt, wird beiseitegefegt, abgedrängt, zumeist „auf den ersten Blick" abgeschossen und vom Erdboden getilgt. Berührungen werden sorgfältig vermieden; ebenso Begegnungen, aus denen sich Verpflichtungen und soziale Kontinuierung ergeben könnte. Die perfekt trainierten Körper – vor allem die der Helden – sind unfehlbar tödliche Kampfmaschinen, die kraftvoll, schnell und reibungsfrei funktionieren, weder durch Gedächtnis eingeschränkt noch durch Geschichte oder Gewissen.

Gewalt ist in fast allen dieser technisch-artifiziellen Universen allgegenwärtig. Sie hält das Schwungrad der Ereignisfolge in Gang, sie erscheint aber auch als das universale Lösungsmuster, welches in allen Situationen bedrängender Unübersichtlichkeit, Überforderung und Not verläßlich Erfolg verspricht. Erfolgreich ist, wer schneller zieht, sticht oder zuhaut. Wo erfahren Heranwachsende auf vergleichbar suggestive Weise: Du sollst nicht töten und treten, nicht schlagen und schießen? Und zwar nicht einmal bloß, weil du das moralisch nicht darfst, sondern auch, weil du damit sozial und alltagspragmatisch nicht durchkommst?

Viele der medienbezogenen Gewaltdebatten nähren das Mißverständnis, es ginge „nur" um die direkte Nachahmungstäterschaft, um das Vorbildlernen in der Sache von Aggression und Gewalt. Problematischer als die Gewaltexzesse einer (wachsenden) Minderheitenszene ist die latente Realitätsentfremdung, die alle betrifft: So, wie uns die 10fache Überpräsentanz der schönen Artgenossen am Bildschirm zum eigenen Unglück völlig unrealistischen Schönheitsidealen nachjagen und nacheifern läßt, so verstellen auch die auf Mord und Totschlag abonnierten Aggressionsszenarien der Bildschirm- und Cyberwelten den Blick auf jene vielfältig durchmischte Wirklichkeit, in der wir leben und uns bewähren müssen. Weder ist diese Wirklichkeit auch nur annähernd so gewaltdurchsetzt, wie die Medien in ihrer Gesamtheit (bis hin zur „neutralen“ Berichterstattung!) dies suggerieren, noch kann man in ihr immer und überall mit Gewalt reüssieren. Jedenfalls erwirbt man so weder Liebe und Freundschaft noch Anteilnahme und Dank.

Der elektronische Kontrakt entfremdet uns von den Rechtfertigungszwängen des Hier und Jetzt. Er entläßt uns in die globale Ortlosigkeit der Netze, welche die gewohnten sozialen Orientierungspunkte verschwinden läßt. Der Karneval des Realitätsflüchtigen, der im Internet und in den Cyberwelten der „Games“ das ganze Jahr über Saison hat, entbindet Formen der Schamlosigkeit und des sozialen Kontrollverlustes, wie sie traditionell immer schon für künstlich geschaffene „Extraterritorien“ und Anonymitätsnischen auf Zeit typisch waren. Was online geboten wird von nekrophilen Zombie-Exzessen bis zur Weltverschwörung, von Pornographie und Cybersex bis zum politischen Extremismus und zum individuellen Exhibitionismus (und was man sich bieten läßt!), würde offline den Beteiligten die Schamröte ins Antlitz treiben und die Gerichte beschäftigen.

Auch jenseits der Spielwelten ist der Cyberspace von Korridoren des Konspirativen durchzogen und befindet sich vielfach in einem gewaltbereiten, alarmistischen Dauerzustand. Man schätzt in Amerika die aktivierbaren Parteigänger der militanten US-Milizionäre mittlerweile auf über 100.000 Personen, die Zahl der Umfeldsympathisanten, welche die zentrale These einer „Verschwörung der Regierung gegen das eigene Volk“ übernehmen, wird auf nahezu zwölf Millionen taxiert. Ein erheblicher Teil der Anhänger dieser bürgerkriegsnahen Angstszenarien aus dem Sympathisantenumfeld der konspirativen US-Milizen gibt an, mit den paranoiden Wahn- und Haßbildern von Verschwörung und Gegenverschwörung zuerst über Parolen und Botschaften des Internet bekannt geworden zu sein: „Sie können jeden Augenblick zuschlagen, seid bereit, verwischt eure Spuren, kodiert eure E-Mail, hortet Benzin und Lebensmittel, legt Waffenlager an, trainiert den Nahkampf, bereitet euch auf ein Leben im Untergrund vor!“

Im Cybernirwana koexistieren fluide Realitäten mit multiplen Persönlichkeiten und einem stets unausschöpfbaren Plural von Wahrheiten. Die elektronische Heimatlosigkeit ebnet jene Pflichten ein, die uns heißen, kohärent zu denken und zu handeln. In den Chatting Corners einer Boundless World, in denen sich alles mit allem mischt, scheinen jene Formen linearer Rationalität suspendiert, denen sich nicht zuletzt auch ein Großteil der wissenschaftlichen und kulturellen Errungenschaften verdankt, auf denen die moderne Zivilisation ruht.

ORF 1

3. ORF UND GEWALT

Der ORF hat 1999 als erster Fernsehsender im deutschen Sprachraum eine Programmkennzeichnung gemäß der EU-Fernsehrichtlinie eingeführt

3.1. DIE ORF-REGULATIVE ZUM THEMA GEWALT – GRUNDLAGEN DER PROGRAMMGESTALTUNG

Maßnahmen des ORF zum Schutz von Minderjährigen

Bereits 1993 hat sich der ORF freiwillige Richtlinien selbst auferlegt („Die Haltung des ORF zu Gewalt und Obszönität in Radio und Fernsehen“, 1993, siehe Seite 101 ff). Der ORF hat sich damit schon bisher strengeren Richtlinien unterworfen als von der EU-Kommission gefordert.

Orientierung an existierender Kennzeichnungspraxis in der EU

Eine Orientierung an einer EU-weiten Kennzeichnungspraxis ist nicht möglich, da es EU-weit noch keine einheitliche Willensbildung gibt. Die nationale Umsetzung der EU-Richtlinie (siehe Seite 107 ff) ist unterschiedlich weit fortgeschritten.

Umgang des ORF mit Gewalt

Der Umgang des ORF mit Gewalt im Fernsehen baut auf den bestehenden freiwillig selbstauferlegten Richtlinien auf und berücksichtigt zusätzliche Maßnahmen auf Basis der gesetzlichen Neuerungen.

Der ORF sieht den Schutz Minderjähriger nicht eindimensional aus Sicht der Frage der Kennzeichnung, sondern – im Gegensatz zu vielen anderen TV-Unternehmen – auf mehreren Ebenen möglicher Schutzmechanismen.

Schutz von Minderjährigen auf mehreren Ebenen

Im fiktionalen Programmbereich nützt der ORF folgende Möglichkeiten zum Schutz Minderjähriger, mit dem Ziel, die körperliche, geistige oder sittliche Entwicklung von Minderjährigen nicht zu beeinträchtigen:

- Im Rahmen des Programmeinkaufs
- Durch Bearbeitung von Programmen
- Durch große Sorgfalt bei Gestaltung und Einsatz von Programmtrailern
- Durch Programmierung nach entsprechenden Zeitgrenzen („watershed“)
- Durch eine Kennzeichnung
- Durch außerprogrammliche Projekte wie Veranstaltungen und Publikationen zur Bewußtseinsbildung

Kriterien und Zuständigkeit für den Schutz Minderjähriger im ORF

Der ORF orientiert sich an den Empfehlungen der österreichischen Jugendfilmkommission des Bundesministeriums für Unterricht und kulturelle Angelegenheiten (BMUK) und darüber hinaus auch an jenen renommierter ausländischer Institutionen wie der deutschen Freiwilligen Selbstkontrolle der Filmwirtschaft (FSK) und der deutschen Freiwilligen Selbstkontrolle Fernsehen (FSF).

Zusätzlich zu diesen externen Orientierungsvorgaben hält sich der ORF an seine freiwilligen selbstauferlegten Kriterien.

Die redaktionelle Verantwortung für alle möglichen Maßnahmen des Schutzes Minderjähriger (auch Kennzeichnung) muß im Sinne des Rundfunkgesetzes im ORF selbst liegen, konkret in der dafür verantwortlichen Intendanz bzw. Redaktion.

Konkrete Maßnahmen und Überlegungen des ORF

1. Freiwillige Maßnahmen für alle Programme und alle Zeitzonen

- Jede einzelne Sendung, jeder einzelne Film (auch aus Paketeinkauf, auch Filme nach 22.00 Uhr) wird von der zuständigen Redaktion bereits beim Filmeinkauf genauestens überprüft.
- Alle Stellen mit sinnloser Gewalt werden geschnitten. Das zeigt sich deutlich im direkten Vergleich mit öffentlich-rechtlichen und kommerziellen Sendern in Deutschland.
- Auch bei Gestaltung und Einsatz von Programmtrailern wird darauf geachtet, daß diese den Richtlinien des ORF entsprechen.

2. Schutz Minderjähriger durch den Zeitpunkt der Programmierung

Bis 20.15 Uhr

- Vor 20.15 Uhr müssen die Fernsehprogramme für die ganze Familie geeignet sein.
- Innerhalb dieses familiengerechten Programms sendet der ORF ein zusätzlich ausgewiesenes gewaltfreies Kinderprogramm.

20.15 Uhr bis ca. 22.00 Uhr

- Ab 20.15 Uhr muß die Verantwortung auch bei Eltern und Erziehungsberechtigten liegen, wobei eine Abstufung zwischen Haupt- und Spätabend vorgenommen wird. Dennoch sendet der ORF vor ca. 22.00 Uhr keine Programme, die die körperliche, geistige oder sittliche Entwicklung von Minderjährigen beeinträchtigen könnten.

Ab ca. 22.00 Uhr

- Für Programme, die die körperliche, geistige oder sittliche Entwicklung von Minderjährigen beeinträchtigen könnten, hat der ORF lt. RFG (siehe Seite 98) die Sendezeit so zu wählen, daß diese Sendungen von Minderjährigen üblicherweise nicht wahrgenommen werden. Filme „ab 16“ werden erst nach ca. 22.00 Uhr gesendet. Wenn es eine Ausnahme von dieser Regel gibt, dann nur mit wesentlichen Schnitten.

3. Schutz Minderjähriger durch Kennzeichnung

Der ORF kennzeichnet seit 1. Jänner 1999 seine Programme im Sinne der EU-Fernsehrichtlinie zum Schutz Jugendlicher: Ein „X“ neben dem ORF-Logo bezeichnet Sendungen, die nicht für Kinder, ein „O“ Sendungen, die nur für Erwachsene geeignet sind. Die Richtlinie ist für die gesamte Europäische Union verbindlich, eine optische Kennzeichnung von Programmen gibt es aber nur in einigen wenigen Ländern, darunter in Frankreich. Der ORF übernimmt mit der Kennzeichnung innerhalb der EU eine Vorreiterrolle.

Die seit Jänner 1999 im ORF gültige Kennzeichnungspraxis ist eine erste Maßnahme, auf längere Sicht ist im Sinne des Publikums eine einheitliche Kennzeichnung im deutschen Sprachraum innerhalb der EU anzustreben. Dies vor allem deshalb, weil etwa in Österreich bereits mehr als drei Viertel aller Haushalte die Konkurrenzprogramme des ORF empfangen können. Um effizienten Jugendschutz zu gewährleisten, soll nach Möglichkeit die Kennzeichnung im deutschen EU-Sprachraum harmonisiert werden. Die in der Novelle zum Rundfunkgesetz enthaltene Kennzeichnung von Programmen führt der ORF zusätzlich zu einer ganzen Reihe interner Regulative durch, mit denen schon bisher ein besonders familiengerechtes Programm gewährleistet ist.

Wie der ORF Programme kennzeichnet

Gekennzeichnet werden ausschließlich Fernsehsendungen, die nach ca. 22.00 Uhr ausgestrahlt werden, da das ORF-Fernsehen vor diesem Zeitpunkt keine Sendungen zeigt, die im Sinne des Gesetzes die „körperliche, geistige oder sittliche Entwicklung von Minderjährigen beeinträchtigen können“. Gekennzeichnet werden ausschließlich Sendungen des Fiction-Bereichs, also Filme und Serien.

Zur Kennzeichnung von ORF-Sendungen werden seit 1. Jänner 1999 zwei Symbole eingesetzt, die neben den ORF-Logogrammen in der rechten oberen Bildschirmecke plaziert werden.

X – nicht für Kinder
O – nur für Erwachsene

Positiv-Kennzeichnung für besonders kindgerechte Sendungen

Ohne dazu gesetzlich verpflichtet zu sein, hat der ORF ebenfalls mit 1. Jänner 1999 eine Kennzeichnung für Programme eingeführt, die im besonderen Ausmaß für Kinder geeignet sind. Diese Kennzeichnung kommt selbstverständlich bei Programmen von „Confetti TiVi" nicht zur Anwendung – ebenso wenig wie bei Sendungen ab dem Spätabendprogramm. Die Kennzeichnung erfolgt durch das Logo „K+" – und zwar in ORF TELETEXT, in Presseaussendungen und im Internet (elektronische Programminformation, Homepage II), nicht jedoch auf dem Bildschirm. Die Kennzeichnung für besonders kindgerechte Sendungen erfolgt durch die Programmplanung.

Wer für die Kennzeichnung zuständig ist

Verantwortlich für die Kennzeichnung der Programme im Sinne des Jugendschutzes ist die ORF-TV-Hauptabteilung Film und Serien in enger Zusammenarbeit mit der Hauptabteilung Zentrale Programmplanung. Alle Informationen über die gekennzeichneten Sendungen gibt es in ORF TELETEXT (Kennzeichnung auf TV-Programmseiten in der Titelzeile in roter Farbe), in Presseaussendungen und im Internet – in der elektronischen Programminformation (Kennzeichnung in der Titelzeile) und in der Homepage II (Kennzeichnung unterhalb des Titels).

Der ORF sieht sich durch die Kennzeichnung explizit nicht von seinen freiwilligen, selbstauferlegten Richtlinien zum Schutz Minderjähriger entbunden. Während vor allem in den USA und in Frankreich unter dem „Deckmantel" der Kennzeichnung argumentiert wird, Zeitzonen nicht mehr einhalten zu müssen oder auch Programme aggressiver gestalten zu können, wird der ORF seine Maßnahmen bezüglich Programmeinkauf, Zeitzonenregelung, Bearbeitung und Betrailerung nicht verändern.

Rundfunkgesetz (Auszug)

Bundesgesetz über die Aufgaben und die Einrichtung des Österreichischen Rundfunks (Rundfunkgesetz – RFG), BGBl. 1984/379 i. d. F. der Bundesgesetze BGBl. 1984/531 und 1985/563, der Kundmachung BGBl. 1986/612 und der Bundesgesetze BGBl. 1987/606, 1991/10, 1993/505, die Kundmachung BGBl. I 1998/50 und BGBl. I 1999/1.

Abschnitt 1: Aufgaben und Einrichtung des Österreichischen Rundfunks

[...]

§ 2 a. (1) Alle Sendungen des Österreichischen Rundfunks müssen im Hinblick auf ihre Aufmachung und ihren Inhalt die Menschenwürde und die Grundrechte anderer achten.

(2) Die Sendungen dürfen nicht zu Haß auf Grund von Rasse, Geschlecht, Religion oder Nationalität aufreizen.

(3) Fernsehprogramme dürfen keine Sendungen enthalten, die die körperliche, geistige oder sittliche Entwicklung von Minderjährigen schwer beeinträchtigen können, insbesondere solche, die Pornographie oder grundlose Gewalttätigkeiten zeigen. Bei Fernsehsendungen, die die körperliche, geistige oder sittliche Entwicklung von Minderjährigen beeinträchtigen können, ist durch die Wahl der Sendezeit dafür zu sorgen, daß diese Sendungen von Minderjährigen üblicherweise nicht wahrgenommen werden.

(4) Die unverschlüsselte Ausstrahlung von Sendungen im Sinne des vorhergehenden Satzes ist durch akustische Zeichen anzukündigen oder durch optische Mittel während der gesamten Sendung kenntlich zu machen. (BGBl. 1999/1)

[...]

Programmrichtlinien (Auszug)

Allgemeine Richtlinien des Österreichischen Rundfunks (ORF) für Programmgestaltung, Programmerstellung und Programmkoordinierung in Hörfunk und Fernsehen:

[...]

1.2.6 Bei der Programmgestaltung ist vor allem darauf zu achten, daß in jedem Fall die Würde des Menschen gewahrt bleibt, daß die Privatsphäre des einzelnen nicht verletzt und daß überhaupt dem Gebot fairer Vorgangsweise entsprochen wird.

[...]

Unterhaltung

1.6. Nach dem gesetzlichen Programmauftrag (§ 2 Abs. 1 Z. 4 RFG) hat der ORF für einwandfreie Unterhaltung zu sorgen.

Der Gesetzgeber hat weder festgelegt, mit welchem Maß „einwandfrei" zu messen ist, noch hat er sich dazu geäußert, welchen Einwänden gegen einen konkreten Programminhalt Bedeutung zukommt und welchen nicht. Der Begriff „einwandfrei" ist ein unbestimmter Gesetzesbegriff, der der Auslegung unterliegt. „Einwandfrei" darf weder mit Qualität an sich gleichgestellt noch mit objektiver Auffassung von „gutem Geschmack" verwechselt werden. Einerseits bedeutet „einwandfrei" das Mindestgebot, daß der Programminhalt nicht gegen strafgesetzliche Bestimmungen verstoßen darf, andererseits bedeutet „einwandfrei" auch, daß bei Inhalt und Darbietung von Unterhaltung auf die Wertvorstellungen des Durchschnittshörers und -sehers Rücksicht zu nehmen ist. Dabei geht es nicht um die undifferenzierte Beurteilung aufgrund statistischer Erfassung der zustimmenden und ablehnenden Haltung des Publikums.

Hörfunk und Fernsehen sollen bei der Gestaltung von Unterhaltungsprogrammelementen auf die Wünsche der Hörer und Seher nach Unterhaltung durch Spannung und Entspannung eingehen. Dabei soll von den Programmgestaltern bedacht werden, daß gerade durch die in Unterhaltungssendungen vermittelten Wertvorstellungen Verhaltensweisen propagiert und weitreichend bestimmt werden können.

Unterhaltungssendungen sollen nicht den kommerziellen Interessen der Unterhaltungsindustrie ungebührlich Vorschub leisten.

Vor allem für die Programmgestalter von Unterhaltungssendungen gilt es, immer wieder neue, dem Lebens- und Zeitgefühl des Publikums entsprechende, attraktive Sendungen zu entwickeln.

Bei den wesentlichen Unterhaltungsprogrammelementen ist darauf zu achten, daß sie nicht zur Verfestigung von Vorurteilen, zur Verflachung des Geschmacks und zur Verrohung oder Brutalisierung des Publikums führen.

Die Haltung des ORF zu Gewalt und Obszönität in Radio und Fernsehen, 1993

Grundsätze

Radio und Fernsehen spiegeln gesellschaftliche Verhältnisse und Tendenzen. Sie sind zugleich Leitmedien einer modernen Gesellschaft. Sie erweitern unsere Sinne und verändern dadurch die Art und Weise, wie wir die Welt wahrnehmen und interpretieren. Der ORF ist sich der daraus entstehenden Verantwortung bewußt.

Jede Gesellschaft braucht ethische Grundsätze. Wie für das Individuum gilt auch für die Medien einer kultivierten Gesellschaft, daß Selbstentfaltung auch Selbstbeschränkung erfordert und Freiheit Verantwortung bedingt.

Diese Grundsätze gelten im besonderen Maße für den öffentlichen Rundfunk. Sie sind handlungsleitende Richtlinien für die Programmgestaltung und die Programmbeurteilung in Radio und Fernsehen.

Der Spirale von Zynismus, Gewalt und Obszönität in den Programmen kommerzieller Anbieter zum Zwecke der Gewinnmaximierung setzt der ORF ein Programm entgegen, das sich an folgenden Grundsätzen orientiert:

1. Die Würde des Menschen, seine Freiheit und Eigenverantwortlichkeit werden vom ORF in allen Sendungen berücksichtigt.
2. Der ORF verzichtet in allen seinen Programmen darauf, gewaltsame oder angsterregende Sendungsinhalte alleine zum Zweck der Reichweitenmaximierung einzusetzen.
3. Der rundfunkgesetzliche Programmauftrag verpflichtet den ORF zu umfassender Information. Über Gewalt, ihre Vorbedingungen und Auswirkungen wird nicht aus Spekulation mit dem Sensationellen berichtet, sondern um eine Nachricht in ihrer ganzen Tragweite und die Zusammenhänge eines Ereignisses zu vermitteln.
4. Die spekulative Trivialisierung von Programmen im allgemeinen und von Informationssendungen im besonderen lehnt der ORF aus seinem öffentlich-rechtlichen Selbstverständnis heraus ab.
5. Der ORF bekennt sich insbesondere bei Talk-Shows in Radio und Fernsehen zu einer Gesprächsphilosophie, die der persönlichen Würde der Gäste, dem intellektuellen Nutzen für das Publikum und einer demokratischen Diskussionskultur verpflichtet ist.
6. Die Wahrung der Würde der Person verlangt auch, daß die Intimsphäre des einzelnen zum Beispiel bei der Darstellung von Tod, Krankheit, Schmerz und Trauer nicht verletzt wird.

7. Sexualität und Erotik sind von Obszönität und Pornographie zu unterscheiden. Der ORF sendet keine obszönen oder pornographischen Darstellungen. Sexualität und Erotik sind legitime Programminhalte, aber sie werden nicht als einschaltquotenfördernde „Würze“ über alle Programmsparten verstreut.
8. Der ORF bietet ein breites Spektrum an Programmen für alle Altersgruppen. Bei der Programmzusammenstellung nimmt der ORF auf das im Tagesverlauf jeweils zu erwartende Publikum Rücksicht. Geschmackssicherheit, Takt und Niveau der Programmacher sind hier im besonderen gefordert.
9. Aufgrund seines Selbstverständnisses als öffentliches Rundfunkunternehmen gibt sich der ORF immer wieder Rechenschaft darüber, wieweit er in bezug auf die Darstellung von Aggression, Gewalt und Intimität jenen Weg einhält, den journalistisches Ethos und guter Geschmack gebieten.

Richtlinien

Entscheidungen darüber, in welchem Ausmaß und in welcher Form Gewalt, Sexualität und Trivialität dennoch dargestellt werden können, sind kompliziert und heikel. Oft ist es eine Gratwanderung zwischen dem, was sein kann und muß, und dem, was nicht mehr sein soll und sein darf.

Die wichtigsten Kriterien für diese Entscheidungen können durch Richtlinien nicht ersetzt werden: Es sind dies die Sensibilität der Programmacher, ihr Verantwortungsgefühl, ihr guter Geschmack. Das gilt für Radio und Fernsehen, im besonderen für den Bereich der Eigenproduktionen.

1. „Non-fiction“ (Informationssendungen)

Nachrichten können weder im Radio noch im Fernsehen das Leben als Ganzes widerspiegeln. Sie wollen über Ereignisse und Sachverhalte berichten, die wichtig und außergewöhnlich genug sind, um allgemein bekannt gemacht zu werden. Nachrichtenredakteure und Produzenten von Dokumentationen und Magazinen werden regelmäßig mit Schreckensereignissen und -berichten konfrontiert, die sie unter Zeitdruck auswählen, beschreiben und interpretieren müssen.

Die Schwierigkeit dieser Aufgabe besteht darin, eine Balance zu finden zwischen der Notwendigkeit, die Dimension oder die Tragweite eines Ereignisses oder Themas zu verdeutlichen, und der Gefahr, beim Zuseher voyeuristischen Nervenkitzel zu verursachen oder den Zuseher zu schocken.

Der ORF will sein Publikum nicht durch ein Übermaß an Gewaltdarstellungen abstumpfen. Programmacher im Bereich der Information stehen vor der schwierigen Aufgabe, über eine Welt zu berichten, in der es Gewalt, Schrecken, Leid, Trauer, Schmerz und Angst gibt. Sie haben für Verständnis, Erkenntnis und Empathie zu sorgen, dabei aber jede voyeuristische oder zynische Ausdrucksweise zu vermeiden.

Bei manchen Themen oder Ereignissen müssen die Bilder eindringlich sein, um das, was geschehen ist, begreifbar zu machen. Aber je öfter die Zuseher geschockt werden, desto intensiver werden die Darstellungen sein müssen, um auch zukünftig Betroffenheit hervorzurufen. Deshalb dürfen Gewaltdarstellungen und schockierende Bilder nur gesendet werden, wenn sie für die Erklärung des Zusammenhangs eines Berichts notwendig sind („The story behind"). Dies gilt auch für die Verwendung solcher Ausschnitte für Programmtrailer.

Größte Zurückhaltung ist bei Berichten über Selbstmorde notwendig, denn diese können bei suizidgefährdeten Personen ver- und bestärkende Wirkung haben.

Besondere Sorgfalt ist beim Gebrauch von Archivmaterial geboten: zum Beispiel sollen historische Sequenzen, die persönliche oder allgemeine Katastrophen widerspiegeln, nicht leichtfertig als Illustrationsmaterial verwendet werden.

Verantwortungsvoll ist auch die Entscheidung zu treffen, wie oft bestimmte Szenen wiederholt werden. Dies betrifft sowohl die Frequenzen innerhalb eines Nachrichtentages als auch die Zeitlupenwiedergabe jenseits der Live-Berichterstattung. Jede Ästhetisierung von Gewalt ist zu vermeiden.

Im Gegensatz zum Sensationsjournalismus ist es Ziel der Berichterstattung des ORF, Ereignisse, Ursachen und Zusammenhänge objektiv, umfassend und sachlich darzustellen.

Niveaulosigkeit, Unhöflichkeit, Schimpfwörter und rhetorische Gewalt, insbesondere die Verächtlichmachung des anderen, sind keine Stilmittel der Berichterstattung des ORF.

Nachrichtensendungen sind mehr als die Aneinanderreihungen isolierter Beiträge, sie vermitteln einen Gesamteindruck. Wenn redaktionelle Entscheidungen die Aufnahme mehrerer Beiträge erfordern, die Gewalt beinhalten, sollte die Behandlung jedes einzelnen Beitrags unter Bedachtnahme auf die ganze Sendung erfolgen.

2. *„Fiction" (Unterhaltungsprogramme)*

Gewalt sowie Sexualität sind prägende Erlebnisse im Leben jedes Menschen. Der ORF darf daher diese Themen aus seinen Programmen nicht aussparen. Entscheidend für den Umgang damit sind die inhaltlichen Zusammenhänge – sie unterscheiden zwischen kultureller Leistung in einer aufgeklärten Gesellschaft und billiger Spekulation mit „sex and crime".

Für den Bereich der Fictionprogramme – egal ob Eigenproduktion oder Kauf – gelten unter anderem folgende Handlungsrichtlinien:

Da die Wirkung einer Gewaltdarstellung von der Präsentationsform und dem dramaturgischen Zusammenhang bestimmt wird, ist bei realistischen Szenen besondere Vorsicht geboten. Je realistischer eine Szene ist, desto weniger Gewalt sollte vorkommen, um Identifizierungsmöglichkeiten zu vermeiden.

Ausschlaggebendes Kriterium bei der Gestaltung von Beiträgen oder dem Ankauf von Produktionen ist der Kontext, in dem Gewalt vorkommt.

Der ORF sendet keine Programme, die Gewalt oder den Krieg verherrlichen, die Selbstjustiz propagieren, Gewalt nur um ihrer selbst willen darstellen (z.B. Kampfsport-Filme) oder die Gewalt mit Sexualität verbinden.

Unter Gewalt ist nicht nur physische, „bildliche" Gewalt zu verstehen. Sprachliche Aggression und suggestive Bedrohung können – egal ob im Fernsehen oder im Radio – verletzend, angsterzeugend oder schockierend wirken.
Liebe, Erotik und Sexualität sind Themen des Lebens, deshalb sind sie auch Themen der Medien. Aber: Pornographie oder Obszönität, die Mißachtung des Privaten und die Veröffentlichung des Intimen sind für den ORF keine Programminhalte.

Trivialität als Kunstform ist legitim, das bloße Abgleiten in Trivialität mangels eines gestalterischen Konzepts ist zu vermeiden.

Moderatoren und Präsentatoren sollen sich weder geschmacklos noch anbiedernd geben und die Aneinanderreihung von Banalitäten vermeiden. Auf den Aspekt der qualitäts- und taktvollen Moderation und Präsentation wird in den Aus- und Fortbildungsprogrammen des ORF besonderer Wert gelegt.

Auch für den Bereich der Fiction gilt, daß Programmankündigungen auf den Gesamtcharakter des Programms Bezug nehmen sollen. Isolierte, aus dem Sinnzusammenhang gelöste Gewalt- und Schreckenssequenzen sind keine Mittel der Programmwerbung.

3. Kinderprogramme

Schon Kinder im Volksschulalter wissen zwischen fiktiver und realer Gewaltdarstellung zu unterscheiden. Gewalt in klassischen Trick-, Slapstick- und Klamaukfilmen wird meist als fiktiv erkannt und daher als unterhaltsam erlebt.

Da Kinder empfindsamer als Erwachsene sind, müssen Programme, die von Kindern gesehen werden bzw. die sich an Kinder richten, mit besonderer Umsicht ausgewählt und gestaltet werden. Dabei ist zu beachten, daß realistisch dargestellte Gewaltszenen aus der Lebenswelt eines Kindes auf Kinder besonders beunruhigend wirken. Unter Gewalt sind nicht nur tätliche oder verbale Auseinandersetzungen zwischen Menschen, sondern auch die psychische Bedrohung, materielle Gefährdung oder Grausamkeit gegen Tiere zu verstehen.

Als öffentlich-rechtliches Unternehmen will der ORF durch eine sorgfältige Programmerstellung und authentische Produktdeklaration den Eltern und Erziehungsberechtigten die Wahrnehmung ihrer Verantwortung möglichst erleichtern. Die Verantwortung dafür, welches Programm für die eigenen Kinder geeignet bzw. ihnen zumutbar ist, kann nicht zur Gänze auf den ORF abgewälzt werden.

4. Zeitzonen

Programmverantwortliche müssen bei der Gestaltung einer Sendung immer den Ausstrahlungszeitpunkt berücksichtigen. Als Orientierungshilfe gibt sich der ORF im Fernsehprogramm mit 20.15 Uhr eine Zeitgrenze, vor der die Programme für die ganze Familie geeignet sein sollen. Ab 20.15 Uhr muß die Verantwortung in hohem Ausmaß an die Erziehungsberechtigten delegiert werden, wobei durch die

Programmplanung eine Abstufung zwischen Haupt- und Spätabend (ab ca. 22.00 Uhr) zu treffen ist.

5. *Ausbildung*

Diese Grundsätze und Richtlinien sind Bestandteil des ORF-Berufsaus- und -fortbildungsprogramms. In der Berufsausbildung wird diesbezüglich der Schwerpunkt auf die Vermittlung der Kriterien journalistischer Ethik gelegt. Im Rahmen der Berufsfortbildung wird den Mitarbeitern die Möglichkeit geboten, abseits der täglichen Routine über die Arbeit zu reflektieren und dadurch praxisnahes Problembewußtsein zu erwerben.

Epilog

Das Rundfunkgesetz, die Programmrichtlinien, die Erwartungen des Publikums und sein Vertrauen in den ORF sind die Eckpfeiler der Programmgestaltung.

Die Sensibilität und das Verantwortungsbewußtsein des ORF-Mitarbeiters bleiben in der Praxis die letztlich entscheidenden Kriterien für den Umgang mit Gewalt, Obszönität und Trivialität im Programm.

Anhang

Checkliste der Berufsaus- und -fortbildung (BAF) „Sieben Fragen für Programmacher an sich selbst"

Hat man zu entscheiden, in welcher Form Gewalt, Sexualität und Trivialität Bestandteil des Programms sein können oder dürfen, helfen folgende Fragen:

1. Wer ist mein Publikum? An wen richtet sich mein Programm? Wer sieht zu?
2. Was ist die Botschaft meines Programms? Rechtfertigt diese Botschaft die Darstellung von Gewalt, Sexualität oder Trivialität oder gibt es andere, bessere Möglichkeiten der Vermittlung?
3. Habe ich alle Grundsätze des Rundfunkgesetzes und der Programmrichtlinien berücksichtigt?
4. Verletzt mein Programm die Würde des Menschen? Laufe ich Gefahr, Menschen medial zu mißbrauchen?
5. Wie würde ich selbst in der Rolle des Zusehers/Hörers reagieren? Wie, denke ich, würden meine Kinder, Eltern, Freunde reagieren? Wie war mein Eindruck, als ich die Szene zum ersten Mal gesehen habe?
6. Ist die Szene dazu angetan, Grausamkeiten oder sexuelle Gewalt zu verharmlosen, zu rechtfertigen oder gar zu verherrlichen?
7. Wie stehen andere, erfahrene Kollegen oder Vorgesetzte zu einer Szene oder Darstellung, über deren Verwendung ich mir nicht sicher bin?

Der öffentliche Auftrag des ORF, 1997 (Auszug aus einem Positionspapier)

Für alle Programme gelten besondere ethische Standards:

- Respekt vor der Meinung des anderen: Förderung des Gemeinschaftsbewußtseins, politischer und gesellschaftlicher Pluralismus im Zeichen der Toleranz. Diese Prinzipien schließen jede Diskriminierung auf Grund von Religion, Alter, Geschlecht, Herkunft, ethnischer Zugehörigkeit oder politischer Überzeugung von vornherein aus.
- Respekt der religiösen Überzeugung: In allen Programmen des ORF genießen religiöse Überzeugungen einen besonderen Schutz. Beleidigende oder herabwürdigende Behandlung religiöser Gefühle sind strikt untersagt.
- Respekt vor der Würde des Menschen: Die sorgfältige Abwägung zwischen öffentlichem Interesse und den berechtigten Anliegen auf Wahrung der Privatsphäre sind eine Maxime in der Berichterstattung des ORF. Vorurteile, Rassismus, Ausländerfeindlichkeit und übersteigerter Nationalismus sind in der Programmarbeit des ORF strikt zu vermeiden. Zum Respekt vor der Würde des Menschen gehört auch, daß der ORF in seinen Programmen die Verbreitung von Rollenklischees und Stereotypen vermeidet.
- Fairneß und Anstand: Die Empfindsamkeit gegenüber Recht und Unrecht zu schärfen sowie Programmelemente zu vermeiden, die zu einer Verherrlichung von Gewalt und Verbrechen führen, gehört ebenso zum Programmauftrag des ORF wie die Pflege der Muttersprache.
- Qualität des Programms – Qualität der Programmacher: Um die Qualität des Programms sicherzustellen ist die kontinuierliche Verbesserung der Ausbildung/Weiterbildung der für das Programm Verantwortlichen notwendig. [...]

Aus der Charta des ORF

7. Seinen Programmauftrag kann der ORF im Wettbewerb mit kommerziellen Medien nur dann erfüllen, wenn er weiterhin ein Massenpublikum erreicht. Das „Programm für alle“ muß daher für alle Österreicher attraktiv sein. Der ORF verzichtet jedoch bewußt auf Programmelemente, in denen Gewalt verherrlicht, Sexualität bloß als spekulatives Zugmittel eingesetzt wird, Menschen in welcher Form auch immer ausgebeutet werden.

[...]

EU-Fernsehrichtlinie (Auszug)

Richtlinie 97/36/EG des europäischen Parlaments und des Rates vom 30. Juni 1997 zur Änderung der Richtlinie 89/552/EWG des Rates zur Koordinierung bestimmter Rechts- und Verwaltungsvorschriften der Mitgliedstaaten über die Ausübung der Fernsehtätigkeit

Das europäische Parlament und der Rat der europäischen Gemeinschaft
gestützt auf den Vertrag zur Gründung der Europäischen Gemeinschaft, insbesondere auf Artikel 57 Absatz 2 und Artikel 66,

- auf Vorschlag der Kommission (1),
- nach Stellungnahme des Wirtschafts- und Sozialausschusses (2),
- gemäß dem Verfahren des Artikels 189 b des Vertrags (3), in Kenntnis des vom Vermittlungsausschuß am 16. April 1997 gebilligten gemeinsamen Entwurfs,
- in Erwägung nachstehender Gründe:

[...]

(40) Die Vorschriften zum Schutz der körperlichen, geistigen und sittlichen Entwicklung Minderjähriger müssen präzisiert werden. Die eindeutige Unterscheidung zwischen den Programmen, die einem absoluten Verbot unterliegen, und den Programmen, die vorbehaltlich angemessener technischer Maßnahmen gesendet werden dürfen, soll dem Allgemeininteresse der Mitgliedstaaten und der Gemeinschaft gerecht werden.

(41) Die Bestimmungen dieser Richtlinie in bezug auf den Schutz von Minderjährigen und der öffentlichen Ordnung schreiben nicht vor, daß zur Durchführung der betreffenden Maßnahmen eine vorherige Kontrolle von Fernsehsendungen unbedingt erforderlich ist.

(42) Eine von der Kommission zusammen mit den zuständigen Behörden der Mitgliedstaaten durchzuführende Untersuchung der möglichen Vor- und Nachteile weiterer Maßnahmen im Hinblick auf eine bessere Kontrolle der Programme, die von Minderjährigen gesehen werden können, durch Eltern oder Aufsichtspersonen muß unter anderem die Zweckmäßigkeit folgender Punkte prüfen:

- die Vorschrift, daß neue Fernsehgeräte mit einer technischen Vorrichtung versehen sein müssen, damit Eltern oder Aufsichtspersonen bestimmte Programme herausfiltern können;

- Festlegung geeigneter Bewertungssysteme;
- Förderung einer Politik zugunsten des familienfreundlichen Fernsehens sowie weitere pädagogische und Aufklärungsmaßnahmen;
- Berücksichtigung der innerhalb und außerhalb Europas gewonnenen Erfahrungen auf diesem Gebiet sowie Einholung der Standpunkte von betroffenen Kreisen wie Fernsehveranstaltern, Produzenten, Pädagogen, Mediensachverständigen und einschlägigen Verbänden; damit wird bezweckt, daß erforderlichenfalls noch vor dem in Artikel 26 festgelegten Stichtag geeignete Vorschläge für gesetzgeberische oder sonstige Maßnahmen unterbreitet werden können.

[...]

haben folgende Vorschriften hinterlassen:

[...]

Kapitel V

Schutz Minderjähriger und öffentliche Ordnung

Artikel 22

(1) Die Mitgliedstaaten ergreifen angemessene Maßnahmen, um zu gewährleisten, daß Sendungen von Fernsehveranstaltern, die ihrer Rechtshoheit unterworfen sind, keinerlei Programme enthalten, die die körperliche, geistige und sittliche Entwicklung von Minderjährigen ernsthaft beeinträchtigen können, insbesondere solche, die Pornographie oder grundlose Gewalttätigkeiten zeigen.

(2) Die Maßnahmen gemäß Absatz 1 gelten auch für andere Programme, die die körperliche, geistige und sittliche Entwicklung von Minderjährigen beeinträchtigen können, es sei denn, es wird durch die Wahl der Sendezeit oder durch sonstige technische Maßnahmen dafür gesorgt, daß diese Sendungen von Minderjährigen im Sendebereich üblicherweise nicht gesehen oder gehört werden.

(3) Werden derartige Programme in unverschlüsselter Form gesendet, so sorgen die Mitgliedstaaten dafür, daß ihre Ausstrahlung durch akustische Zeichen angekündigt oder durch optische Mittel während der gesamten Sendung kenntlich gemacht wird.

Artikel 22 a

Die Mitgliedstaaten tragen dafür Sorge, daß die Sendungen nicht zu Haß aufgrund von Rasse, Geschlecht, Religion oder Nationalität aufstacheln.

Artikel 22 b

(1) Die Kommission mißt der Anwendung der Bestimmungen dieses Kapitels in dem in Artikel 26 vorgesehenen Bericht besondere Bedeutung bei.

(2) Die Kommission führt binnen eines Jahres nach Veröffentlichung dieser Richtlinie zusammen mit den zuständigen Behörden der Mitgliedstaaten eine Untersuchung der möglichen Vor- und Nachteile weiterer Maßnahmen durch, die den Eltern oder Aufsichtspersonen die Kontrolle der Programme, die von Minderjährigen gesehen werden können, erleichtern sollen. In dieser Untersuchung wird unter anderem die Zweckmäßigkeit folgender Punkte geprüft:

- die Vorschrift, daß neue Fernsehgeräte mit einer technischen Vorrichtung versehen sein müssen, damit Eltern oder Aufsichtspersonen bestimmte Programme herausfiltern können;
- Festlegung geeigneter Bewertungssysteme;
- Förderung einer Politik zugunsten des familienfreundlichen Fernsehens sowie weitere pädagogische und Aufklärungsmaßnahmen;
- Berücksichtigung der innerhalb und außerhalb Europas gewonnenen Erfahrungen auf diesem Gebiet sowie Einholung der Standpunkte von betroffenen Kreisen wie Fernsehveranstaltern, Produzenten, Pädagogen, Mediensachverständigen und einschlägigen Verbänden.

[...]

Größte Sorgfalt für ein heikles Thema

Kathrin Zechner

Kaum jemand, der von diesen großen braunen Augen und dem heldenhaften Charakter nicht beeindruckt ist – „Kommissar Rex" findet seine Fans in allen Altersgruppen. Aber: Die jüngsten Liebhaber sollten sich mit dem Betrachten eines Stofftier-Pendants begnügen, denn die erfolgreiche TV-Serie ist kein Kinderprogramm! Angesiedelt nach acht Uhr abends, gehört sie zum Krimi-Genre, ist als Erwachsenenprogramm konzipiert und auch als solches beworben. Trotzdem wird dem ORF vorgeworfen, daß so viele Kinder „Kommissar Rex" sehen. Diese Verantwortung liegt eindeutig bei den Eltern. Nur sie können entscheiden, ob ihr Kind reif genug ist, diese Form der Unterhaltung zu verarbeiten. Nur sie können mit ihren Kindern Geschehenes besprechen und damit „leben". „Rex" steht dabei als Synonym für zahlreiche andere Sendungen.

Bei der Erziehung zu verantwortungsbewußten jungen Medienkonsumenten geht es allerdings nicht darum, Kinder der Einfachheit halber vom Fernsehen auszuschließen oder vorm Fernseher abzuladen. Kinder vom Fernsehen auszuschließen ist weltfremd. Das Fernsehen und seine Inhalte sind Teil des Lebens – sowohl mit seinen realen als auch auch mit seinen fiktionalen Inhalten! Kinder sozusagen unter einen Glassturz zu setzen ist meiner Meinung nach keine Möglichkeit: Ein Glassturz führt zur Lebensunfähigkeit. Paradox ist aber auch das Abladen der Kinder vorm Fernseher: Damit legen die Eltern ihre Erziehungsverantwortung ab. Fernsehen muß gezielt dosiert, gut gewählt, aber vor allem gemeinsam erlebt und besprochen werden. Wer seine Kinder durch Ausschluß vom Fernsehen vor ungeeigneten Sendungen schützen möchte, enthält ihnen auch das gute Programm vor, das Lösungsmöglichkeiten für soziales Verhalten, den Abbau von Aggressionen, aber auch Bildung und Weltoffenheit vermittelt.

Aus seiner Verantwortung heraus geht der ORF täglich mit größter Sorgfalt an das heikle Thema Gewalt heran – etwa bei der Einzelbegutachtung und Entschärfung von Spielfilmen. Dabei geht der ORF weitaus strenger vor, als es notwendig wäre (vgl. sowohl die öffentlich-rechtlichen als auch die privaten Fernsehanstalten in Deutschland). Es hat jedoch keinen Sinn, Gewalt losgelöst von unserer Realität zu sehen – genauso wenig, wie Politik die Gewalt in der Gesellschaft ignorieren kann, dürfen wir sie in unseren Programmen ignorieren. Ihre Darstellung kann durch Thematisierung auch zu einem Lernprozeß führen. Wesentlich ist immer der Kontext, in dem Gewalt vorkommt, und die Grenzen, die

„Kommissar Rex": Eltern müssen entscheiden, ob ihre Kinder reif genug sind, diese Form der Unterhaltung zu verarbeiten

dabei gesetzt werden. Gewalt darf weder bei Erwachsenen noch bei Kindern den Eindruck erwecken, daß sie ein probates Mittel zur Konfliktlösung ist.

Die bloße Kennzeichnung von TV-Programmen halte ich für Verantwortungsentledigung. In den USA haben sich die Produzenten jeglicher Moral und Ethik durch den V-Chip und/oder die Kennzeichnung entledigt und produzieren hemmungsloser denn je. Außerdem könnten Kinder und Jugendliche nach der verbotenen Frucht greifen und gerade diese, als für sie „nicht geeignet" ausgewiesenen Programme konsumieren. Da wir aber dem Gesetz entsprechen müssen und ein europaweites Vorbild sein wollen, behalten wir trotz Kennzeichnung die Zeitzonenregulative und die Einzelprogrammbewertung und -bearbeitung bei!

In unserem Kinderprogramm „Confetti TiVi" (täglich sechs mit einem speziellen Logo gekennzeichnete Stunden ohne Gewalt und Werbeeinschaltungen) stellen wir die Kreativität in den Vordergrund. „Confetti TiVi" zeigt Freizeitmöglichkeiten auf, es regt die jungen Seher an, sich über Probleme in der Gesellschaft Gedanken zu machen, und ermöglicht ihnen, sich an Fernsehproduktionen zu beteiligen. Nur durch das aktive Miterleben und Mitmachen können Kinder Fernsehen „begreifen" im wahrsten Sinne des Wortes.

Umgekehrt wollen wir die Kids und ihre Familien mit Problemen nicht alleine lassen. Deshalb haben wir das Servicetelefon „Rat auf Draht" installiert. Mit rund 71.000 Anrufen jährlich ist es zur meistgewählten Hotline Österreichs geworden.

Trotz aller Bemühungen – nicht alle Szenen oder Geschichten können ohne Gewalt auskommen. Märchen enthielten immer schon Brutalität und so mancher gar kämpferisch auftretende Zeichentrickfilm stellt nichts anderes dar als die uralte Geschichte des Kampfes David gegen Goliath – in neuer Verpackung zwar, aber mit der gleichen Botschaft. Wie beim Erzählen „böser" Märchen die Geborgenheit der erzählenden Oma notwendig ist, ist im TV-Bereich die Geborgenheit in der Familie nötig.

„Kinder, die man nicht liebt, werden Erwachsene, die nicht lieben", sagt Pearl S. Buck.

Aufs Fernsehen übertragen: Kinder, die vor dem Bildschirm allein gelassen werden, werden schwer zu einem richtigen Umgang mit dem Medium finden.

Wer trägt denn nun die Verantwortung für die Kinder: die Fernsehmacher, die Programme planen und produzieren; die Eltern, die bestimmen, wann und was ihre Sprößlinge sehen dürfen; die Politiker, die immer aufschreien, wenn irgendwo eine Tragödie geschieht und den Medien die Schuld zuweisen, anstatt die eigenen, manchmal unzulänglichen Gesetze zu überdenken?

Der gemeinsame Diskurs zwischen Politik, TV-Machern und Erziehenden ist ebenso wichtig wie die Begleitung der Kinder im Umgang mit dem Fernsehen durch ihre Eltern, aber auch gleichaltrige Freunde – durch Erzählen wird wiedererlebt und verarbeitet. Kinder und Jugendliche müssen zu Kompetenz der Auswahl und der dazugehörigen Reife und Ausgeglichenheit, also zu verantwortungsbewußten, mündigen Fernseh-Konsumenten erzogen werden. Ich bin überzeugt davon, daß wir alle gemeinsam daran arbeiten müssen.

3.2.1. SPIELFILM UND SERIEN

3.2.1.1. JUGENDFREI – JUGENDVERBOT

Die Arbeit der Jugendfilmkommission

Walter Aulehla

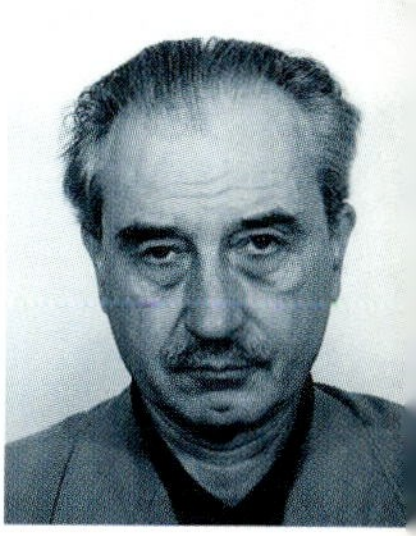

Viele Stunden im Jahr verbringt ein Gutachter der österreichischen Jugendfilmkommission (JFK) beim Bundesministerium für Unterricht und kulturelle Angelegenheiten (BMUK) im Filmstudio beim Besichtigen von Filmen bis zum bitteren letzten Meter, zu dem er oft von weither anreisen muß, beim anschließenden oft recht hitzigen Diskutieren über die Alterseinstufung, mit seiner Weiterbildung durch Lektüre der Fachliteratur, Teilnahme an Seminaren und Tagungen, mit „Bildungsreisen" zu den Kollegen der FSK in Wiesbaden oder denen der NFK in Rijswijk. Trotzdem hält er den Satz „Wer einsam ist, der hat es gut" im Falle einer Filmprüfung nicht für zutreffend. Im Gegenteil. Das gemeinsame Bemühen um Verständigung über Schädlich- oder Harmlosigkeit etwa gewaltsamer Darstellungen soll hier kurz dargestellt werden.

Die Tätigkeit der JFK, die seit 1948 Gutachten erarbeitet und den einzelnen Landesbehörden als Grundlage für die Festsetzung der Altersgrenzen für den Kinobesuch eines bestimmten Spielfilmes bzw. Filmtrailers oder Beifilmes zur Verfügung stellt, begegnet nur dann öffentlichem Interesse, wenn in benachbarten Bundesländern Altersstufen nicht gleicherweise zur Verfügung stehen wie etwa bei „Jurassic Park" (JFK/Wien/OÖ „ab 12", NÖ „ab 10", weil 12 als Stufe nicht zur Verfügung steht), wenn Vertreter von Elternvereinen in Oberösterreich gegen zu „niedrige" Einstufungen des Films „Hasenjagd" (JFK „ab 10") in Tageszeitungen protestieren oder ein Filmregisseur sich mit offenen Briefen an den Bundespräsidenten, an Bundesminister und Politiker sowie an die Medien wendet und sich über eine zu strenge Einstufung beschwert, wie es zuletzt 1996 beim Film „Hannah" (JFK „ab 16", nach Einreichung in den Bundesländern Tirol und Steiermark jeweils „ab 14") der Fall war.

Grundlage für die Beurteilungsarbeit der Jugendfilmkommission beim Bundesministerium für Unterricht und kulturelle Angelegenheiten seit 1948 stellen die neun einschlägigen Gesetzeswerke der österreichischen Bundesländer dar, von denen aufgrund der Föderalisierung des Kinowesens durch die Verfassungsgesetznovelle 1925 zuerst Wien im Jahre 1926 ein Kinogesetz erließ, das seit 1945 immer wieder nachjustiert wurde, wobei der Beitritt zur EU keine Neuerungen brachte.

Das Prinzip der freiwilligen Einreichung bedingt, daß nicht so wie in der BRD bei der Freiwilligen Selbstkontrolle der deutschen Filmwirtschaft (FSK) oder in Frankreich alle anlaufenden Filme vorgelegt werden müssen. So kam es in den letzten Jahren dazu, daß nur jeder zweite im Kino neu anlaufende Spielfilm begutachtet wurde. Dafür sind zwei Gründe zu nennen:

1. Die Freigabe von „ab 14" oder tiefer ist nach Einschätzung der Einreicher (meist der Verleiher) aufgrund der bisherigen Erfahrung mit der Spruchpraxis der JFK bzw. der FSK unwahrscheinlich. Die geringe Zahl von jährlich etwa fünf Filmen, die mit „zulässig ab 16" beurteilt werden, zeigt folgendes Beispiel: Der Actionfilm SPEED wurde in Österreich nicht eingereicht und lief deshalb in den Kinos „ab 16", in Deutschland und Dänemark hatte er „ab 16", in Schweden und Großbritannien lief er „ab 15", in den Niederlanden „ab 12" und in Frankreich und in Belgien war er überhaupt „jugendfrei"!

2. Die Kosten der Einreichung sind höher als die zu erwartenden Mehreinnahmen. Will der Verleiher seinen Film nur in Wien jugendfrei bekommen, zahlt er an Gebühren derzeit ATS 11.- (ATS 6.- für Filmtrailer) je zehn Laufmeter 35mm-Film. Reicht er nur beim BMUK/JFK ein, kostet ihn das ATS 9.– für angefangene zehn Laufmeter Film. Üblich ist die Einreichung bei den beiden gemeinsam gutachtenden Kommissionen, was bedeutet, daß mit ATS 20.– für zehn Laufmeter und einem Film von ungefähr 90 Minuten Länge (ca. 2.500 lfm) ATS 5.000.– nebst Stempelgebühren anfallen. Das rechnet sich nicht für kurzfristigen Einsatz von Werken filmkünstlerischen oder filmhistorischen Anspruchs, für die sich Kinder kaum interessieren.

In der Geschäftsordnung der JFK heißt es über deren Aufgaben: „Der Jugendfilmkommission beim Bundesministerium für Unterricht und Kunst und Sport (heute Bundesministerium für Unterricht und kulturelle Angelegenheiten, Anm.) obliegt die Abgabe von Gutachten hinsichtlich der Jugendzulässigkeit von Filmen, für die eine solche Begutachtung beantragt wird. [...] Zu berücksichtigen sind dabei: Entwicklungspsychologie, gesunde Urteilsbildung, verrohende Wirkung, Inhalt/Art der Darstellung, Umwelteinflüsse (insbesondere durch andere Massenmedien), das Strafgesetz [...]."

Für die Zulassung stehen dabei zur Verfügung: die uneingeschränkte Zulassung („ab 0" oder davon abweichende Regelungen für das Mindestalter für den Zutritt zu Kinovorführungen), die Zulassung „ab 6", „ab 10", „ab 12", „ab 14" und „ab 16", sowie das „Höchstalter", das nur in einigen Bundesländern gilt und mit (17)18 festgelegt ist. Obwohl in manchen Bundesländern nicht alle dieser Altersgrenzen gelten, bestehen in allen jedoch „ab 14" und „ab 16".

Da die allgemeinen Regeln für die Zulassung nach einer Konkretisierung verlangen, waren in der Geschäftsordnung der JFK 1960 den fünf „Gefährdungsbereichen" Erläuterungen beigefügt, die in aktualisierter Version lauten:

Auf diese Altersstufen ist der schädigende Einfluß zu beziehen und zwar
1. auf die körperliche Gesundheit (z.B. durch nervenschädigende Wirkung),
2. auf die geistige Entwicklung (grobe Verfälschung des Weltbildes, eine ins Gewicht fallende abträgliche Beeinflussung des ethischen und ästhetischen Urteilsvermögens),

3. auf die sittliche Entwicklung (verrohende Wirkung krimineller oder sexueller Sujets, grobe Verletzung des Anstands),
4. auf das religiöse Empfinden und
5. auf die demokratische, staatsbürgerliche Haltung (Herabwürdigung von Regierungen und öffentlichen Einrichtungen, Verhetzung gegen Minderheiten, rassistische, faschistische Tendenzen).

Da die Gutachten immer mehr auf die mögliche Schädigung als auf die Eignung ausgerichtet wurden, erfolgt seit 1990 eine eigene Feststellung darüber, z.B. „Empfehlenswerter Diskussionsfilm ab etwa 12" oder „Annehmbarer Unterhaltungsfilm ab 6", die jedoch rechtlich unverbindlich und nur der Information für Eltern, Lehrer und Erzieher gedacht sind und in den Protokollen sowie im Jahresbericht aufscheinen. Grobe Gewaltdarstellungen werden durchwegs mit „Nicht empfohlen" klassifiziert. Seit dem 1. Mai 1998 dient als Hilfe für die Diskussion die folgende „Checklist":

1. Körperliche Gesundheit: Filmlänge / Überreizung im Bereich der Sinneswahrnehmung – visuell / Überreizung im Bereich der Sinneswahrnehmung – auditiv;
2. Psychische und emotionale Entwicklung: Angst / Verstörung / emotionaler Schock;
3. Geistig-kognitive Entwicklung: Realistische Sicht der Welt nachhaltig behindert / offenes Ende / Nichtbestrafung von Straftaten / Anreizend-positive Darstellung von Drogen- und Alkoholgenuß;
4. Sozial-ethische und moralische Entwicklung: Schwere Desorientierung in bezug auf die Unterscheidung zwischen Gut und Böse / Brutalisierende Effekte / Zufügung von sadistischen und unnötigen Qualen / Verletzung des Anstands und gesellschaftlich akzeptierter Tabus – Darstellung / Verletzung des Anstands und gesellschaftlich akzeptierter Tabus – Inhalt;
5. Schädigender Einfluß auf das religiöse Empfinden: Herabwürdigung religiöser Lehren und Symbole / Aufruf zu religiöser Intoleranz;
6. Schädigende Wirkung auf die demokratisch-staatsbürgerliche Haltung: Totalitarismus / politischer Extremismus / Rassismus / Sexismus / Diskriminierung von ethnischen und religiösen Minderheiten.

Selbst die umfangreichste Auflistung von Kriterien kann den Gutachtern nicht die Mühe abnehmen, am konkreten Film gewisse Zuordnungen zu treffen. Für die geduldige Annäherung an ein angemessenes Urteil bietet sich die Arbeit in der Gruppe an. Der Bundesminister ernennt deshalb Experten, die weisungsfrei urteilen und votieren sollen, auch wenn sie sich im Beamtenverhältnis befinden. Derzeit folgt auf die Vorführung des Films (in vollem Umfang in Normgeschwindigkeit) eine eingehende Diskussion. Schließlich beendet die offene Votierung den Vorgang. Der Vorsitzende stellt die Mehrheit fest und entscheidet im Falle der Stimmengleichheit. Er sorgt für die Ausfertigung der Protokolle, für die Ankündigung im Verordnungsblatt des BMUK sowie für den Versand der Gutachten an interessierte Behörden, Organisationen, Redaktionen und Privatpersonen sowie schließlich für den Jahresbericht und auch die Fortbildung der Mitglieder.

Nach der Geschäftsordnung (GO) der JFK 1990 (2) besteht die Jugendfilmkommission aus

1. dem Vorsitzenden (Leiter der mit den Agenden der Jugendfilmkommission betrauten Geschäftsabteilung des BMUK) sowie den vom Bundesminister berufenen fachkundigen Experten aus den Bereichen
2. Pädagogik,
3. Elternvertretungen,
4. Kirchen,
5. Filmwirtschaft sowie
6. Vertretungen der Bundesländer (derzeit Niederösterreich, Oberösterreich, Steiermark und Burgenland).

Darüber hinaus kann der Vorsitzende fachkundige „Auskunftspersonen" z. B. aus dem Gebiet des Jugendschutzes oder der Filmerziehung beiziehen. Die zur Gültigkeit der Abstimmung nötige Mindestzahl beträgt fünf Mitglieder, beläuft sich aber im Schnitt auf acht bis neun Personen. Beim Gutachteraustausch nehmen auch die Mitglieder der FSK bzw. NFK an Diskussion und Votierung teil.

Bei der Unterschiedlichkeit der einzelnen Persönlichkeiten ist es begreiflich, daß Diskussionen oft intensiv verlaufen und Einstimmigkeit selten erzielt wird. Nach langjähriger Erfahrung gibt es nur bei „uneingeschränkt" knapp mehr als die Hälfte Einstimmigkeit, bei „ab 16" nur breite Streuung. Einige Beispiele aus dem Jahr 1996 sollen dies belegen.

Filmtitel	Mögliche Altersstufen	Mehrheit für
Last Dance	10/12/14	ab 14
Star Trek VIII	10/12/14	ab 10
White Squall	10/12/14	ab 12
Schnappt Shorty	12/14/16	ab 12
Operation Broken Arrow	14/16/18	ab 16
Jade	14/16/18	ab 16
Hannah	14/16/18	ab 16
Mortal Kombat	12/14/16/18	ab 14

Die Tätigkeit eines Filmprüfers ist auf die Aktualität bezogen, seine Fachkompetenz wird durch entsprechende Fortbildung und Gespräche mit Kolleginnen und Kollegen vertieft, seine Tätigkeit im Team durch gutes „Klima" begünstigt. Allein wäre er arm dran. Zwar können auch er und mitunter auch die Mehrheit irren, aber die demokratische Form der Mehrheitsfindung ist kaum durch anderes zu ersetzen.

Film und Serien im ORF – Jugendschutz als Herausforderung

August Rinner

Der ORF hat eine Vorreiterrolle in der europäischen TV-Medienlandschaft übernommen! Mit der Einführung einer verbindlichen Kennzeichnung von Programmen, die „die körperliche, geistige oder sittliche Entwicklung von Minderjährigen beeinträchtigen können", wird nicht nur der EU-Richtlinie entsprochen, sondern auch dem Jugendschutz im österreichischen Fernsehen ein weiterer kräftiger Impuls gegeben. Betroffen von dieser Neuerung ist in erster Linie die Abteilung „Film und Serien" und hier insbesondere der Bereich Spielfilm. Die Umsetzung der Kennzeichnungspflicht erfolgt durch die Symbole „X" und „O" für die Kategorien „Nicht für Kinder" und „Nur für Erwachsene", die während einer Sendung durchgehend eingeblendet werden.

Für unsere Redaktion bedeutet dies die große Herausforderung, die Symbole so kompetent und zielgerichtet wie möglich an das Publikum weiterzugeben.

Mit dem Symbol „Nicht für Kinder" werden, um nur zwei Beispiele zu nennen, Filme wie das Science-fiction-Spektakel „Terminator 2" mit Arnold Schwarzenegger oder die romantisch-düstere Vampirballade „Interview mit einem Vampir" mit den Top-Stars Tom Cruise und Brad Pitt in den Hauptrollen versehen. Dies sind Programme, die bei älteren Kindern bereits aufgrund der Darsteller und der Inhalte auf Interesse stoßen, von der Umsetzung her aber nur Jugendlichen zuzumuten sind. Mit der Kennzeichnung „Nur für Erwachsene" sind Sendungen angesprochen, die vom Zuschauer in seiner Werthaltung eine innere Reife und Festigkeit abverlangen und daher für Minderjährige nicht mehr geeignet sind. Zur Verdeutlichung seien genannt: Mel Gibsons postapokalyptisches Action-Spektakel „Mad Max" oder der bedrohlich-toughe Psycho-Thriller „Ricochet – Der Aufprall" mit Denzel Washington und John Lithgow in den Hauptrollen.

Die verbindliche Kennzeichnung von Filmen ist ein wertvolles Instrumentarium in Richtung Jugendschutz und eine Hilfestellung für Erziehungsberechtigte bei der Programmauswahl. Zum Einsatz kommen die Symbole allerdings erst zum Spätabend-Termin, also ab ca. 22.00 Uhr, da sich der ORF verpflichtet hat, vor diesem Zeitpunkt keine Sendungen auszustrahlen, die Minderjährige gefärden können. Während vor allem in den USA und in Frankreich unter dem Deckmantel der „Kennzeichnung" argumentiert wird, Zeitzonen nicht mehr einhalten zu müssen oder auch Programme aggressiver gestalten zu können, sehen wir uns explizit nicht von unseren freiwilligen, selbstauferlegten Richtlinien zum Schutz Minderjähriger entbunden. Im Gegenteil: Die seit 1993 eingesetzten Maßnahmen sollen in der Kombination mit der optischen Kennzeichnung den optimalen Jugendschutz gewährleisten.

Freiwillige Richtlinien der Abteilung „Film und Serien"

1993 war ein Jahr der Zäsur für den Jugendschutz im deutschsprachigen Fernsehen. Der Schweizer Sender SF DRS meldete sich mit dem Arbeitspapier „Gewaltdarstellung im fiktionalen Programm des SF DRS" zu Wort. Im April 1993 wurde die „Gemeinsame Position der ARD-Intendanten und Gremiumsvorsitzenden zur Darstellung von Gewalt in den Medien" bekanntgegeben. Und die neun deutschen Privatsender PRO 7, SAT 1, RTL, RTL 2, Kabel 1, VOX, Premiere, DSF und n-tv riefen im November 1993 gar die „Freiwillige Selbstkontrolle Fernsehen" (FSF) ins Leben: eine Institution, die Programme vor ihrer Ausstrahlung auf Jugendbeeinträchtigung überprüft.

Auch der ORF entschloß sich, den Zeichen der Zeit Rechnung zu tragen. Die im April 1993 publik gemachten internen Richtlinien „Die Haltung des ORF zu Gewalt und Obszönität in Radio und Fernsehen" haben in ihren Grundzügen bis heute Gültigkeit, wurden aber im Sinne eines noch effektiveren Jugendschutzes 1997 unter anderem durch die ORF-Charta „Der öffentliche Auftrag" und durch das Positionspapier „Gewalt im Fernsehen" ergänzt.

Für die Hauptabteilung „Film und Serien" haben diese Richtlinien selbstverständlich höchste Priorität. Dies umso mehr, als von ihr etwa 47 Prozent des ORF-Gesamtprogramms – das waren im Jahr 1998 3.122 Filme und Movies sowie 4.995 Folgen von Serien – bestritten werden. Der höchst sensible Umgang mit „Gewalt" zeitigt für uns einen umfassenden und zeitaufwendigen Katalog von Maßnahmen, der in aller gebotenen Kürze vorgestellt werden soll. Er bestimmt unser Wirkungsfeld vom Einkauf bis zur Ausstrahlung eines Programms.

Kein Ankauf gewaltimmanenter Spielfilme und Serien

Dem ORF wird häufig der Vorwurf gemacht, viel zu viele gewaltverherrlichende Filme, TV-Movies und Serien auszustrahlen. Eigentlich sei seine Programmierung von jener deutscher Privatsender gar nicht mehr zu unterscheiden.

Selbstverständlich überschneidet sich unser Angebot mit dem der deutschen Anstalten – brauchbare Genreware ist vom Angebot her leider beschränkt. Selbstverständlich werden von uns auch Filme wie „Passagier 57" mit Wesley Snipes oder „Die totale Erinnerung" mit Arnold Schwarzenegger ausgestrahlt.

Der Grund dafür ist ganz simpel: Filme dieser Art gehören genauso wie anspruchsvollere Genrefilme zur international gefragten Unterhaltungsware, die bei unserem Publikum breiteste Akzeptanz findet und gewünscht wird. Die Abteilung „Film und Serien" kommt damit einem ihrer wesentlichsten Aufträge nach: „ ‚Das Programm für alle' muß [...] für alle Österreicher attraktiv sein." (ORF-Charta, Punkt 7)

Arnold Schwarzenegger in „Terminator 2“: Action erst ab ca. 22.00 Uhr

Daß sich solche Programme nicht an Minderjährige richten und daher zu einem entsprechend späten Termin ausgestrahlt werden, versteht sich von selbst.

Warum gibt es trotzdem auch „B“-Genreware, vor allem im Spätprogramm des ORF zu sehen? Hiezu gilt es, die Gesetzmäßigkeiten des Filmmarktes in einem größeren Zusammenhang zu betrachten:

Vergleicht man die internationale Filmproduktion von heute mit jener vergangener Jahrzehnte, so stellt man quantitativ eine ansteigende Anzahl von Filmen fest, die dramaturgisch Gewaltelemente (in all ihren Ausprägungen: auch Sprache, Gestik etc.) beinhalten. Der ORF kann unmöglich auf diese Entwicklung Einfluß haben! Der Grund für die massive Produktion solcher Filme muß offenkundig im Zeitgeist gesucht werden.

Selbstverständlich kann man sich gegen gewaltimmanente Filme wehren, indem man sie nicht einkauft. Seit mehreren Jahren ist es bei uns Praxis, Filmangebote, die Horror- und harte Actionfilme beinhalten, abzulehnen. Das Interesse an großen und wichtigen Filmen bedingt in der Regel aber immer noch einen Kauf „im Paket“, d.h. der jeweilige Lizenzgeber koppelt den Verkauf einzelner wichtiger Filme mit einem prozentuell viel größeren Anteil von nicht so bekannten Filmen.

Die einzige Möglichkeit, Filme mit verherrlichender, verniedlichender, unberechtigter oder überzogener Gewalt auszuklammern, ist es, diese im Angebot nicht zu nominieren. Dies bedingt aber folglich, eine Reihe wenig bekannter Filme als „kleineres Übel“ zu wählen, d.h. auf Filme zurückzugreifen, die der Güterqualität „1 A“ natürlich nicht entsprechen können.

Programme dieser Art werden in der Regel zu einem späten Termin (ab ca. 22.00 Uhr) ausgestrahlt.

Zudem gilt, daß auch diese Filme und Serien wie jedes Einzelprogramm mit Verantwortung und größtmöglicher Sorgfalt bewertet und bei Bedarf einer Bearbeitung unterzogen werden.

Programmplanung nach klaren Zeitgrenzen und Altersvorgaben

Der ORF gibt sich generell mit 20.15 Uhr eine klare Zeitgrenze, vor der die Programmgestaltung ohne Bedenken jugendtauglich und für die gesamte Familie geeignet sein muß. Ab 20.15 Uhr haben die Eltern und Erziehungsberechtigten unserer Auffassung nach die Verantwortung unbedingt mitzutragen. Diese Verantwortung gilt sowohl für den Hauptabend als auch für die Programmierung am Spätabend (ab ca. 22.00 Uhr). Mit der neu eingeführten Kennzeichnung von Filmen wird den Erziehungsberechtigten eine wertvolle Orientierungshilfe gegeben, was für ihre Kinder noch vertretbar ist und was nicht.

Hierin unterscheiden sich unsere Richtlinien wesentlich von den gesetzlichen Bestimmungen unserer deutschen Kollegen. Sie führen zwar sehr detailliert Voraussetzungen an, die erfüllt sein müssen, damit Jugendliche in ihrer Wahrnehmung und Verarbeitung von Fernsehinhalten nicht beeinträchtigt werden. Der Faktor Aufsichtspflicht durch Erziehungsberechtigte wird aber explizit nicht zur Sprache gebracht!

Nicht nur klare Zeitgrenzen sind für unsere Programmierung entscheidend, sondern auch deren Verquickung mit den Altersempfehlungen renommierter Anstalten. Hierin gehen wir weitgehend mit der Vorgehensweise der deutschen TV-Anstalten konform. Obwohl wir vom Gesetz her an keinerlei Altersfreigaben gebunden sind, gehört es für uns zur täglichen Praxis, diese Abstufungen für unsere Entscheidungen bei der Programmerstellung heranzuziehen. Dies kann uns zwar nicht der redaktionellen Kompetenz entheben, es erspart aber der Redaktion, sich ausschließlich auf das eigene Urteil zu verlassen.

Wertvolle Orientierungshilfe, vor allem für die Spielfilmredakteure, sind die Empfehlungen der Jugendfilmkommission (JFK) des Bundesministeriums für Unterricht und kulturelle Angelegenheiten (BMUK). Ihre Vorschläge für die Altersfreigabe sind in erster Linie für die Überlegungen einzubinden. Da nicht alle Filme bei der österreichischen Filmkommission eingereicht werden und viele, auch fürs Kino produzierte Filme ohne eigene Prüfung im österreichischen Videohandel in den Vertrieb gelangen, sind für uns zudem die Altersfreigaben der deutschen Freiwilligen Selbstkontrolle der Filmwirtschaft (FSK) von Bedeutung.

Wie sieht nun die praktische Umsetzung aus?

Filme, die von den genannten Institutionen mit „uneingeschränkt zulässig" („Schwanenprinzessin"), „ab 6" („Lassie"), „ab 10" („Wolfsblut 2") oder „ab 12" („Dragonheart") eingestuft werden, finden vorbehaltlich den inhaltlich zu berücksichtigenden Kriterien im Kinder- und Jugendprogramm ihren Sendeplatz. Aber auch das Programm zur besten Sendezeit, also am Hauptabend, ist mit der Altersempfehlung „ab 12" („Die Akte"), fallweise mit der JFK-Einstufung „ab 14" („Schindlers Liste") limitiert.

Filme „ab 16" (bzw. „ab 18", Einstufung FSK) werden dagegen in der Regel erst am Spätabend, also um ca. 22.00 Uhr eingesetzt.

Nur in Ausnahmefällen behalten wir uns die Option offen, einen Film mit einer Freigabe „ab 16" auch am Hauptabend zu plazieren. Die Gründe liegen in der Attraktivität eines Programmes, das beim Publikum breitestes Interesse erwarten läßt, und in der Erfüllung des Programmauftrages: „auf die Wünsche der Hörer und Seher nach Unterhaltung durch Spannung und Entspannung ein(zu)gehen" (siehe ORF-Programmrichtlinien „Unterhaltung").

Ein Beispiel: Die turbulente Actionkomödie „Lethal Weapon III – Die Profis sind zurück" mit dem Buddy-Duo Mel Gibson und Danny Glover wurde beim BMUK/JFK nicht eingereicht und ist daher wie jeder andere nicht geprüfte Film in Österreich automatisch mit der Altersstufe „ab 16" eingestuft. Auch in Deutschland wurde der Film mit „ab 16" bewertet. Für unsere Abteilung üblicherweise der Hinweis , den Film nicht vor ca. 22.00 zu plazieren. Da es sich bei dieser Großproduktion um ein Kinoereignis ersten Ranges handelte, wurde „Lethal Weapon III" jedoch in bearbeiteter Fassung um 20.15 Uhr gesendet. Detail am Rande: Es handelte sich dabei um die von einer deutschen privaten Sendeanstalt schon „ge-

„Lethal Weapon III – Die Profis sind zurück": In „gereinigter" Fassung im ORF zur Prime Time gesendet

reinigte" Fassung, die von unserer Redaktion nochmals einer Kürzung unterzogen wurde!

Redaktionelle Kompetenz

Der in punkto Jugendschutz diffizilste Bereich der redaktionellen Arbeit betrifft die Programmierung von Filmen und vor allem TV-Movies und Serien, die keinen Altersfreigaben und -empfehlungen außenstehender Institutionen unterliegen.

Trotzdem kommen auch hier umfassende und wirksame Kontrollmechanismen zu tragen. Jedes Programm wird vom zuständigen Redakteur gewissenhaft auf Gewaltinhalte geprüft, wobei Besichtigungen in der Gruppe und Diskussionen hinsichtlich des Sendeplatzes unerläßlich sind.

Redaktionelle Kompetenz ist auch in Deutschland bei den öffentlich-rechtlichen wie auch bei den privaten Sendern trotz aller gesetzlichen Ein- und Beschränkungen ein wesentlicher Bestandteil der Programmerstellung. Etwa 50 Prozent (!) aller fiktiven Filme, TV-Movies und Serien werden dort in Eigenverantwortung für die Ausstrahlung verplant. Gemeint sind alle jene Programme, die keiner gesetzlichen Altersbeschränkung durch die FSK und anderen Institutionen unterliegen. Im ORF ist in der Fachabteilung „Film und Serien" jeder Redakteur für die Qualität, die Plazierung und für eine allfällige Bearbeitung seines Programmes letztverantwortlich.

Hilfestellungen für seine Entscheidungen bekommt er aber in bezug auf TV-Movies und Serien auch durch die Praxis der produzierenden Sendeanstalten. Alle TV-Movies werden im Herkunftsland von den produzierenden Fernsehanstalten überprüft. Zudem ist es Faktum, daß sich die TV-Sender in Deutschland und in den USA, als unsere wichtigsten Partner, nachweislich selbst strengen Richtlinien bei der Herstellung eines Programmes unterwerfen.

Aus diesem Grund sind selbstverständlich deren Sendeplätze für unsere Programmierung von großer Relevanz. So können etwa die von ARD und ZDF produzierten oder ausgestrahlten Fernsehfilme wie „Das Traumschiff", die Krimikomödie „Die Superbullen" mit Ottfried Fischer und Wolfgang Fierek oder der Zweiteiler „Eine Familie zum Küssen" mit Gerhard Lippert bedenkenlos für eine zeitgleiche Programmierung ins Auge gefaßt werden.

Doch Ausnahmen bestätigen die Regel! Während das ZDF den zweiteiligen Fernsehfilm „Teneriffa – Tag der Rache" mit Barbara Wussow und Christian Kohlund und den Krimi „Röpers letzter Tag" mit Günther Pfitzmann ungekürzt zur besten Sendezeit ausstrahlte, befanden unsere Redakteure eine Bearbeitung für den Hauptabend für notwendig.

Der Sonderfall: Altersempfehlungen älter als zehn Jahre

Aktuelle Altersempfehlungen sind, wie schon erwähnt, eine wesentliche Orientierungshilfe für den Einsatz eines Filmes in den vorgeschriebenen Zeitzonen.

Bei Filmen, deren Altersempfehlung länger als zehn Jahre zurückliegt, hat unsere redaktionelle Kompetenz grundsätzlich Priorität vor den damals ausgesprochenen Freigaben.

Die Begründung liegt ganz einfach darin, daß Altersfreigaben der JFK und der FSK oft nicht mehr zeitgemäß sind oder aus bundesdeutscher Sicht möglicherweise aus film- oder videospezifischen Gründen getroffen wurden, die auf das Fernsehen nicht mehr ohne weiteres anwendbar sind.

Da eine automatische Herabsetzung der Altersempfehlung sowohl bei der österreichischen Jugendfilmkommission, als auch bei der FSK vom Gesetz her nicht zum Tragen kommt – bei jedem Film wäre ein Einreichen zu einer neuerlichen Begutachtung nötig –, ist diese von uns getroffene Maßnahme der redaktionellen Kompetenz unumgänglich.

Filmdramen mit Paula Wessely wie „Das Herz muß schweigen" (BRD 1944), „Cordula" (AUT 1950) oder „Anders als du und ich"(BRD 1957), die gemäß den österreichischen oder deutschen Vorgaben mit „ab 16" oder „ab 18" bewertet wurden, dürfte der ORF sonst nicht am Nachmittagstermin „zum Wiedersehen“ zeigen. Dasselbe gilt auch für internationale Filme wie „Winnetou und sein Freund Old Firehand“ (BRD/YUG 1966), „Eroberung vom Planet der Affen“ (USA 1972) oder „James Bond: Goldfinger“ (GBR 1964), die allesamt nicht für den Einsatz im Jugendprogramm zum Einsatz kommen würden.

Für harte Action-, Horror-, Kriegsfilme etc. gelten diese Bestimmungen natürlich nicht.

Die Bearbeitung von Filmen und Serien

Tatsächlich war es noch Anfang der 90er Jahre bei uns durchaus üblich, Filme wie „Robocop II“ oder „Lock Up – Überleben ist alles“ in ungekürzter Fassung am prominenten Spätabend auszustrahlen. Bearbeitungen wurden selten in die Wege geleitet und wenn, dann vorwiegend für Programme um 20.15 Uhr.

Heute gibt es kaum einen Film mit einer hohen Altersbeschränkung im Genrebereich Action, Krimi, Kriegsfilm etc., der um ca. 22.00 Uhr oder später nicht einer Bearbeitung unterzogen wird. Allein für den Bereich Spielfilm waren es im Jahre 1997 121 Titel, im Jahre 1998 gar 190 Programme, die im Sinne des Jugendschutzes gekürzt wurden.

Gewalt ist ein vielfältiger und allumfassender Begriff, der aus unserem Leben nicht wegzudenken ist – und vor allem: Gewalt ist nicht Gewalt! Es gilt immer darauf zu achten, in welchem Kontext Gewalt gezeigt wird. Erschießungen, Verstümmelungen und andere Grausamkeiten in einem Kriegsfilm, dessen Kernaussage sich auf ein hartes Männerabenteuer beschränkt, sind anders zu beurteilen, als etwa dieselben Greueltaten in einem Antikriegsfilm, wenn damit die Leiden der Opfer, der Wahnsinn der Massenvernichtung und vieles mehr zum Ausdruck kommen.

Joseph Vilsmaiers aufsehenerregendes Kriegsdrama „Stalingrad“ etwa spart nicht mit realitätsnahen Gewaltdarstellungen, die als Einzelsegment durchaus unangenehm empfunden werden können. Trotzdem sind sie für die Grundaussage des Filmes notwendig, das Grauen des Krieges zu unterstreichen. Nach eingehender Diskussion haben wir uns daher entschlossen, diesen von der JFK mit „ab 14“ und von der FSK mit „ab 12“ eingestuften Film im November 1998 am Hauptabend ohne Bearbeitung auszustrahlen.

Zu beachten gibt es für eine allfällige Bearbeitung auch, daß Gewalt beim jeweiligen Zuschauer nicht die gleiche Assoziation hervorruft. Exzessiven, permanent ausgespielten, groß ins Bild gerückten Aggressionsakten ist dank unserer jahrelangen Praxis der Bearbeitung leicht zu begegnen.

Schwieriger wird es, wenn man aus eigener Erfahrung im Umgang mit Jugendlichen und aus der Forschung weiß, daß sich die Sehweise von filmischen Mitteln und Gesetzmäßigkeiten bei jungen Zusehern und Erwachsenen nicht deckt. Im Extremfall kann es sogar beim Sympathieträger eines Geschehens unterschiedliche Auffassungen geben. Diese leidvolle Erfahrung mußten etwa Mit-

„Das Schweigen der Lämmer": Die Gewalt findet hauptsächlich in den Köpfen der Zuseher statt

Gewalt gegen Frauen: „Rob Roy", freigegeben ab 14 Jahren – vom ORF wesentlich bearbeitet

arbeiter der deutschen FSF im Beisein einer Schulklasse bei dem Film „Der Prinzipal" machen. War für die Fachleute eindeutig James Belushi als tatkräftiger High-School-Lehrer die Leitfigur, so nannten die jungen Rezipienten einen gleichaltrigen Akteur, der seine Probleme in der Schule kompensieren kann, als bedeutsamsten Handlungsträger.

Nicht zu unterschätzen ist auch die Komponente des „force to connect": Die Erfahrungen und Erwartungshaltungen an ein Filmgenre sind für den geübten Konsumenten anders als für den noch eher unerfahrenen jungen Zuseher. Eine professionelle Schnittdramaturgie kann in der Erinnerung eines Menschen eine höchst unangenehme Assoziation mit Gewalthandlungen hervorrufen, die im Detail optisch gar nicht stattgefunden hat.

Ein klassisches Beispiel für dieses Phänomen ist Jonathan Demmes Psycho-Thriller „Das Schweigen der Lämmer": Hier finden die Bedrohung und das Gewaltmoment nachweislich nur in unseren Gehirnen statt.

Diese wenigen, sehr unterschiedlichen Beispiele können nur ansatzweise vermitteln, welche umfassenden Gesichtspunkte in bezug auf eine adäquate Bearbeitung zu berücksichtigen sind. Trotzdem gibt es auch für uns verbindliche Grenzen filmischer Gewalt, denen wir – ähnlich anderen europäischen Institutionen – mit einem internen Maßnahmenkatalog begegnen. Für jeden Redakteur gilt zu prüfen, ob und wie häufig oder intensiv Gewaltdarstellungen zum Tragen kommen. Werden sie willkürlich zum Einsatz gebracht oder als probates Handlungskonzept vermittelt? Wie wichtig sind bestimmte Gewaltaktionen oder Details für das Handlungsgeschehen? Wird die Wirkung von Gewalt verharmlosend dargestellt oder gar verschwiegen?

Realitätsnähe

Besonderes Augenmerk ist auch darauf zu richten, unter welchen Rahmenbedingungen sich Gewalt abspielt! Es ist ein wesentlicher Unterschied, ob sich US-amerikanische Fliegerstaffeln mit übermächtigen Aliens in dem Science-fiction-Spektakel „Independence Day" spektakuläre Schlachten liefern oder ob sich Gewalt im unmittelbaren Erfahrungsbereich der Zuseher manifestiert. Dies betrifft vor allem Handlungsebenen mit häuslicher Gewalt, Frauen und Kinder in der Opferrolle oder das Quälen von Tieren. Je vertrauter dem Zuseher die Umgebung ist, in der sich Gewalt abspielt, desto bedrohlicher und intensiver wird das Geschehen empfunden. In Frankreich wird diesem Moment derart Priorität geschenkt, daß sich die gesetzlichen Alterseinstufungen grundsätzlich nach der Realitätsnähe der Gewalt richten. So ist es kaum verwunderlich, daß alle drei Teile von „Rambo" ohne Altersbeschränkung freigegeben wurden, da man der Ansicht ist, daß der von Sylvester Stallone verkörperte unbesiegbare Held für alle, auch für Jugendliche, als fiktiv erkennbar ist.

„Rambo": In Frankreich ohne Altersbeschränkung freigegeben

Schnittpraxis

Zur Illustration der Bearbeitungen nun einige Zahlen aus dem Spielfilmbereich innerhalb des zweiten Halbjahres 1998:

Die zuständigen Redakteure sahen sich bei nicht weniger als 99 Fällen veranlaßt, Bearbeitungen vorzunehmen, die sich zwischen wenigen Sekunden bis hin zu drei Minuten bewegten (z.B. „Braveheart"). Betroffen waren im Hauptabendprogramm etwa Steven Spielbergs Abenteuerklassiker „Indiana Jones – Jäger des verlorenen Schatzes" , „Indiana Jones und der Tempel des Todes" sowie „Indiana Jones und der letzte Kreuzzug", obwohl zwei Teile von der JFK sogar mit „ab 14" eingestuft wurden. Bei dem Historienepos „Rob Roy" mit Liam Neeson und Jessica Lange (JFK „ab 14") wurde eine Szene mit Gewaltanwendung gegen eine Frau vom ORF wesentlich bearbeitet. Selbst die Eddie-Murphy-Fantasykomödie „Auf der Suche nach dem goldenen Kind" (JFK „ab 12") wurde mit einem Schnitt versehen.

Im Spätabendprogramm wurde Martin Scorseses Mafia-Epos mit Star-Besetzung „Casino" aufgrund einer überaus realistischen und lang anhaltenden Hinrichtungsszene um 57 Sekunden gekürzt. Der öffentlich-rechtliche Sender ZDF, der diesen Film zur gleichen Zeit ausstrahlte, sah sich zu dieser Maßnahme übrigens nicht veranlaßt, da die FSK-Freigabe „ab 16" den bedenkenlosen Einsatz um 22.00 Uhr erlaubt. Desgleichen gilt für den von dem Privatsender PRO 7 ausgestrahlten Science-fiction-Thriller „Species" und für die aufwendige Videospiel-Adaption „Mortal Kombat"(Sender RTL 2). Beide Filme gelangten durch die FSK-Freigabe „ab 16" ohne Kürzung um etwa 22.00 Uhr zur Ausstrahlung. Unsere Redaktion befand eine Kürzung um jeweils eine knappe halbe Minute für nötig.

Abschließende Bemerkungen

Die verbindliche Kennzeichnung von Sendungen, die ab ca. 22.00 Uhr zum Einsatz kommen, sowie der umfassende Katalog freiwilliger Maßnahmen zur Vermeidung filmischer Gewalt machen die Abteilung „Film und Serien" zu einem der am effektivsten arbeitenden Bereiche in der europäischen TV-Medienlandschaft im Sinne des Jugendschutzes. Wachsamkeit und Aufgeschlossenheit, den Umgang mit Gewalt in unseren Sendungen noch besser verstehen zu lernen und in die Praxis der Programmierung umzusetzen, wird unser vordringliches Ziel sein. Es bleibt nur zu hoffen, daß unsere Anstrengungen auch die Zustimmung und die notwendige Umsetzung bei unserem Publikum findet. Denn Medienkompetenz ist eine Herausforderung für alle Beteiligten: für den ausstrahlenden Sender, für die zu schützenden Kinder und Jugendlichen wie auch für die Eltern und Erziehungsberechtigten, die aufgrund unserer Hilfestellungen ohne Probleme ihrer Aufsichtspflicht nachkommen können.

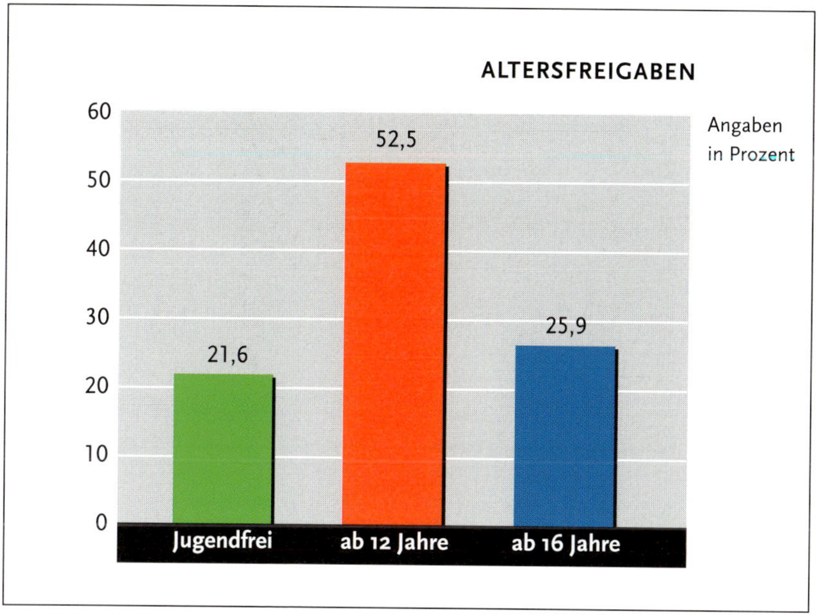

Der ORF strahlte im Zeitraum vom 1. Juli 1997 bis 30. Juni 1998 etwa 3.000 Spielfilme und TV-Movies aus. In der graphischen Umsetzung von Alterskategorien ergeben sich folgende Zahlen:

- „Jugendfrei" = 21,6 %
- „ab 12" = 52,5 %
- „ab 16" = 25,9 %.

3.2.1.3. INTERNATIONALER VERGLEICH

Altersfreigaben im internationalen Vergleich

Michael Winter

Die Weichen für die Zukunft sind gestellt. Das Fernsehgerät im herkömmlichen Sinne hat mit Beginn des neuen Jahrtausends ausgedient. Ein Multimedia-Terminal wird als Infotainment-Center die Zukunft unseres täglichen Lebens beherrschen. Durch die neue Digitalisierungstechnik werden wir noch mehr internationale Programme empfangen können – 75 Prozent der Österreicher haben heute schon die Möglichkeit, ausländische, vorwiegend deutsche, Sendungen zu nutzen. Welche Sinnhaftigkeit hat da der beste nationale Jugendmedienschutz, wenn per Knopfdruck Programme aus der ganzen Welt aufgerufen werden können?

Der Wunsch, eigenständige kulturelle und religiöse Wertvorstellungen aufrechtzuerhalten, ist nachvollziehbar. Die aus diesem Hintergrund gewachsenen und vermuteten Integrations- und Gefährdungsstrukturen Minderjähriger, die im nationalen Jugendmedienschutz Platz greifen, sind die Folge davon. Gerade deswegen muß es vorrangig sein, übergreifende und verbindliche Mindestkriterien für solche Programme zu entwickeln, die über die Landesgrenzen hinweg zu empfangen sind.

Die Voraussetzungen dafür sind nicht die besten: Einigkeit in den europäischen Ländern besteht allein in dem Punkt, daß Kinder und Jugendliche zu schützen sind. Völlig unterschiedlich ist dagegen die Auffassung, welche Altersgruppen durch welche Gewaltdarstellungen in Filmen beeinträchtigt werden! Die Altersfreigaben für Kinofilme, die in vielen europäischen Ländern wie Österreich und Deutschland auch eine Umsetzung in den Sendezeitgrenzen im Fernsehen erfahren, verdeutlichen dies am eindrucksvollsten.

US-amerikanische Actionfilme mit einem erheblichen Gewaltanteil wie „Rambo“ oder „Stirb langsam 2“ erhalten in Österreich generell die strengste Freigabestufe „ab 16“, in Deutschland sogar „ab 18“. In Frankreich dagegen vertritt man eine sehr liberale Einstellung zu Unterhaltungsfilmen dieser Art. Die Filmprüfstelle entschied in besagten Beispielen für eine Freigabe ohne Beschränkungen – eine durchaus gängige Vorgangsweise, wenn man sich etwa die Zahlen der Altersfreigaben für 1996 vor Augen hält: Von 407 Spielfilmen wurden 336 ohne Beschränkung, 58 ab 12 Jahren und nur 13 Filme ab 16 Jahren freigegeben. Diese Vorgehensweise resultiert aus der Ansicht, daß französische Jugendliche über eine ausgeprägte Medienerfahrung verfügen. Ihr Know-how ermöglicht ihnen ohne Probleme, den fiktionalen Gehalt solcher Filme zu erkennen. Auf ihre unmittelbare Lebensrealität hätten US-Actionfilme daher keinen Einfluß!

In Schweden ist man bei der Freigabe von Genrefilmen mit Gewaltelementen sehr streng. Renny Harlins opulenter Abenteuerfilm „Die Piratenbraut“ oder Kevin Costners postapokalyptisches Spektakel „Waterworld“, in Österreich jeweils „ab 10“ und in Deutschland „ab 12“ freigegeben, wurden in Schweden mit der Einstufung „ab 15“ bedacht, die höchste von vier Alterskategorien, die von den Filmprüfern vergeben werden kann.

Besonders streng sind auch die Freigaben in Großbritannien. Da es zwischen den Kategorien „ab 15“ und „ab 18“ keine Altersstufe gibt, werden Filme wie Brian De Palmas Gangsterepos „Carlito's Way“ oder Stanley Kubricks erschütternder Vietnamfilm „Full Metal Jacket“ mit der höchsten Einstufung bedacht. In Österreich und Deutschland beantragte man in beiden Fällen die Freigabe „ab 16“.

Andererseits ist es in Großbritannien wie auch in Schweden oder Deutschland durchaus Praxis, Filme mit Schnitten zu versehen. Auf diese Weise konnte James Camerons Science-fiction-Abenteuer „Terminator 2“ mit der niedrigen Einstufung „ab 15“ in die britischen Kinos gelangen.

Eine eigene Sehweise von Gewalt haben die Norweger. In den meisten europäischen Ländern werden Genrefilme, die Action mit Humor verknüpfen (z.B. Buddie-Movies mit Bud Spencer und Terence Hill), in der Alterskennzeichnung milder beurteilt. Für die norwegischen Prüfer besteht aber gerade in dieser Kombination die Gefahr: Gewalt im parodistischen Zusammenhang oder als humo-

„Stirb langsam 2“: Strengste Freigabestufe in Österreich und Deutschland

„Harte Ziele": In Österreich „ab 16", in den Niederlanden und Frankreich „ab 12"

rige Unterhaltung wird nicht als emotionale Entlastung für den Zuschauer gesehen, sondern als unterschwelliges Vehikel, Gewalt verharmlosend darzustellen. Arnold Schwarzeneggers Komödienausflug „Kindergarten Cop" oder die Krimikomödie „Schnappt Shorty" mit John Travolta wurden daher erst „ab 15" freigegeben, in Österreich „ab 10" beziehungsweise „ab 12" Jahren.

Diese wenigen Beispiele verdeutlichen, wie vielschichtig die Einschätzung von Gewalt in den europäischen Ländern gesehen wird. Unterschiedliche Alterskategorien, unterschiedliche Kontrollinstanzen und die verschieden gefärbten nationalen Kriterien, die an den Jugendschutz in den Ländern herangetragen werden, stehen der technischen Entwicklung der Medienrealität und damit der Internationalisierung diametral entgegen. Die Erarbeitung eines europäischen Konsenses in punkto Jugendschutzkriterien kann nur durch das systematische Zusammenwachsen und die kontinuierliche Zusammenarbeit europäischer Prüfstellen und Medienanstalten in die Wege geleitet werden.

Mindestkriterien für den Jugendschutz lassen sich objektivieren und vereinheitlichen. Das treffendste Beispiel ist die fruchtbare Zusammenarbeit der deutschen FSK und FSF mit der niederländischen Filmkeuring. Klafften zu Beginn die strengen Freigabeentscheidungen der Bundesrepublik mit den liberalen Einstufungen der Niederlande wesentlich auseinander, konnten die Altersfreigaben durch Tagungen und den regelmäßigen Austausch von Prüfern bis heute kontinuierlich angeglichen werden.

Beispiele für Altersfreigaben von Filmen

Filme	AUT	DEU	NL	SWE	GBR	FRA
AUF DER JAGD (1997)	14	12	16	15	15	o. A.
FEAR – WENN LIEBE ANGST MACHT (1996)	16(n.e.)	18/16	–	15	18	o. A.
HARTE ZIELE (1993)	16(n.e.)	18	12	15	18	12
LAST DANCE (1996)	14	12	16	15	18	–
DAS MERCURY PUZZLE (1998)	16	16	16	–	15	o. A
RAMBO III (1988)	16	18	–	15	18	o. A.
SCHNAPPT SHORTY (1995)	12	12	o. A.	15	15	o. A.
DER SOLDAT JAMES RYAN (1998)	14	16	16	15	15	o. A.
SPHERE (1998)	10	16	–	11	12	o. A.
STARSHIP TROOPERS (1997)	16(n.e.)	18	16	15	15	12
STIRB LANGSAM 2 (1990)	16(n.e.)	18/16	12	15	18	o. A.

n.e. = nicht eingereicht: bedeutet in Österreich zwangsläufig Freigabe „ab 16"
– = keine Daten
o.A. = ohne Altersbeschränkung

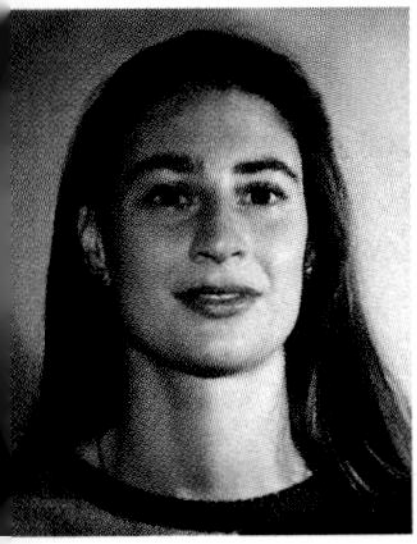

Der Umgang mit Gewalt im TV im internationalen Vergleich

Judith Stelmach

Trotz der Unterschiedlichkeit der einzelstaatlichen Gesetzesgebungen in Europa haben alle eines gemein, nämlich das klare Verbot audiovisueller Inhalte, die Kinderpornographie, extreme Formen willkürlicher Gewalt, Aufrufe zur Diskriminierung, zu Haß oder Gewalt aufgrund der Rasse oder anderer Faktoren einbeziehen. Weiters gibt es Inhalte, die zwar dem erwachsenen Zuschauer zumutbar sind, die Entwicklung von Minderjährigen jedoch beeinträchtigen können. Das gilt beispielsweise für pornographische oder von brutaler Gewalt geprägte Inhalte.

Auch außerhalb Europas wird das Thema Gewalt in den Medien sehr ernst genommen und steht immer wieder im Mittelpunkt der gesellschaftlichen Diskussion. Insbesondere in den Vereinigten Staaten, in Kanada und in Australien werden die Gefahren, welche die Darstellung von Gewalt in den Medien in sich birgt, seit Jahren thematisiert.

Wie Minderjährige am besten geschützt werden können, und vor welchen Inhalten im Konkreten sie bewahrt werden sollen – darüber gehen die Meinungen teilweise recht stark auseinander.

Ziel dieses Aufsatzes ist es, eine möglichst umfassende Darstellung des derzeitigen weltweiten Status quo zu bieten, wobei der Versuch unternommen werden soll, sowohl die gesetzliche Situation als auch die jeweilige Praxis und die eventuell vorliegenden diesbezüglichen Erfahrungen darzustellen.

Die vorhandenen Richtlinien im Bereich der Europäischen Union

Der Schutz von Minderjährigen vor Programmen, die ihre „körperliche, geistige und sittliche Entwicklung" ernsthaft beeinträchtigen können, wird im Bereich der Europäischen Union durch Artikel 22 der Richtlinie 97/36/RG des Europäischen Parlaments und des Rates vom 30. Juni 1997 „Fernsehen ohne Grenzen" geregelt.

Konkret ist die Ausstrahlung von Programmen, die die Entwicklung von Minderjährigen ernsthaft beeinträchtigen können, verboten (Artikel 22, Abs.1). Andere Programme, die die Entwicklung von Minderjährigen beeinträchtigen können, müssen zu später Stunde, d.h. zu einer Zeit, zu der sie von Minderjährigen gewöhnlich nicht wahrgenommen werden können, gesendet und durch akustische Zeichen angekündigt oder durch optische Mittel während der ganzen Sendung kenntlich gemacht werden, wenn sie nicht verschlüsselt sind (Artikel 22,

Abs. 2–3). Die Sendungen dürfen nicht zu Haß aufgrund von Rasse, Geschlecht, Religion oder Nationalität aufstacheln (Artikel 22a).

Die Bedeutung, die in der Europäischen Union dem Schutz von Minderjährigen beigemessen wird, läßt sich schon daran erkennen, daß die in Artikel 22 und 22a angeführten Einschränkungen die einzige Ausnahme bilden, was den durch die Richtlinie von 1989 vorgesehenen freien Empfang und die freie Weiterverbreitung betrifft.

Außerdem führt die EU-Fernsehrichtlinie ein spezielles Verfahren ein, das vorsieht, daß der Empfängerstaat im Falle eines „offensichtlichen, ernsten und schwerwiegenden Verstoßes" gegen Artikel 22 durch einen Fernsehveranstalter, der von einem anderen Mitgliedstaat aus sendet, der Kommission und dem Sender seine Beschwerdepunkte mitteilen und, falls der Verstoß fortgesetzt wird, einseitige Maßnahmen gegen den betroffenen Sender ergreifen muß. Dies war insbesondere im Vereinigten Königreich der Fall, das gemäß der Richtlinie „Verbotsmaßnahmen" gegen pornographische Sender anderer Länder ergriffen hat.

Laut Artikel 22b der Richtlinie wird die Kommission binnen eines Jahres nach der Veröffentlichung der Richtlinie zusammen mit den zuständigen Behörden der Mitgliedstaaten eine Untersuchung der möglichen Vor- und Nachteile weiterer Maßnahmen durchführen, die den Eltern oder Aufsichtspersonen die Kontrolle der Programme, die von Minderjährigen gesehen werden können, erleichtern sollen. In dieser Untersuchung (die derzeit in Arbeit ist) wird unter anderem die Zweckmäßigkeit folgender Punkte geprüft:

- Die Vorschrift, daß neue Fernsehgeräte mit einer technischen Vorrichtung versehen sein müssen, damit Eltern oder Aufsichtspersonen bestimmte Programme herausfiltern können;
- Festlegung geeigneter Bewertungssysteme;
- Förderung einer Politik zugunsten des familienfreundlichen Fernsehens sowie weitere pädagogische und Aufklärungsmaßnahmen;
- Berücksichtigung der innerhalb und außerhalb Europas gewonnenen Erfahrungen auf diesem Gebiet sowie Einholung der Standpunkte von betroffenen Kreisen wie Fernsehveranstaltern, Produzenten, Pädagogen, Mediensachverständigen und einschlägigen Verbänden.

Der Bereich der sogenannten „neuen Dienste" (Online-Dienste, digitale Rundfunkübertragung, Pay-per-View, Near-Video-on-Demand etc.) ist ein weiteres weites Feld der EU-internen Überlegungen zum Thema Jugendschutz. In einer ersten Phase hat die Kommission mit der Veröffentlichung des Grünbuchs über den Jugendschutz und den Schutz der Menschenwürde in den Audiovisions- und Informationsdiensten (COM(96)483) die Diskussion rund um die Problematik des Jugendschutzes und der Menschenwürde ausgelöst.

Die Kommission schlägt nun die Annahme einer Empfehlung vor, die den Zweck hat, die Bemühungen der Mitgliedstaaten, der beteiligten Parteien und der Europäischen Union im Hinblick auf folgende Ziele zu vereinen:

- die Einführung eines Rahmens zur Selbstkontrolle der Online-Dienste im Bereich von Jugendschutz und Schutz der Menschenwürde auf nationaler Ebene fördern;
- die Erprobung neuer Wege des Jugendschutzes und der Verbraucherinformation im Fernsehen – Signale, technische Vorrichtungen, die Eltern die Aufsicht erleichtern, Sensibilisierungssendungen – unterstützen;
- den Zugang von Minderjährigen zu den neuen Diensten in Bildungseinrichtungen und öffentlichen Orten fördern;
- hochwertige Inhalte und Dienste für die Jugend fördern;
- die Zweckmäßigkeit und Wirksamkeit der Vorrichtungen bewerten, die zum Schutz der Jugend und der Menschenwürde eingeführt wurden;
- Initiativen zur Forschung, Information und Sensibilisierung im Bereich der Beziehung zwischen Kind und Medien entwickeln;
- die Zusammenarbeit der Mitgliedstaaten im Bereich von Justiz und inneren Angelegenheiten unterstützen;
- die Debatte und den Erfahrungsaustausch auf internationaler Ebene anregen.

Weiters hat die Kommission eine Mitteilung über „unerlaubte und schädliche Inhalte auf dem Internet" angenommen, die kurzfristige Maßnahmen erläutert, um Internet-spezifische Fragen zu behandeln, die über den Rahmen des Schutzes der Jugend und der Menschenwürde hinausgehen.

Jugendmedienschutz in anderen Mitgliedstaaten der EU

Allein die Betrachtung der Organisation des Rundfunkwesens in den einzelnen Mitgliedstaaten der Europäischen Union läßt auf die unterschiedliche Handhabung medienspezifischer Themen in den einzelnen Ländern schließen.

So gibt es zum Beispiel nur in einigen EU-Ländern unabhängige Rundfunkbehörden, während in anderen EU-Mitgliedstaaten das Rundfunkwesen einer staatlichen Verwaltungsbehörde untergeordnet ist, die sich allerdings für gewöhnlich nicht ausschließlich mit Rundfunkagenden befaßt. Zu den letzteren gehört auch Österreich, wo das Rundfunkwesen zur Zeit vom Bundeskanzleramt federführend betreut wird. In Dänemark wiederum liegt die Zuständigkeit beim Kulturministerium, in Finnland beim Verkehrs- und Kommunikationsministerium und in Spanien beim Generalsekretariat für Kommunikation. Unabhängige Rundfunkbehörden sind zum Beispiel in Belgien, Deutschland, Frankreich, Griechenland und Großbritannien zu finden.

Auch in der Formulierung der Maßnahmen, die laut den einzelnen nationalen Rundfunkgesetzen im Hinblick auf den Jugendschutz zu ergreifen sind, finden sich von Land zu Land erhebliche Unterschiede. In einigen EU-Mitgliedstaaten enthält das jeweilige Rundfunkgesetz sehr ausführliche Vorgaben bezüglich der Bewahrung von Jugendlichen vor schädlichen Inhalten (so zum Beispiel in Deutschland und in den Niederlanden). In manchen anderen Ländern sind die

Gesetzestexte eher allgemein gehalten, so daß die jeweilige Auslegung in vieler Hinsicht den Rundfunkveranstaltern überlassen bleibt (so zum Beispiel in Dänemark und in Spanien). Allerdings wäre hier zu bedenken, daß die Rundfunkgesetze in einigen EU-Mitgliedstaaten gerade überarbeitet werden, insbesondere auch im Hinblick auf die Umsetzung von Artikel 22 der EU-Fernsehrichtlinie. In Österreich, in Belgien und in Finnland sind seit 1.1.1999 Rundfunkgesetznovellen in Kraft, die den Wortlaut von Artikel 22 der EU-Fernsehrichtlinie übernommen haben. In Deutschland und in Griechenland werden die entsprechenden Änderungen noch diskutiert.

Die Bestimmung der Mindestaltersgrenzen bei Filmen ist ebenfalls von Land zu Land verschieden. Die Auffassungen darüber, was „extreme Gewalt" oder „jugendgefährdend" ist, unterliegen kulturellen Unterschieden, welche auch in den Entscheiden der jeweiligen Kontrollkommissionen ihren Niederschlag finden. So werden viele Filme, die in Deutschland oder Österreich erst ab 16 Jahren freigegeben sind, in Frankreich bereits für Jugendliche ab 12 Jahren zugelassen (z.B. „Platoon" oder „Mad Max II").

Teilweise unabhängig von der jeweiligen Gesetzeslage gibt es mehrere europäische Länder, in denen von manchen Rundfunkveranstaltern eine freiwillige Kennzeichnung jugendgefährdender Programme praktiziert wird. Aber auch da lassen sich vielerlei Unterschiede in der Ausführung der Kennzeichnung finden.

In der Folge sollen daher die von den einzelnen EU-Mitgliedstaaten derzeit angewandten und auch in naher Zukunft geplanten Jugendschutzmaßnahmen beschrieben werden.

Belgien/Flämischer Teil

Das Mediendekret für den flämischen Teil Belgiens hat den Wortlaut von Artikel 22 der EU-Fernsehrichtlinie in vollem Umfang übernommen und ist seit 1.1.1999 in Kraft. Der öffentlich-rechtliche Rundfunkveranstalter VRT, der bisher keinerlei Kennzeichnung seiner Programme vorgesehen hatte und den Jugendschutz vor allem mittels sorgfältiger Auswahl seiner Programme und spätangesetzter Ausstrahlung von jugendgefährdenden Programmen betrieben hat, plant nun die Einführung einer akustischen verbalen Warnung vor der Ausstrahlung solcher Programme. Der Wortlaut dieser Warnung wird voraussichtlich einen Hinweis darauf beinhalten, daß das folgende Programm nicht für Kinder geeignet sei. Welche Maßnahmen der kommerzielle nationale Sender VTM setzen wird, ist bislang nicht bekannt.

Belgien/Wallonischer Teil

Der öffentlich-rechtliche Sender RTBF verwendet bislang Warnungen vor jugendgefährdenden Inhalten in zwei Bereichen:

- In Nachrichtensendungen wird das Publikum vom jeweiligen Nachrichtensprecher vor der Ausstrahlung von Berichten mit besonders „schwierigen“ Szenen mündlich darauf hingewiesen.

- Vor Programmen, die Inhalte vermitteln, welche auf den jugendlichen bzw. den erwachsenen Seher „verstörend“ wirken könnten, wird eine schriftliche optische Warnung eingeblendet.

Auch der kommerzielle nationale Sender RTL-TVi hat bislang verbale optische Warnungen verwendet.

Am 10. Juni 1998 hat eine Beraterkommission der Rundfunkaufsichtsbehörde CSA der Regierung den Vorschlag unterbreitet, eine modifizierte Variante des französischen Symbolsystems für die Kennzeichnung von Programmen im wallonischen Teil Belgiens einzuführen. Dieser Vorschlag sieht vier Kategorien mit drei Symbolen vor:

- unbedenkliche Programme (kein Symbol);
- elterliche Aufsicht empfohlen;
- verboten für Jugendliche unter 16 Jahren;
- kann nur verschlüsselt ausgestrahlt werden.

Die Kennzeichnung mittels dieser Symbole soll teilweise während der ersten Minute des jeweiligen Programms (Programme der zweiten Kategorie nach 22.00 Uhr) teilweise während des gesamten Programms (alle anderen Symbole vor und nach 22.00 Uhr) erfolgen, wobei Sendungen der zweiten Kategorie generell erst nach 20.00 Uhr und Sendungen der vierten Kategorie generell erst nach 22.00 Uhr und nur in verschlüsselter Form ausgestrahlt werden dürfen.

Dieser Vorschlag der CSA Beraterkommission wurde von der Regierung der französischen Sprachgemeinschaft noch nicht angenommen. Es ist jedoch mit einer entsprechenden Gesetzesänderung in nächster Zukunft zu rechnen.

Dänemark

In Dänemark ist keine Änderung des Rundfunkgesetzes aufgrund der EU-Fernsehrichtlinie vorgesehen. Das zuständige Kulturministerium erwartet eine freiwillige Umsetzung der Richtlinie durch die dänischen Rundfunkveranstalter. Weder Danmarks Radio noch TV2 haben bisher bekanntgegeben, welche Kennzeichnungsmethode sie vorziehen werden. Grundsätzlich bemühen sich jedoch beide Veranstalter, keine jugendgefährdenden Programme auszustrahlen. Weiters wird von keinem der beiden Veranstalter eine Verschlüsselung seiner Programme in Erwägung gezogen.

Deutschland

Derzeit werden die Sendezeitbeschränkungen von den FSK-Freigaben bestimmt: Filme, die als frei ab 16 Jahren eingestuft werden, dürfen erst ab 22.00 Uhr gesendet werden. Filme ab 18 Jahren erst nach 23.00 Uhr.

Die Freiwillige Selbstkontrolle Fernsehen (FSF) begutachtet Filme gemäß eigener Prüfungsgrundsätze im Rahmen der Selbstkontrolle. Private Sender werden von den Landesmedienanstalten kontrolliert.

Der derzeitige Entwurf zum Rundfunkänderungsstaatsvertrag sieht folgende Jugendschutzmaßnahmen vor:

„Sendungen, die geeignet sind, das körperliche, geistige oder seelische Wohl von Kindern oder Jugendlichen zu beeinträchtigen, dürfen nicht verbreitet werden, es sei denn der Veranstalter trifft aufgrund der Sendezeit oder auf andere Weise Vorsorge, daß Kinder oder Jugendliche der betroffenen Altersstufen die Sendungen üblicherweise nicht wahrnehmen; der Veranstalter darf dies bei Sendungen zwischen 23.00 Uhr und 6.00 Uhr annehmen."

Unter dem Ausdruck „auf andere Weise Vorsorge treffen" versteht der Gesetzesentwurf die verschlüsselte Ausstrahlung von Programmen. Im übrigen sollen Sendungen, die Sendezeitbeschränkungen unterliegen, durch akustische Zeichen angekündigt oder durch optische Zeichen während der gesamten Sendung kenntlich gemacht werden. In ihren Stellungnahmen zum Entwurf des Rundfunkänderungsstaatsvertrags haben sowohl die ARD als auch das ZDF bekundet, auch in Zukunft keinen Gebrauch von der Möglichkeit zur Verschlüsselung von Sendungen machen zu wollen, da dies der Zielsetzung des öffentlich-rechtlichen Rundfunks, Programm für alle zu veranstalten, widerspricht. Weiters meinten ARD und ZDF, daß technische Sicherungen dieser Art von versierten Jugendlichen unterlaufen werden könnten.

Konkret ist vor Mitte 1999 nicht mit dem Inkrafttreten des neuen Rundfunkstaatsvertrags zu rechnen. Die Diskussion über die am besten geeignete Kennzeichnungsmethode ist sowohl bei den öffentlich-rechtlichen als auch bei den kommerziellen Rundfunkveranstaltern in Deutschland noch im Gange.

Finnland

Seit 1.1.1999 ist das neue Radio- und Fernsehgesetz Finnlands in Kraft, welches den genauen Wortlaut von Artikel 22 der EU-Fernsehrichtlinie beinhaltet. Die finnischen Fernsehveranstalter sind übereingekommen, in Hinkunft alle Programme in zwei Kategorien zu unterteilen: Solche, die für Kinder geeignet sind, und solche, die für Kinder ungeeignet sind (dies sind Programme, die für Jugendliche unter 16 Jahren untersagt sind). Programme der zweiten Kategorie werden erst nach 21.00 Uhr ausgestrahlt und durch eine dem Programm vorhergehende entsprechende Ankündigung durch einen Moderator versehen. In Programmzeitschriften sind Sendungen, die für Jugendliche unter 16 Jahren untersagt sind, mit dem Buchstaben „K" gekennzeichnet.

Frankreich

Seit 18.11.1996 gilt in Frankreich aus Gründen des Jugendschutzes eine Kennzeichnungspflicht für Filme mit gewalttätigem oder erotischem Inhalt. Dies vereinbarte die französische Medienaufsichtsbehörde CSA mit den terrestrischen Fernsehsendern TF1, France 2, France 3 und M6. Inzwischen ist auch La Cinquième dem Abkommen beigetreten. Insgesamt wurden fünf Kategorien gebildet, in die Sendungen hinsichtlich ihrer Verträglichkeit mit der geistigen, moralischen und psychischen Entwicklung von Kindern und Jugendlichen eingeteilt werden. Die vereinbarten Symbole werden vor oder während einer Sendung im Fernsehen eingeblendet und erscheinen auch in den Programmzeitschriften. Filme der vierten Kategorie (Filme, die für Jugendliche unter 16 Jahren verboten sind, und Sendungen, die viel Gewalt und/oder einen erotischen Charakter beinhalten) dürfen nur nach 22.30 Uhr ausgestrahlt werden. Filme der fünften Kategorie (Filme mit pornographischem Charakter oder extremen Gewaltszenen) unterliegen einem totalen Sendeverbot.

Der Pay-TV-Sender Canal+ verfügt seit seiner Entstehung über ein eigenes System zum Schutze von Kindern und Jugendlichen vor Gewalt im Fernsehen. Es besteht aus Bildzeichen, die je nach Gewaltanteil Farben von hellgrün bis violett annehmen.

Griechenland

Im Augenblick sieht das griechische Mediengesetz keine besonderen Regelungen zum Jugendschutz vor. Allerdings berät die Nationale Radio- und Fernsehkommission dieser Tage über eine Überarbeitung des Gesetzes, welche auch Artikel 22 der EU-Fernsehrichtlinie berücksichtigen soll.

Einige kommerzielle Fernsehveranstalter senden nichtsdestotrotz bereits jetzt eine optische oder verbale Warnung vor jugendgefährdenden Programmen, sofern sie vor 24.00 Uhr ausgestrahlt werden. Der öffentlich-rechtliche Veranstalter ERT kennzeichnet zur Zeit Sendungen, die für Minderjährige ungeeignet erscheinen und vor 24.00 Uhr ausgestrahlt werden, mit dem Buchstaben „A“ im rechten oberen Eck des Bildschirms.

Großbritannien

Das britische Mediengesetz sieht keine detaillierten Vorgaben zum Jugendmedienschutz vor. Trotzdem halten sich sowohl die BBC als auch ITC und Channel 4 an die selbstauferlegte „Watershed“ um 21.00 Uhr, vor der Programme, die für Jugendliche ungeeignet erscheinen, nicht gesendet werden. Zusätzlich werden Programme, die eine besonders grobe Sprache und/oder besonders aufwühlende oder gewalttätige Szenen enthalten, mit einer akustischen Warnung vor der Sendung versehen. Auch in Nachrichtensendungen können solche Warnungen (verbal vom Nachrichtensprecher vor einem „schwierigen“ Bericht angesagt) vorkommen.

Eine Arbeitsgruppe, an der BBC, ITC und BSC beteiligt waren, hat kürzlich die Empfehlung ausgesprochen, Eltern und Kindern die Auswahl der Fernsehangebote in eigener Verantwortung zu ermöglichen, während der V-Chip oder andere technische Lösungen mit Skepsis betrachtet werden. Eine weitere Empfehlung der Arbeitsgruppe war, die Formulierung der Warnungen, die vor den Sendungen ausgestrahlt werden, möglichst präzise zu gestalten, sowie akustisch ausgestrahlte Warnungen zusätzlich während der jeweiligen Sendungen in der Teletext-Programminformation zur Verfügung zu stellen.

Irland

Gesetzliche Lage und Praxis von RTE wie in Großbritannien.

Italien

Im November 1997 haben private wie öffentlich-rechtliche TV-Anstalten ein freiwilliges Abkommen unterzeichnet, das die Ausstrahlung brutaler Szenen zwischen 7.00 und 22.30 Uhr untersagt. Eine Kennzeichnungspflicht ist derzeit nicht vorgesehen.

Luxemburg

Eine Kommission von sechs Personen begutachtet alle Filme, die zur Begutachtung eingereicht werden. Dabei orientiert sie sich an den Freigabeentscheidungen der BBFC, der FSK und der österreichischen Jugendfilmkommission. Die verwendeten Kategorien: Jugendfrei, frei ab 14 Jahren, frei ab 17 Jahren. Für Fernsehveranstalter gibt es derzeit keine besonderen Regelungen.

Niederlande

Das niederländische Mediengesetz verbietet die Ausstrahlung von Filmen, die für Kinder nicht geeignet sind, vor 20.00 bzw. 22.00 Uhr, je nach Klassifizierung des Films. Darüber hinaus sind die Sender verpflichtet, die Zuschauer vor der Ausstrahlung der Sendung in verständlicher Form über ihre Klassifizierung zu informieren.

Als Reaktion darauf haben sich die Sender in den Niederlanden geeinigt, die Klassifizierung von Filmen in ihren Fernsehprogrammen zu veröffentlichen. Vor Filmen, die für Jugendliche unter 12 bzw. 16 Jahren ungeeignet sind, wird am Schirm eine entsprechende Warnung eingeblendet. Trailer für solche Sendungen dürfen auch erst nach 20.00 Uhr gesendet werden. Auch in Nachrichtensendungen werden vom Nachrichtensprecher vor „schwierigen“ Beiträgen entsprechende Warnungen ausgesprochen.

Portugal

Laut portugiesischem Recht entscheiden die Sender selbst, was jugendgefährdend ist. Solche Sendungen dürfen erst ab 22.00 Uhr gezeigt werden. Zusätzlich wird in Portugal von allen Sendern ein roter Kreis während der gesamten Sendung, die als jugendgefährdend eingestuft wurde, in der rechten oberen Ecke des Bildschirms eingeblendet.

Schweden

Programme, die für Jugendliche ungeeignet sind, werden erst nach 21.00 Uhr ausgestrahlt. Der öffentlich-rechtliche Fernsehveranstalter SVT strahlt vor Sendungen, die er als „problematisch" einstuft, eine akustische verbale Warnung aus. Das schwedische Mediengesetz sieht allerdings keine besondere Kennzeichnungspflicht vor. Der Gesetzgeber geht davon aus, daß die Fernsehanbieter die Anforderungen der EU-Fernsehrichtlinie freiwillig erfüllen werden.

Spanien

Die überarbeitete Fassung des spanischen Mediengesetzes sieht ein obligatorisches Bewertungssystem für Fernsehsendungen vor, überläßt jedoch die konkrete Durchführung den Rundfunkveranstaltern. Generell dürfen Beiträge und Filme, die Kinder und Jugendliche in ihrer Entwicklung schädigen könnten, nur zwischen 22.00 und 6.00 Uhr gesendet werden. Da es jedoch keine Sanktionsmöglichkeiten gibt, hält es jeder Sender derzeit so, wie er es für richtig befindet.

Alle Filme, die von den öffentlich-rechtlichen RTVE-Sendern ausgestrahlt werden, sind mit einer Ankündigung der staatlich vorgesehenen Mindestaltersgrenze versehen. Diese ist für gewöhnlich auch den Programmzeitschriften zu entnehmen. Weiters strahlt RTVE vor Programmen, die besonders gewalttätig sind oder aus anderen Gründen dem Wohl von Jugendlichen schädlich sein könnten, eine schriftliche optische Warnung aus. Die kommerziellen spanischen Sender hatten bislang kein Kennzeichnungssystem. In welcher Form jeder dieser Sender dem Mediengesetz Folge leisten wird, ist noch unklar.

Jugendmedienschutz in den USA, Kanada und Australien:

USA

In den USA baut man auf den verbindlich vorgeschriebenen V-Chip. Anhand einer sechsstufigen Skala, die neben einer Altersangabe auch inhaltliche Hinweise gibt, können Eltern bestimmte Sendungen sperren. Die Symbole der Kennzeichnung müssen am Beginn der beurteilten Sendungen für 15 Sekunden am Bildschirm gezeigt werden. Laut Gesetz sollten bis zum Jahr 2000 alle Fernsehgeräte mit dem V-Chip ausgestattet sein. Allerdings wird dies laut Prognosen bei der Mehrheit der US-Haushalte frühestens in zehn bis 15 Jahren der Fall sein.

Kanada

In Anlehnung an das amerikanische System hat die kanadische Radio- und Fernsehkommission im April 1995 die Einführung eines Bewertungssystems für Fernsehprogramme in Kombination mit dem V-Chip empfohlen. Bis dato besteht allerdings keine gesetzliche Regelung, welche die Umsetzung dieser Empfehlung nach sich ziehen würde.

Australien

Das australische Kennzeichnungssystem sieht zwei negative Hauptkategorien vor:

- Sendungen, die wegen des Inhalts oder der Art seiner Behandlung ab 15 Jahren freigegeben sind – sie werden mit dem Buchstaben „M" gekennzeichnet.
- Sendungen, die wegen Intensität/Häufigkeit von Gewalt, sexueller Darstellung, rauher Sprache, oder weil Gewalt zentral für das Thema ist, ab 15 Jahren freigegeben sind – sie werden mit den Buchstaben „MA" gekennzeichnet.

Es gibt kein einheitliches Warnsystem für alle australischen Fernsehanstalten. Die meisten Sender verwenden jedoch entweder schriftliche oder akustische Mitteilungen am Beginn von Sendungen, die als jugendgefährdend eingestuft werden.

Studien zur Wirksamkeit von Jugendschutzmaßnahmen

Die französische Medienaufsichtsbehörde CSA zieht eine positive Bilanz der französischen Kennzeichnungsregelung. Laut CSA berücksichtigen 75 Prozent der Kinder die Symbole bei der Programmauswahl. Allerdings bemängeln sowohl Eltern als auch Kinder und Jugendliche, daß die Kennzeichnungspflicht nur bei fiktionalen Angeboten und Dokumentarfilmen besteht. Es zeigt sich auch, daß trotz der Nutzung der Symbole Programmzeitschriften und das Wissen um bestimmte Programmstrukturen (z.B. gewalthältige und erotische Filme nur in den späten Abendstunden) weiterhin ausschlaggebend bei der Programmauswahl sind.

Die CSA sieht in rein technischen Maßnahmen, wie dem V-Chip, zwar ein mögliches Zusatzangebot. Doch ohne weitere Begleitmaßnahmen würde der V-Chip nur dazu beitragen, daß Veranstalter und Eltern ihre Verantwortung auf die Technik abschieben.

Zu ähnlichen Schlußfolgerungen ist auch die britische Arbeitsgruppe (BBC, ITC, BSC), die ihren Bericht vor kurzem abgeschlossen hat, gekommen.

Zwei aktuelle von den britischen Fernsehveranstaltern und den Aufsichtsgremien in Auftrag gegebene Studien ergaben, daß Zuschauer verschiedene Formen der Gewaltdarstellung sehr unterschiedlich wahrnehmen, wobei ihre Wahrnehmungen von den eigenen Erfahrungen stark beeinflußt werden. Auch vor diesem Hintergrund plädiert daher die britische Arbeitsgruppe für ausführliche Informationen über den Charakter der auszustrahlenden Programme, um den Zuschauern eine möglichst bewußte Auswahl der Fernsehprogramme zu ermöglichen.

Gegner des vorgeschlagenen amerikanischen Bewertungssystems bemängeln, daß die Kennzeichnung der Sendungen eher dazu führen könnte, daß Kinder die gekennzeichneten Sendungen erst recht ansehen. Studien ergaben, daß dieser Effekt am ehesten bei Bewertungssystemen mit Altersbegrenzung und dem Hinweis auf elterliche Begleitung eintreten könnte. Deskriptive Hinweise auf das Ausmaß an Gewalt oder roher Sprache oder Sexualität lösten in experimentellen Untersuchungen hingegen keine Erhöhung der Tendenz aus, sich die entsprechenden Sendungen anzusehen.

Ein großangelegter Feldversuch in Kanada ergab, daß die Testteilnehmer den dort erprobten V-Chip wegen technischer Mängel nicht kaufen würden. Als besonders wichtig wurde von den Befragten die Gestaltung und Vereinheitlichung des Kategoriensystems eingestuft.

Laut Befragungen von Pay-TV-Abonnenten in Australien wird die dortige Sperrkarte für Pay-TV in der Praxis kaum genutzt. Dieses Ergebnis steht in einem interessanten Widerspruch zur Tatsache, daß bei einer 1994 von der australischen Rundfunkaufsichtsbehörde durchgeführten Befragung die Mehrheit der Befragten eine entfernbare Karte in Verbindung mit der Möglichkeit, Programme zu sperren, als wirksamen Schutz von Jugendlichen ansieht.

Eine weitere Umfrage der australischen Rundfunkaufsichtsbehörde unter 1159 Befragten über 14 Jahren ergab 1995, daß:

- 81 Prozent eines oder mehrere Kennzeichnungssymbole kennen;
- 60 Prozent der Frauen und 40 Prozent der Männer die Kennzeichnung bei ihrer Entscheidung, ob Kinder fernsehen dürfen, berücksichtigen;
- 86 Prozent die akustischen oder schriftlichen Mitteilungen am Beginn der Sendungen wahrnehmen;
- 80 Prozent die „Konsumentenberatung“ in dieser Form als „sehr nützlich“ oder „nützlich“ bezeichnen.

Zusammenfassung

Aus den hier beschriebenen unterschiedlichen Auffassungen und angebotenen Lösungen im Bereich des Jugendmedienschutzes läßt sich vor allem eine Schlußfolgerung ableiten: Ein effektiver Schutz kann wohl nur durch eine Kombination mehrerer Maßnahmen sowohl im Bereich der Kennzeichnung, aber auch – oder vor allem – im Bereich der Bewußtseinsbildung bei den Veranstaltern wie auch bei den Eltern erfolgen.

Bedingt durch die Veränderungen der Medienlandschaft, insbesondere durch die technologischen Neuerungen, erscheint eine regelmäßige Überprüfung und Adjustierung vorhandener Maßnahmen als unerläßlich.

Vor allem sind aber verantwortungsvolles Handeln und gemeinsame Bemühungen aller Beteiligten gefragt.

Kontrollmechanismen in Deutschland

Joachim von Gottberg

Art. 5 Abs. 1 Grundgesetz (GG) garantiert eine weitgehende Freiheit der Medien. Eine Zensur wird ausdrücklich verboten. Gleichzeitig bestimmt Abs. 2, daß die Freiheiten ihre Grenzen insbesondere in den Gesetzen zum Schutze der Jugend, finden. Art. 5 Abs. 3 garantiert die Freiheit der Kunst und Wissenschaft, allerdings entbindet diese Freiheit nicht von der Treue zur Verfassung.

Strafrechtliche Bestimmungen

§ 184 Abs. 1 Strafgesetzbuch (StGB) stellt für Pornographie Vertriebsbeschränkungen auf, deren Ziel es ist, daß diese Medien Kindern und Jugendlichen nicht zugänglich gemacht werden, während Erwachsene sie jederzeit erwerben dürfen. Nach § 184 Abs. 3 gilt für harte Pornographie (pornographische Darstellungen mit Kindern, mit Tieren oder mit Gewalt) ein Totalverbot. Sie darf weder hergestellt, importiert noch verbreitet werden. Der Besitz ist allerdings nur bei Kinderpornographie strafbar. Nach § 131 StGB unterliegen grausame Darstellungen von Gewalt gegen Menschen ebenfalls einem Totalverbot, wenn sie Gewalt verherrlichen oder verharmlosen oder in der Art und Weise der Darstellung gegen die Menschenwürde verstoßen. Der Besitz solcher Medien ist nicht strafbar.

Das Gesetz über die Verbreitung jugendgefährdender Schriften

Schriften – damit sind auf Grund einer rechtlichen Bestimmung alle Medien gemeint – die geeignet sind, Kinder und Jugendliche sittlich zu gefährden, werden von der Bundesprüfstelle für jugendgefährdende Schriften (BPjS) auf den Index gesetzt. Die Indizierung ist mit zahlreichen Vertriebsbeschränkungen verknüpft, die eine Verbreitung an Kinder und Jugendliche verhindern sollen. Auf Grund des Verbotes der Vorzensur kann die BPjS nicht von sich aus tätig werden, sondern nur auf Antrag einer Obersten Landesjugendbehörde, des für Jugendfragen zuständigen Bundesministeriums oder eines Jugendamtes. Die BPjS entscheidet in einem pluralistisch besetzten Gremium, in dem auch Vertreter von Wirtschaftsverbänden beteiligt sind.

Das Gesetz zum Schutze der Jugend in der Öffentlichkeit (JÖSchG)

Nach § 6 JÖSchG darf Jugendlichen der Zugang zu öffentlichen Filmvorführungen nur gestattet werden, wenn die vorgeführten Filme von den Obersten Landesjugendbehörden eine Jugendfreigabe erhalten haben. Als Alterskategorien gelten: freigegeben ohne Altersbeschränkung, ab 6 Jahren, ab 12 Jahren, ab 16 Jahren und nicht freigegeben unter 18 Jahren. Filme, die geeignet sind, das geistige, körperliche oder seelische Wohl von Kindern oder Jugendlichen einer Alterskategorie zu beeinträchtigen, dürfen für diese nicht freigegeben werden.

Die nach dem Gesetz zuständigen Obersten Landesjugendbehörden beziehen sich aufgrund einer Ländervereinbarung der Prüfgutachten der Freiwilligen Selbstkontrolle der Filmwirtschaft (FSK). Die FSK wird von der Spitzenorganisation der Filmwirtschaft (SPIO) organisiert, die Prüfung richtet sich jedoch sowohl in den formalen Bestimmungen als auch in den Prüfkriterien nach Prüfgrundsätzen, die von der Grundsatzkommission der FSK beschlossen werden. In der Grundsatzkommission arbeiten Vertreter der Wirtschaft mit Vertretern gesellschaftlich relevanter Gruppen, Vertretern verschiedener Ministerien sowie den Obersten Landesjugendbehörden zusammen. Da die Obersten Landesjugendbehörden nach dem Gesetz für die Freigaben zuständig sind, besitzen sie in der Grundsatzkommission ein Vetorecht. Unabhängig vom Prüfergebnis der FSK-Ausschüsse können die Länder in ihrem jeweiligen Geltungsbereich eine abweichende Freigabe durchsetzen.

Filme werden zunächst vom Arbeitsausschuß (7 Personen) geprüft, vier Prüfer werden von der öffentlichen Hand und drei von der Filmwirtschaft entsandt. Den Vorsitz führt ein von den Ländern gestellter ständiger Vertreter. Durch seine Unterschrift wird das gutachterliche Votum des Ausschusses zum Verwaltungsakt und gilt damit als Prüfvotum der Länder. Gegen die Entscheidung des Arbeitsausschusses kann die antragstellende Firma oder eine im Arbeitsausschuß bestimmte Minderheit Berufung einlegen (Hauptausschuß). Dieser besteht dann aus neun Personen (fünf von der öffentlichen Hand, vier von der Filmwirtschaft). Sind die Länder mit dem Prüfergebnis nicht einverstanden, so können sie den Appellationsausschuß anrufen, der ausschließlich aus Prüfern besteht, die von den Obersten Landesjugendbehörden benannt worden sind.

Nach § 7 JÖSchG gilt eine analoge Bestimmung auch für bespielte Videokassetten oder vergleichbare Bildträger. Wurde ein Film vor der Veröffentlichung auf Video in Kinos vorgeführt und besitzt er eine Freigabe, so kann diese für die Videoauswertung übernommen werden.

Der Kinobesitzer hat darauf zu achten, daß zu einer Filmvorführung nur Personen zugelassen werden, die das entsprechende Freigabealter erreicht haben. Darüber hinaus muß er die Altersfreigabe deutlich sichtbar an der Kinokasse bekanntmachen.

Jugendschutz im Fernsehen

Für den Rundfunk liegt die Zuständigkeit bei den Ländern. Da jedoch die Zulassung eines Fernsehsenders in einem Bundesland in der Regel eine bundesweite Zulassung bedeutet, haben sich die Länder im Rundfunkstaatsvertrag auf einen allgemeinen gesetzlichen Rahmen geeinigt, der quasi als Mindestanforderung für die einzelnen Landesmediengesetze dient. Für die Lizenzierung und die Kontrolle wurden in den Bundesländern Landesmedienanstalten gegründet. Die Landesmedienanstalten sind auch für Fragen des Jugendschutzes zuständig.

In § 3 Abs. 1 Rundfunkstaatsvertrag wird zunächst definiert, welche Sendungen grundsätzlich unzulässig sind. Dazu gehören insbesondere gewaltverherrlichende Sendungen (§ 131 StGB), pornographische Sendungen (§ 184 StGB) oder sonstige offensichtlich schwer jugendgefährdende Sendungen. Nach Abs. 2 dürfen Sendungen, die geeignet sind, das körperliche, geistige oder seelische Wohl von Kindern oder Jugendlichen zu beeinträchtigen, nur ausgestrahlt werden, wenn der Sender durch die Sendezeit oder technische Maßnahmen Vorsorge dafür trifft, daß Kinder und Jugendliche der gefährdeten Altersgruppe diese Filme üblicherweise nicht wahrnehmen. Filme, die nach dem JÖSchG eine Freigabe ab 16 Jahren erhalten haben, dürfen nur in einer Zeit zwischen 22.00 Uhr abends und 6.00 Uhr morgens ausgestrahlt werden, Filme mit einer Freigabe „nicht unter 18 Jahren" nur zwischen 23.00 Uhr abends und 6.00 Uhr morgens. Bei der Ausstrahlung von Filmen mit einer Freigabe ab 12 Jahren muß der Sender bei der Wahl der Sendezeit das Wohl jüngerer Kinder berücksichtigen.

Nach Abs. 3 dürfen Filme, die in der Kino- oder Videofassung indiziert sind, nur ausgestrahlt werden, wenn die von ihnen ausgehende Jugendgefährdung unter Berücksichtigung aller Umstände nicht als schwer angesehen werden kann. Die Beurteilung obliegt dem Sender, der diese aber auf Anfrage den Landesmedienanstalten schriftlich zur Verfügung stellen muß. Nach Abs. 4 gelten für die Werbung mit Bewegtbildern für Filme, die nach Abs. 2 Sendezeitbeschränkungen unterliegen, die gleichen Sendezeitgrenzen wie für die beworbenen Filme. Nach Abs. 5 können die Landesmedienanstalten von den in Absatz 2 festgelegten Sendezeitbeschränkungen Ausnahmen zulassen, insbesondere dann, wenn die Prüfung nach dem JÖSchG mehr als 15 Jahre zurückliegt. Die öffentlich-rechtlichen Rundfunkanstalten können solche Ausnahmen selbst vornehmen. Nach Absatz 3a ist jeder Sender verpflichtet, einen fachkundigen Jugendschutzbeauftragten einzustellen. Er hat den Sender in allen Fragen des Jugendschutzes, insbesondere bei Fragen des Programmeinkaufes, der Programmherstellung, der Programmplanung und der Programmgestaltung angemessen zu beraten.

Die Freiwillige Selbstkontrolle Fernsehen

Aufgrund des Zensurverbotes in Art. 5 Abs. 1 GG können die Landesmedienanstalten – abgesehen von Filmen, die vorher im Kino oder auf Video erschienen sind – Sendungen nur nach der Ausstrahlung beanstanden. Fernsehpremieren von Kinofilmen, TV-Movies, Fernsehserien sowie andere Fernseheigenproduktionen müssen also von den Sendern selbst nach den Gesichtspunkten des Jugendschutzes begutachtet werden. Insbesondere aus diesem Grund haben die Sender im Jahre 1994 die Freiwillige Selbstkontrolle Fernsehen (FSF) gegründet. Die FSF ist ein gemeinnütziger Verein, dessen Aufgabe es nach ihrer Satzung ist, zum einen die Umsetzung des Jugendschutzes im Fernsehen zu verbessern, zum anderen den öffentlichen Diskurs zu Fragen des Jugendschutzes zu fördern. Der sechsköpfige Vorstand setzt sich aus Vertretern der Sender zusammen, er ist allerdings im wesentlichen nur für organisatorische Fragen und für die Organisation der Geschäftsstelle zuständig. Alle Fragen der Prüfung fallen in die Zuständigkeit eines 15köpfigen Kuratoriums, in dem neben fünf Sendervertretern zehn Personen aus dem Bereich Psychologie, Pädagogik, Kommunikationswissenschaft sowie dem praktischen Jugendschutz vertreten sind. Darüber hinaus ist die Vorsitzende der BPjS und der Ländervertreter bei der FSK Mitglied im Kuratorium.

Das Kuratorium der FSF hat die Prüfgrundsätze erarbeitet, in denen alle formalen und inhaltlichen Fragen der Prüfung geregelt werden. Ebenfalls ist das Kuratorium für die Benennung der Prüfer zuständig, die nach den Prüfgrundsätzen nicht bei einem Sender oder in dessen Umfeld beschäftigt sein dürfen. Die Prüfer müssen darüber hinaus über Qualifikationen im Bereich des Jugendmedienschutzes verfügen.

Die Sendungen werden zunächst von einem Ausschuß von drei Prüfern begutachtet, Voraussetzung für die Freigabe ist die Einstimmigkeit. Gegen die Entscheidung des Ausschusses kann ein Sender den Berufungsausschuß anrufen, der aus sieben Prüfern besteht. Im Berufungsausschuß gilt die einfache Mehrheit. In Fällen von grundsätzlicher Bedeutung kann der Sender eine Prüfung durch das Kuratorium beantragen (ohne Sendervertreter).

Der Jugendschutzbeauftragte eines Senders muß alle Programme vorlegen, die im Hinblick auf die gewählte Sendezeit jugendschutzrelevant sein könnten. Bei Filmen, die nach § 3 Abs. 2 Rundfunkstaatsvertrag Sendezeitbeschränkungen unterliegen, muß der Sender das Programm nur dann vorlegen, wenn eine Ausnahme von der festgelegten Sendezeit beantragt wird. Stimmt der Ausschuß dem Antrag des Senders zu, muß in diesem Fall eine Zustimmung der Landesmedienanstalten eingeholt werden.

Eine grundsätzliche Vorlagepflicht besteht für indizierte Filme. Sie werden in Ausschüssen geprüft, in denen mindestens ein von der Bundesprüfstelle für jugendgefährdende Schriften direkt benannter Prüfer beteiligt ist.

Um zu verhindern, daß ein Sender jugendschutzrelevante Programme in Fällen hoher wirtschaftlicher Bedeutung der FSF nicht vorlegt, können auch Vertreter des Kuratoriums bzw. die Landesmedienanstalten Prüfungen beantragen.

Kriterien

Ausschlaggebend für die Beurteilung nach Gesichtspunkten des Jugendschutzes ist die vermutete Wirkung auf eine Altersgruppe. Die Prüfkriterien basieren auf den Ergebnissen der wissenschaftlichen Medienwirkungsforschung, der Entwicklungspsychologie sowie den Kenntnissen und dem subjektiven Beurteilungsspielraum der Prüfer. Die Ergebnisse der Medienwirkungsforschung lassen sich am besten in der vor allem von Groebel und Selg vertretenen Risikohypothese zusammenfassen: Zwar gibt es für einen Zusammenhang zwischen Gewaltdarstellungen und realer Gewalt keine eindeutigen Beweise, es gibt aber eine Reihe von Hinweisen, die vor allem dann einen Zusammenhang nahelegen, wenn der Rezipient auf Grund individueller und sozialer Dispositionen Gewalt als Mittel der Konfliktlösung akzeptiert (doppelte Dosis). Allerdings hängt die vermutliche Wirkung von Gewaltdarstellungen sehr vom Kontext und der Gesamtaussage eines Filmes ab. Wird Gewalt aus der Perspektive eines sympathischen und zur Identifikation geeigneten Helden dargestellt, der mit dem Einsatz von Gewalt erfolgreich seine Interessen durchsetzt und zum Schluß des Filmes dafür nicht bestraft wird, so wird von einer aggressionssteigernden Wirkung ausgegangen; zeigt der Film Gewalt aus der Perspektive des sympathischen Opfers, so leidet der Zuschauer quasi an den Folgen der Gewalt mit und es wird eine aggessionsreduzierende Wirkung vermutet. Einigkeit herrscht in der Forschung auch darüber, daß die altersabhängige Verstehensfähigkeit und die in ihrer Stabilität altersabhängige Wertorientierung des Rezipienten bei der Wirkung eine große Rolle spielen.

3.2.2. KINDER UND JUGEND

3.2.2.1. DAS KINDERPROGRAMM DES ORF

Aktives Fernsehen für Kinder

Andreas Vana

Fernsehen ist aus dem heutigen Alltag nicht mehr wegzudenken. Auf unzähligen Kanälen bietet es rund um die Uhr Unterhaltendes und Wissenswertes, Filme und Serien, Nachrichten und Magazinsendungen aller Art. Gerade Kinder sind besonders begeisterte Fernseh-Konsumenten. Kein Wunder, daß immer mehr TV-Stationen große Programmflächen speziell dieser Zielgruppe widmen.

„Kinderfernsehen ist, wenn Kinder fernsehen"

Diese vielzitierte Behauptung spiegelt ein Dilemma wider, mit dem alle Kinderprogramm-Verantwortlichen tagtäglich konfrontiert sind. Denn einerseits weist es auf das tatsächliche Fernsehverhalten der Kids hin, und da zeigen die Analysen der Medienforscher ein Bild, das viele einfach nicht wahrnehmen wollen: Die Hauptfernsehzeit der Kinder liegt infolge des erhöhten Zeitaufwandes für Schule und Schulaufgaben bei den über Sechsjährigen zwischen 13.00 und 21.00 Uhr und bei den über Zehnjährigen sogar zwischen 18.00 und 22.00 Uhr. Andererseits ist es freilich ganz unrealistisch anzunehmen, daß in diesen Hauptsehzeiten der Kids vorwiegend Kinder-Fernsehen geboten wird. Vor allem Programme nach 20.15 Uhr sind als reine Erwachsenenprogramme konzipiert und werden auch so beworben. Ein typisches Beispiel dafür ist die Krimiserie „Kommissar Rex", in der neben tollkühnen Kunststücken des treuherzigen Schäferhundes auch dem Genre entsprechend Kriminalfälle gelöst werden.

Zielgruppenprogramm für Kinder

Ein Ausweg aus diesem Dilemma kann nur gelingen, wenn in Zeiträumen, die nicht zur Prime Time der Erwachsenen zählen, in denen Kinder aber schon sehr wohl sehbereit sind, ein besonders attraktives Programm speziell für die junge Zielgruppe angeboten wird. Dieses Programm muß auf die kindlichen Bedürfnisse in besonderem Maße eingehen und so attraktiv gestaltet werden, daß es als „ihr ganz persönliches Programm" auch tatsächlich angenommen wird. „Confetti TiVi", das Kinderprogramm des ORF, versteht sich in diesem Sinn als ein Spartensender für Kinder, der 42 Stunden pro Woche – auf der Frequenz von ORF 1 – ein speziell auf die österreichischen Kids zugeschnittenes „special interest"-Programm anbietet. Gestützt wird „Confetti TiVi" dabei von starken Identifikationsfiguren und einem eigenen optischen und akustischen Programmdesign, getragen wird es von einer klaren Programmphilosophie, die in alle Eigenproduktionen einfließt.

Die Programmphilosophie von „Confetti TiVi"

Die wichtigsten Eckpfeiler der Programmphilosophie von „Confetti TiVi" sind die direkte Ansprache der Kinder, ihre aktive Einbeziehung in die Programmgestaltung sowie die Förderung der österreichischen Kinderkultur. Mit einem Eigenproduktionsanteil von ca. 30 Prozent bietet „Confetti TiVi" den höchsten Wert aller deutschsprachigen Kinderprogrammanbieter. Ein Großteil dieser Sendungen verschreibt sich dabei dem Ziel, die Kinder zu sinnvoller Freizeitgestaltung (außerhalb des Fernsehens) zu motivieren. Dazu zählen Bücher- und Theatertips genauso wie Aktionen, bei denen die Kinder aktiv mitmachen können. Beispiele dafür sind die Umwelt-Aktionen „Zeit für Natur", Videowettbewerbe zum Thema Wasser oder Wald, die gemeinsam mit dem WWF durchgeführt werden, oder das Projekt „Toleranz ist ...", bei dem die Kinder aufgerufen wurden, alleine zu Hause oder gemeinsam mit den Klassenkameraden ihre ganz persönlichen Beispiele zu diesem gesellschaftlich besonders wichtigen Thema zu entwickeln. Insgesamt versuchen wir, unseren Kids ein Vollprogramm innerhalb von Confetti TiVi anzubieten. Das reicht von den „Confetti News", der Nachrichtensendung für Kinder, über die „Confetti Show", die KidCom „Mimi's", den Kinderkrimi „Die heiße Spur" bis zum Fernsehklassiker „Kasperl".

Die Kinder als Programmgestalter

Um ein möglichst wirklichkeitsgetreues Bild der österreichischen Kinder im Fernsehen zu zeigen, werden immer mehr die Kinder selbst in die Programmgestaltung miteinbezogen. Die Sendung „Kids 4 Kids" behandelt umfassend jeweils ein Thema aus der Kinderwelt und wird durchgehend von Kindern gestaltet und präsentiert. Auch in der täglichen Kinder-Kultur- und Freizeitsendung „Artefix" und in der wöchentlichen Nachrichtensendung „Confetti News" prägen die Kinder zunehmend das Geschehen am Fernsehschirm.

Neben den inhaltlich anspruchsvollen Sendungen sorgen eine Reihe an Spielesendungen für Spannung und Spaß. Unterhaltung darf auch bei Kindern nicht zu kurz kommen. Gerade sie nutzen das Fernsehen in erster Linie als Unterhaltungsmedium. Und Kinder haben schließlich das gleiche Recht auf gute Unterhaltung wie Erwachsene. Diesem Bedürfnis wird vor allem auch durch die Zeichentrickserien Rechnung getragen, bei deren Auswahl der ORF besonders strenge Maßstäbe ansetzt – vor allem im Hinblick auf Gewaltanteile.

Hier gilt es vor allem, zwischen realer und fiktiver Gewalt zu unterscheiden und die in den Serien gezeigten Folgen gewalthältiger Handlungen zu beurteilen. Auf jeden Fall muß vermieden werden, Gewalt als eine legale Möglichkeit der Konfliktlösung zu propagieren. Andererseits stellt Gewalt eines der prägendsten Erlebnisse im Leben jedes Menschen dar – auch der Kinder. Dieses Thema darf daher in einem Programm, das die authentische Lebenswelt der Kids darstellen und von der Zielgruppe ernstgenommen werden will, nicht gänzlich ausgespart werden. Entscheidendes Kriterium für die Gestaltung von Beiträgen oder den Ankauf von Produktionen ist der Kontext, in dem Gewalt vorkommt. Auch Confetti und sein Klan, Rolf Rüdiger und selbst der Kasperl spielen nicht immer eine Heile-Welt-Idylle vor, sondern leben durchaus auch Konfliktsituationen aus, wie sie wohl in jedem Kinderzimmer in Österreich täglich vorkommen. Daß dabei auch manchmal eine etwas rüde Ausdrucksweise vorherrschen kann, entspricht wohl ebenso der Realität im Kinderalltag. Doch wenn Confetti und Rolf Rüdiger manchmal einander nichts schuldig bleiben, so sind sie doch immer füreinander da und bleiben die besten Freunde. Dahinter steckt die Botschaft, Konfliktaustragungen nicht zu scheuen, couragiert aufzutreten, trotzdem aber immer das Gemeinsame vor das Trennende zu stellen.

Der Confetti Club

Zur Begleitung und Unterstützung der aktiven Programmphilosophie von „Confetti TiVi" auch abseits des Fernsehens wurde ein eigener Verein gegründet – der Confetti Club. Er hat sich zum Ziel gesetzt, die Freizeitkultur für Kinder und Familien in Österreich zu fördern. Seine ca. 11.000 Mitglieder erhalten in zahlreichen Kultur- und Freizeiteinrichtungen in Österreich spezielle Vorteile. Derzeit bieten weit mehr als 300 Adressen in Österreich solche „Confetti Club Zuckerl" an. Außerdem gibt der Confetti Club sechsmal jährlich ein eigenes Magazin für seine Leser (und Vorleser) heraus – die „Confetti News" – und führt eigene Veranstaltungen in ganz Österreich durch: von regelmäßigen Kinopremieren bis zur großen Sommerferien-Aktion „Confetti auf Tour", bei der im vergangenen Jahr mehr als 60.000 Besucher gezählt werden konnten. Die vielfältigen Aktivitäten des Confetti Clubs rund um das Fernsehen tragen zur Bindung der Seher an das ORF-Kinderprogramm ganz wesentlich bei und bilden damit eine Säule für den großen Publikumserfolg von Confetti TiVi.

Besonders erfreulich ist die Tatsache, daß gerade eine verantwortungsvolle Programmgestaltung im Sinne der Kinder und die Investition in ein inhaltlich anspruchsvolleres Kinderfernsehen von den Sehern mit hohen Einschaltziffern belohnt wird. „Confetti TiVi" liegt in den Marktanteilen in allen drei Zeitzonen mit Abstand vor den Konkurrenzsendern. Im Oktober 1998 konnte in der Zeit von Montag bis Freitag, 6.00 bis 9.00 Uhr, ein KaSat-Marktanteil von 54% (Super RTL: 18%, PRO7: 9%) verzeichnet werden, in der Zeit von Montag bis Freitag, 12.00 bis 15.00 Uhr, ein KaSat-Marktanteil von 42% (RTL2: 19%, Super RTL: 18%) und am Wochenende zwischen 6.00 und 12.00 Uhr ein KaSat-Marktanteil von 37% (PRO7: 15%, RTL: 12%).

Confetti, der Held des ORF-Kinderprogramms

3.2.2.2. UMGANG VON KINDERN MIT GEWALT

Gewalt in den Medien – Gewalt in der Familie

Max Friedrich

Dem Thema muß man sich unumgänglich auch aus einer ganzheitlichen Betrachtungsweise des Menschen und seiner familiären Bezugssysteme annähern. Gewalt, aktiv gelebt, wie auch passiv erduldet und erlitten, ist unter somatischen, intellektuellen, emotionalen und sozialen Gesichtspunkten zu sehen.

Von der rohen körperlichen Gewalt versucht man sich zu distanzieren. Erlebte körperliche Gewalt in der Familie führt zu Flucht oder Angriff, wohingegen medial vermittelte körperliche Gewalt neben der Abwehrreaktion auch voyeuristische Identifikation mit dem Aggressor hervorrufen kann.

Subtiler ist schon die intellektuelle Gewalt, die in der Familie unter dem Erziehungsaspekt „um es im Leben besser zu haben, muß man es im Lernen zu etwas bringen", zu Machtmißbrauch des Erziehenden führt. Chronische und permanente Überforderung führt nicht nur zu intellektueller Abstumpfung, sie verroht auch das Gemüt und führt zu körperlicher Reaktion gegen sich selbst in Form von Selbstbeschädigung oder psychosomatischer Erkrankung oder zur Aggression sarkastischer bis zynischer Art in Form intellektueller Sublimierung.

In den Medien wird intellektuelle Gewalt kaum wahrnehmbar, und wenn, nur in Form vermeintlichen Humors, in Form nicht analysierter und erfaßbarer Ironie des Comicstrips vermittelt, vor allem dann, wenn im Trickfilm Leben und Zustand nach Unfall und Vernichtung recyclebar ist.

Emotionale Gewalt findet nicht nur in der Familie durch Haß und Verachtung statt, sondern vor allem durch Isolation und Abwendung vom Kind und in der emotionalen Schuldzuschreibung, das Kind sei am Trennungskonflikt schuld, und formt die emotionale Kälte der Ignoranzmodalität in der Beziehungsstruktur aus. Gezielt wird in Medien auf der Klaviatur der Emotionalität gespielt, indem die Palette von Angst, Euphorie, Depression und emotionaler Gereiztheit zur Identifikation bzw. zur Abwehr des Guten oder Bösen eingesetzt wird.

Soziale Gewalt findet in der Familie in Form des Bloßstellens, des Niedermachens, des Wertminderns bis hin zu Mißbrauch vorher genannter drei Dimensionen in Extremform statt. Medial wird soziale Gewalt zur eigenen Versicherung herangezogen. Nach dem Motto „Cosi fan tutte" – „So machen's alle" – erlebt ein Millionenpublikum ein und dieselbe herabwürdigende soziale Szene so werbewirksam, daß weiter diskutiert wird. Rasch hat sie den Siegeszug angetreten, um imitiert und somit letztlich auch akzeptiert zu werden.

1. Summationshypothese

Formuliert man als erste Hypothese, daß die Summe aller Aggressionen immer gleich bleibt, die Ausformung der Aggression jedoch einen Bogen spannt, der von der Gewalt zur Brutalität führt, so sind die Kinder dieses Jahrhunderts den dem Menschen innewohnenden Aggressionen ausgesetzt gewesen. Sie haben auch allerorten weltweit Gewalt erleben oder wahrnehmen müssen, die mehr und mehr in der zynischsten aller Formen, in Bestialität, ihren Ausdruck fand. Es stellt sich die Frage, ob der Mensch, seit er die plastische, bildliche detailgenaue und getreue Darstellung der Brutalität in medialer Aufbereitung kennt, einen vermehrten Drang verspürt, Greuel des finstersten Mittelalters, der Inquisition und ihrer Ausformung nicht nur kolportiert, sondern in Horror- und Gruselform, nach einer Art biblia pauperum, vorgeführt zu bekommen.Brutalität ist maximale Summation von Destruktivität gegen das Leben. Medien dürfen sich niemals schuldig machen, die Brutalitätsspirale in Schwung zu halten.

2. Spiegelhypothese

Es stellt sich grundsätzlich die Frage, ob Gewalt, medial aufbereitet, ihren Widerhall in der Familie findet oder ob letztlich die in der Familie stattfindende Gewalt in Form von Gewaltdarstellungen die Realität offeriert. Groebel und Hinde sehen die Attraktivität von Gewalt in Film und Fernsehen in mehreren Faktoren begründet. Zum einen führen sie ein gewisses Maß an Angstlust als Erklärung von Gewaltfaszination im Fernsehen an, andererseits existiert ein Beruhigungsfaktor durch das Distanzieren, sich nicht direkt am Ort des Geschehens zu befinden. Gleichsam voyeurhaft kann in geborgener Atmosphäre eine Gewalttat verfolgt werden. Auch den üblichen Klischees wird Rechnung getragen, daß nämlich „männlich" für Aggression und „weiblich" für Angst steht. Dies ist ein Phänomen, das ja auch den Erfahrungen entspricht, die sich seit dem Wegweiserecht von Gewalttätern seit 1997 bestätigt hat. Folgt man dieser Spiegelhypothese, so ergibt sich eine daraus resultierende, sich immer schneller drehende Spirale von gegenseitiger Verstärkung hin zur Brutalität, die schließlich ja auch einen ökonomischen Widerhall finden muß. Nach dem Prinzip von Angebot und Nachfrage bedarf es schließlich des Konsumenten, der die Gewaltdarstellung szenisch fordert, und dieses Bedürfnis wird befriedigt.

3. Aggressionshypothesen

Erweitert man die Aggressionshypothesen triebtheoretischer, frustrationstheoretischer und lerntheoretischer Art um praktische, familienspezifische Bereiche, so läßt sich folgende Aggressionskaskade darstellen:

Der Jugendliche, der in seiner Familie unter Druck gerät und sich gegen den autoritären Vater bzw. Mutter nicht zur Wehr setzen kann, wird versuchen, sich gegen seine Lehrer bzw. seinen Lehrherrn zur Wehr zu setzen. Sollten auch diese hinreichend Widerstand setzen, wird sich die Aggressionsbereitschaft gegen die Geschwister fortsetzen. Werden im Laufe der Zeit auch diese stärker und lassen sich nicht mehr alles gefallen, wird Hund oder Katze gequält, beißen und kratzen dieselben, mögen abgeschlagene Blumenköpfe zur Beruhigung dienen. Haben aber selbst Blumen Dornen, die verletzen, sucht sich der Jugendliche als Objekt seiner Aggression eine Telefonzelle oder Parkbank aus, um diese zu demolieren. Die aufgezeigte Verlaufskurve führt von der Aggression zum Vandalismus.

Ein wesentlicher Faktor in der Diskussion von Gewalt in den Medien und jener in der Familie kommt sicher der Nachahmung der sozialen Umwelt zu. Ordnet man dem Imitationslernen einen hohen Erziehungsfaktor zu, so wird sowohl die mediale Gewaltdarstellung im Fernsehen als auch der Umgang mit Gewalt innerhalb der eigenen vier Wände zur Selbstdarstellung anregen. Der Anleitung des Stärkeren zur Gewalt und somit die Verführung, sich zu präsentieren, hat einen hohen Reiz auf den Jugendlichen und führt ebenfalls zur starken Identifikation in der Ranghierarchie. Die Weitergabe von Selbsterlittenem innerhalb der Familie führt letztlich zu kritikloser, aggressiver Selbstdarstellung und ist Schutz gegenüber feindlicher Umwelt. Der Jugendliche sucht in der Gewaltdarstellung medialer Aufbereitung gleichsam ein Synonym zu seiner Realwelt.

Das Gruppendynamikphänomen, daß Mitmachen Pflicht heißt, wird durch entsprechende Gruppen- und Bandendarstellungen gefördert, schließlich gilt die Devise „Verbunden werden auch die Schwachen mächtig".

Wenn in der Familie Lebenshilfe versagt wird, sucht der junge Mensch, da er ja auf sich allein gestellt ist, Selbstschutz. Findet er diesen nicht in ausreichendem Maße, sucht er in der medialen Aufbereitung Vorbilder, Leitbilder, Ideale und Ideologien. In diesem Suchprozeß nach Identifikation ist er höchst verführbar für jedwede Extremismen.

4. Entwicklungspsychologische Hypothesen

Gewalt in medialer Darstellung ist auch unter dem entwicklungspsychologischen Aspekt des Kindes und seiner Familienbezüge zu sehen. Das Kleinkind in der Phase des magisch-animistischen, prälogischen Denkens (Piaget) nimmt visualisierte Gewalt anders wahr, als im logisch-konkreten Alter der Schulzeit. Finden Grausamkeiten im Märchen letztlich in der Phantasie statt und kommen zu einem guten Ende, wird die dargestellte Brutalität neben der Angstlust und ihrer Bewältigung Bilder des Horrors einprägen.

In der logisch-konkreten Phase werden filmische Details gespeichert, die in der dargestellten Form in der Realität gar nicht möglich sind. Die Distanzierung zu Ironie und Sarkasmus gelingt dem Kind im Einzelkonsum nicht, es bedürfte des familiären Umfeldes. Distanzierung von Gewalt gelingt im kindlichen und pubertären Lebensalter nicht, sie wird vielmehr aufgenommen, gespeichert und probeweise auch in die Tat umgesetzt.

Gewaltverständnis als Folge von Gewalterfahrung

Bernd Schorb

Die Frage nach dem kindlichen Umgang mit medialen Gewaltangeboten und nach den Auswirkungen dieses Umgangs wird heute von den humanwissenschaftlichen Disziplinen, die empirische Forschung betreiben, die nach den Wahrnehmungs- und Orientierungsprozessen der RezipientInnen fragen, in den Grundzügen gleich beantwortet. Zum einen sind sie sich darin einig, daß mediale Programmangebote sehr wohl Auswirkungen auf Kinder und Jugendliche haben, daß diese Wirkungen jedoch in der Regel eine verstärkende und nur ausnahmsweise eine auslösende Funktion haben. Zum anderen besteht Übereinstimmung darin, daß mögliche Auswirkungen medialer Inhalte sich nur im Kontext anderer Einflußgrößen wie Familie, Freunde, Milieu etc. entfalten. Einer direkten medialen Wirkung wird heute von keinem ernstzunehmenden Sozialwissenschaftler mehr das Wort geredet. Vor diesem Hintergrund möchte ich im folgenden aus den Ergebnissen mehrerer Forschungsprojekte, die Helga Theunert und ich in den vergangenen Jahren am Münchner Institut Jugend Film Fernsehen durchgeführt haben, zum kindlichen Umgang mit Gewaltdarstellungen referieren.[1]

Die Grundannahme der Projekte lautet: Kinder rezipieren Medien aktiv in dem Sinne, daß sie Programme nach inhaltlichen Kriterien auswählen und die medialen Botschaften im Kontext ihrer Handlungsmöglichkeiten nutzen. Kinder sind in diesem Sinne keine „bewußtlosen" Konsumenten von Fernsehprogrammen, sondern sie greifen im Kontext ihrer Interessen, die bestimmt werden von ihrem Alter, ihrem Geschlecht und ihren Lebensumständen, auf bestimmte Programmangebote und – vor allem – innerhalb dieser Angebote auf bestimmte Inhalte zu. Im Prozeß der Sozialisation ist das Fernsehen eines der Lehrangebote, aus dem sich die Kinder ihr Wissen und ihre Orientierungen holen und in dem sie gezielt nach Hinweisen und Anregungen für ein erfolgreiches Hineinwachsen in die Welt suchen. Diese Grundannahmen bestimmen die Fragestellung, die an mediale Gewaltdarstellungen zu richten ist: Wie nehmen Kinder diese wahr, unter welchen Voraussetzungen wenden sie sich ihnen zu oder ab, und wie be- und verarbeiten sie die rezipierten gewalthaltigen Inhalte?

Befragt man Kinder, so definieren sie Gewalt unter drei Hauptgesichtspunkten. Ein erster Gesichtspunkt ist gerichtet auf die Handlung und deren Intensität. Ein Elfjähriger faßt dies in seiner Gewaltdefinition so zusammen: „Wenn man einem den Arm bricht und einem die Kehle durchschneidet und so. Platzwunden ist keine Gewalt, wird einmal genäht und dann ist es fertig." Gewalt steht hier in keinem Kontext, sondern wird allein als Aktion wahrgenommen und von seiner Ausprägung bzw. den Ergebnissen her qualifiziert. Eine zweite Sichtweise geht bei der Definition aus von den Ergebnissen von Gewalthandlungen und hat dabei die beteiligten Personen, in der Regel die Unterlegenen, im Blick. So lautet die Aussage einer Zehnjährigen, Gewalt sei, „wenn ein anderer, ein Stärkerer, den Schwächeren niederhaut". Der dritte Gesichtspunkt ist die Intention, die hinter dem Gewalthandeln steht. Einige Kinder, vor allem die älteren aus einem hohen intellektuellen Anregungsmilieu, sind sogar in der Lage, Intentionen nicht mehr der realen Gewaltsituation zuzuordnen, sondern zu abstrahieren und theoretische Zusammenhänge zu sehen. Fast wissenschaftlichen Ansprüchen genügt in dieser Hinsicht die Bestimmung eines Dreizehnjährigen: „Alles, was getan wird, um eine Macht-Herrschaft zu erkämpfen. Jeder versucht, irgendwas zu haben, und wenn es nicht gleich so geht, dann muß es mit Kampf und meistens eben gleich durch Töten gehen. Das ist für mich Gewalt."

Das beschriebene Gewaltverständnis steht in engem Zusammenhang mit der individuellen Geschichte als erlebter Sozialisation. Nicht nur das Gewaltverständnis, sondern auch die Bewertung von Gewalthandlungen sind in starkem Maße abhängig von den Gewalterfahrungen, die die Kinder in ihrer unmittelbaren Umgebung gemacht haben, und von der – damit eng verknüpften – Gewaltbereitschaft, die sie selbst zeigen. Wird im Lebensalltag und besonders in der Familie physische Gewalt als Regulator für Konflikte eingesetzt, so bestimmt dies auch das eigene Gewalthandeln der Kinder und im weiteren ihre Beurteilung von Gewaltdarstellungen.

Das Gewaltverständnis unterscheidet die Geschlechter

Jungen erlernen im Prozeß des Heranwachsens zu kämpfen und sich durchzusetzen, legitimiert in der Regel als Sich-zur-Wehr-Setzen oder als Körperertüchtigung. Daher geraten Jungen auch primär physische und in der Regel zusätzlich drastische Formen körperlicher Gewalt in den Blick. Je selbstverständlicher Jungen im Rahmen ihrer Lebenserfahrungen die Anwendung körperlicher Gewalt als legitimes oder übliches Mittel der Auseinandersetzung erfahren haben, desto eher wenden sie selbst Gewalt an und legitimieren Gewaltanwendung als notwendig und gerechtfertigt. Das auf offensichtliche Formen physischer Gewalt gerichtete Verständnis der Jungen ist also beeinflußt von ihrer täglichen Praxis, zu welcher zumindest spielerisches Gewalthandeln gehört. Es wird weiter bestimmt von realen Vorbildern, von den realen Männern ihrer Umgebung und von ihren Idealvorstellungen davon, was und wie ein Mann sein müsse. Im Bereich der Idealvorstellungen verweben sich mediale und reale Vorbilder. In der realen Umgebung wird der Mann als Kämpfer und Sieger postuliert, ohne daß die Realität in der Regel erlaubt, dieses Postulat auch zu erfüllen. In den Medien, insbesondere in den von Jungen konsumierten Serien des Fernsehens, wird der kämpfende Sieger präsentiert.

Mädchen sehen zwar auch primär physische Gewalt, aber sie nehmen die Gewaltformen weit differenzierter wahr als die Jungen. Sie definieren als Gewalt bereits solche Formen körperlicher Auseinandersetzung, bei der sich die Gegner keinen schwerwiegenden Schaden zufügen, in den Worten einer Neunjährigen: „Wenn man einem Prügel gibt, wenn einer den anderen beißt, boxen." Mädchen setzen sich auch mit der Gewalt in ihrer unmittelbaren Umgebung auseinander, nehmen daran jedoch keinen aktiven Anteil. Infolgedessen differenzieren sie auch nicht zwischen selbst angewandten Gewaltformen und drastischeren, sondern lehnen Gewalt ab, eingeschlossen psychische Gewalt. Die weibliche Sozialisation ist orientiert auf verantwortliches und fürsorgliches Verhalten, was die Anwendung von Gewalt weitgehend ausschließt. So haben sie auch einen anderen Zugang zu den durchgängig männlichen Protagonisten der Serien, die sie ebenso wie die Jungen konsumieren. Nicht die Kampfeskraft beeindruckt sie hier, sondern erstens das Aussehen der Helden und zweitens Spuren sozialen Verhaltens wie die Hilfe für Schwächere, ein durchgängiger Legitimationsstrang der von Kindern konsumierten Serien. Mädchen orientieren sich also eher am ‚sozialen Typus', der sowohl weiblich als auch männlich sein kann.

Die beiden Gewaltperspektiven der Kinder

Betrachtet man den Blickwinkel, unter dem Kinder Gewalt registrieren, genauer, so zeigen sich neben den Alters- deutliche Geschlechtsunterschiede. Dies gilt insbesondere für die Wahrnehmung der Gewaltformen und der Beteiligten von Gewalthandlungen.

In das Blickfeld der Kinder geraten, wie beschrieben, in erster Linie physische Gewaltformen. Ihr Hauptaugenmerk richtet sich auf die Bedrohung und Verletzung der physischen Unversehrtheit von Menschen. Psychische Gewalt nehmen die wenigsten Jungen und eine knappe Mehrheit der Mädchen wahr.

Die registrierten Formen der offensichtlichen physischen Gewalt sind vielfältig. Sie beginnen bei den gebräuchlichen Arten der körperlichen Auseinandersetzung, wie sie eine Zehnjährige beschreibt: „Wenn sich manche prügeln oder wenn einer was falsch macht, daß der andere dann Gewalt anwendet, so mit Treten, Hauen, Zuschlagen", und gehen bis hin zu den Extremen, die im fiktionalen Bereich der „Actionfilme" und der Berichterstattung über reale Kriegsgreuel vorgeführt werden, die ein Siebenjähriger so zusammenfaßt: „Schlagen, mit einer Granate einen Fuß wegschießen, mit einer Panzerfaust ein Haus zerstören, wenn man jemand erschießt, wenn man jemand zwingt (zu springen) oder jemand in eine Schlucht runterwirft." Das Alter der Kinder, ihre Ichbezogenheit und vor allem das noch nicht ausgebildete Vermögen zur Abstrahierung machen es verständlich, daß physische Gewalt die Wahrnehmung dominiert.

Einige Kinder sind auch in der Lage, Phänomene psychischer Gewalt zu beschreiben. Dies gilt vor allem für die Mädchen, die ihre soziale Umgebung mit größerer Sensibilität registrieren und darüber hinaus auch selbst eher zu Opfern subtiler

„Tom und Jerry": Gewalt hinterläßt keine Spuren

psychischer Gewaltanwendung werden. Eine Zehnjährige, die auf eigene schmerzhafte Erfahrungen rekurriert, definiert als Gewalt: „Wenn man mir etwas kaputt macht, was ich seit vielen Jahren habe." Solche Aussagen über psychische Gewaltformen oder gar solche, die strukturelle Gewalt ansprechen, wie die oben zitierte eines Dreizehnjährigen, der Machtstreben und Gewalthandeln in Verbindung bringt, sind nur selten und nur bei älteren Kindern zu finden. Entsprechend werden diese Gewaltformen bei der Fernsehrezeption auch nicht bewußt wahrgenommen.

Neben den Gewaltformen nehmen die Kinder höchst sensibel die Beteiligten am Gewalthandeln und hier besonders die Opfer wahr. Die Opferperspektive manifestiert sich darin, daß die meisten Kinder in ihren Beschreibungen von Gewalt die Folgen angeben, die Gewalthandlungen für den Menschen haben, also auf Wunden, die Schwere der Verletzung oder ähnliches hinweisen. Viele Kinder, besonders die Mädchen, richten ihren Blick auch auf die Person, den Geschädigten selbst. Je näher der Bezug der Opfer zu ihrer eigenen, der kindlichen Lebenswelt ist, desto deutlicher und empathischer werden die Opfer wahrgenommen. So beschreibt eine Zwölfjährige die mediale Kriegsberichterstattung: „Es werden Kinder vergewaltigt, es werden Frauen und Mädchen mitgenommen."

Mädchen haben durchgängig die Opfer von Gewalthandlungen im Blick. Sehen sie im Fernsehen in fiktionalen wie realen Programmangeboten die Opfer von Gewalt im Bild, so empfinden sie Mitleid für diese. Die Deutlichkeit der Opferperspektive ist abhängig von ihrem häuslichen Hintergrund, ihrem Alter und ihrer intellektuellen Entwicklung. Jüngere Mädchen und auch ältere aus einem niedrigen intellektuellen Anregungsmilieu benennen konkrete, schwache, hilflose und körperlich unterlegene Wesen, Menschen und Tiere. Ältere Mädchen aus einem höheren Anregungsmilieu sind, unbeschadet ihrer Fähigkeit, ihre Aufmerksamkeit den konkreten Opfern von Gewalt zuzuwenden, in der Lage zu generalisieren und Gruppen zu benennen, die unter Gewalt leiden müssen. Wenn Mädchen neben den Opfern auch die Täter von Gewalthandlungen registrieren, dann sind dies durchweg männliche Wesen.

Bei ihrer Sicht auf Gewalthandlungen haben Jungen beide Seiten, Opfer und Täter im Blick. Ihre Perspektive jedoch geht in vielen Fällen vom Täter aus. Das Handeln wird aus der Sicht des Täters geschildert. Ein Achtjähriger schildert diese Perspektive so: „Wenn sie auf Menschen schießen, sind die Menschen tot." Allerdings ist ihr Verhältnis zu den Tätern differenziert. Wenn die Folgen gewalttätigen Handelns für die Opfer nicht existentiell und das Tun der Täter legitimiert sind, dann wird Gewalt gerechtfertigt oder nicht als solche gesehen. Täter zu sein ist für die Jungen nicht unbedingt negativ behaftet. Schließlich wird in den Fernsehserien deren Gewalthandeln als notwendig gerechtfertigt, und in der Regel werden auch keine existentiellen Folgen des Gewalthandelns sichtbar. Täter sind nicht selten Sympathieträger und Identifikationsfiguren wie das Filmpaar, das es einem Elfjährigen angetan hat: „Wenn die da immer kämpfen und so bei Bud Spencer und Terence Hill, da kämpfen sie auch immer so sehr, die mag ich eigentlich ganz gerne, weil die immer kämpfen, die beiden."

Die positive Perspektive auf Täter in fiktiven Kontexten verschiebt sich bei der Beurteilung von Gewalttaten, die in den Informationsangeboten des Fernsehens präsentiert werden. Hier ist der Täter meist anonym und wird negativ geschildert. Zwar beobachten Jungen auch solche realen Handlungen aus der Täterperspektive, der Täter jedoch ist ihnen unsympathisch.

Was bestimmt die Akzeptanz von Gewalt?

Annahme oder Ablehnung von dargestellter Gewalt ist bei Kindern vor allem von zwei Faktoren abhängig, erstens von Machart und Inhalt des Medienangebots und zweitens von ihrem persönlichen Erfahrungshintergrund.

Die Akzeptanz von Gewalt wird im Medium Fernsehen gestützt durch die Inhalte gewalthaltiger Geschichten und durch die Dramaturgie, in die diese Inhalte eingebettet sind. Ein wichtiges dramaturgisches Mittel ist die Stilisierung von Gewalt zu „sauberer", d.h. folgenloser Gewalt. Dieses Mittel finden wir durchgehend in den bei Kindern beliebten Zeichentrick- und Actionserien und den entsprechenden Filmen. Allen Gewaltdarstellungen ist gemein, daß sie ohne Blutvergießen geschehen und man auch keinerlei Leiden der Opfer sieht. Da werden Kämpfe in Szene gesetzt, in denen die Kugeln fliegen, Schwerter geschwungen werden, Fahrzeuge in Flammen aufgehen und ähnliches mehr. Das gesamte Szenario wird eingetaucht in infernalische Geräusche, aufpeitschende Musik, grelle Farben, Blitze und kurze Schnitte mit stets wechselnden Szenenfolgen. Die Gewalthandlungen hinterlassen aber an den Protagonisten der Serien und Filme keinerlei Spuren. Den Kindern fehlt bei diesen Darstellungen der entscheidende Bezugspunkt, die Gewaltopfer. So können sie die Inhalte goutieren, ohne sich mit Folgen auseinandersetzen zu müssen. Ein wichtiges inhaltliches Mittel, Gewalt zu legitimieren, sind die Erzählmuster, die weitgehend konfektioniert sind. In den meisten Geschichten ist die fiktive Welt in zwei Lager eingeteilt. Auf der einen Seite gibt es Böse, die sich immer wieder neue Tricks und Gemeinheiten einfallen lassen, um die absolute Macht zu erlangen. Auf der anderen Seite stehen gute Helden. Aufgabe der Helden ist es, die Menschheit vor dem Schlimmsten zu bewahren. Weil die Bösen ständig angreifen, bleibt ihnen nichts anderes übrig, als sich zu wehren. So sind ihre Gewalthandlungen legitimiert, denn sie dienen dem guten Zweck und geschehen in edler Absicht. Die Verteidiger dürfen sich dabei aller Gewaltmittel bedienen, der physischen bis hin zur Vernichtung, aber auch des Repertoires psychischer und struktureller Gewaltformen von Beleidigung, Drohung, Unterdrückung bis hin zur Propaganda eines Feindbildes, das die Bösen als „niedere" Wesen beschreibt, voll von Gemeinheiten, vom Betrug über die Hinterlist bis zum Verrat. Gegen solche Existenzen ist Gewalt nötig und erlaubt. Diese klare Dichotomie von Gut und Böse, die sich im Handeln und Äußeren der Kontrahenten zeigt, die überzeugend ausgewiesene Notwendigkeit, sich zu verteidigen und andere zu retten und schließlich die Tatsache, daß der Held und mit ihm das Gute Sieger bleiben, ermöglichen den Kindern, die dargestellten Gewalthandlungen als legitime und notwendige zu akzeptieren. In den Worten eines Elfjährigen: „Der kämpft ja für's Gute und der braucht seine Waffen, wenn er angegriffen wird, weil er könnte sich ja nicht hinstellen und sich abknallen lassen."

Das Modell fiktionaler Angebote, durch die Darstellung „sauberer Gewalt" dieselbe zu verdecken, ist bei Mädchen wie bei Jungen erfolgreich, allein schon weil es eine gern akzeptierte psychische Entlastung darstellt. Gewalt kann konsumiert werden, ohne das Vergnügen durch die Darstellung der negativen Folgen zu konterkarieren. Auch das Gut-Böse-Schema wird von beiden Geschlechtern als Legitimationskrücke akzeptiert, erlaubt es doch, sich über den Sieg des Guten zu freuen und gibt somit den überbordenden Kampfhandlungen dieser Serien einen akzeptablen Sinn. Die Identifikation mit dem gerechten, kämpfenden und heldenhaften Sieger jedoch findet sich eher bei den Jungen. Zwar belegt auch ein Teil der Mädchen im Grundschulalter, im Gegensatz zu älteren Mädchen, die die simplen Helden ablehnen, die Seriensieger positiv, aber sie identifizieren sich nicht, wie die Jungen, mit ihrer Kampfeskraft und -fertigkeit, sondern mit ihrem Aussehen und ihrem Sozialverhalten, als edle Wesen für andere da zu sein.

Neben geschlechtlichen Unterschieden zeigt sich hier auch deutlich der Einfluß des Anregungsmilieus in dem die Kinder leben – bei Jungen besonders ausgeprägt. Da die männliche Sozialisation mit Ingredienzien von Gewalt gefüllt ist, wie Starksein, Durchsetzungsvermögen, Wehrfähigkeit u.ä. findet sich bei Jungen auch eher Nähe zu Gewalthandlungen, sei es auf der Ebene der eigenen Erfahrungen, sei es im eigenen Handeln. Bei Mädchen führen eigene Gewalterfahrungen nicht zur Akzeptanz von Gewalt. Da diese Erfahrungen primär als Opfer gemacht werden, haben sie entweder eine verstärkte Ablehnung zur Folge, oder die Mädchen lehnen Gewalt zwar ab, konstatieren und akzeptieren aber resignativ deren Vorhandensein. Jungen, die in ihrer unmittelbaren Umgebung selbst Gewalt erfahren und/oder ausüben, akzeptieren diese Formen von Gewalt auch im Fernsehen, ja mehr noch, sie nutzen das Medium als Verstärker und als Möglichkeit, ihr eigenes Handeln zu legitimieren. Am besten können sie sich dabei in die Helden einfühlen, die über ein hohes Maß körperlicher Fertigkeiten verfügen und ihre Gegner durch die brillante Beherrschung von Kampfsportarten außer Gefecht setzen. Ein Elfjähriger, der in einem sozialen Brennpunkt wohnt und selbst Kampfsport betreibt, bringt dies auf den knappen Nenner: „Wenn die boxen, dann ja, hau ihn, hau ihn."

Der geschilderte Zusammenhang findet sich aber auch bei Jungen nur im Umgang mit fiktionalen Gewaltdarstellungen. Dort, wo Gewalt als Information über die reale Welt gezeigt wird, reagieren auch Jungen ablehnend, die im fiktionalen Bereich bereit sind, Gewalt zu akzeptieren – hier werden ja meist auch die Folgen der Gewalthandlungen gezeigt.

Die Gewaltschwelle der Kinder ist unterschiedlich hoch

Den Grad, bis zu welchem Kinder bereit und in der Lage sind, Gewalt zu akzeptieren und zu ertragen, bezeichnet die „Gewaltschwelle". Wird die Gewaltschwelle durch Inhalt und Darbietung von Gewaltgeschehen überschritten, so löst dies bei den Kindern Abwehrmechanismen aus. Was unterhalb ihrer Gewaltschwelle liegt, das akzeptieren sie, oder ignorieren es, weil sie sich davon nicht tangiert fühlen. Die Gewaltschwelle ist nicht bei allen Kindern gleich. Sie ist ein subjektiver Maßstab, der variiert nach den Formen der dargebotenen Gewalt, nach den Erfahrungen der je eigenen Biografie, nach der Intensität und dem Kontext der Gewaltdarstellungen. Drei Arten der Präsentation von Gewalt variieren die Gewaltschwelle der Kinder.

Bei allen Kindern wird die Gewaltschwelle überschritten, wenn im Fernsehen in deutlicher und drastischer Weise die Folgen von Gewalt, besonders blutende Menschen gezeigt werden. Dies ist ein visueller Reiz, auf den die Kinder mit Abwehr und Angst – sie bezeichnen es als Ekel – reagieren. Wenn Blut zu sehen ist, egal ob im fiktionalen oder realen Bereich, dominieren die Ekelgefühle. Sie überlagern alle anderen Empfindungen und schieben sich auch vor die Wahrnehmung der Inhalte. Ein Zehnjähriger beschreibt anschaulich, wie es ihm damit ergeht: „Wenn ich so was seh', das bleibt dann immer drin und wenn ich davon träum' dann wach' ich mitten in der Nacht auf und schrei' dann voll."

Neben den drastischen Bildern machen den Kinder auch Gewaltdarstellungen Angst, die in einen Zusammenhang gestellt werden, der ihnen unbegreiflich ist. Solche Inhalte finden sie meist in den fiktionalen Angeboten der Genres Grusel- und Horrorfilm. Hier geschehen Dinge, die sie sich nicht erklären können, von denen sie aber auch nicht sicher wissen, ob sie nicht doch geschehen sind oder werden. Wenn sich beispielsweise „Leute in Zombies verwandeln“ oder „Tote auf sind“, so ängstigt dieser Widerspruch zu den Naturgesetzen zwei Elfjährige. Aber auch Filme, die Gewalt auf einem niedrigen Niveau darstellen, können den Kindern Angst machen. So fürchtet sich eine Elfjährige vor dem Biest aus dem Film „Die Schöne und das Biest“, wenn dieser verwunschene Prinz die Schöne umarmt. Gewalt in mysteriösen Kontexten tritt für unterschiedliche Kinder in verschiedenen Formen auf. Entscheidend für ihre Betroffenheit ist, daß sich die Kinder nicht erklären können, was hinter den erschreckenden Bildern steckt, ob sie irreal oder doch möglich sind. Sie versuchen das Gesehene zu begreifen, und sich zu distanzieren, können es aber nicht.

Am niedrigsten ist die kindliche Gewaltschwelle bei Darstellungen, die Realität abbilden oder der eigenen Realität nahe sind. Kinder leben in einer Umwelt, die sie sich erst allmählich in ihrem Denken und Handeln aneignen. Vieles in dieser Welt ist ihnen noch fremd, vieles bedroht sie. Sehen sie im Fernsehen Darstellungen von Gewalt, die sie mit ihrer eigenen Nahwelt in Beziehung setzen können, so überschreiten diese häufig ihre Gewaltschwelle, sie beziehen das Dargestellte auf sich oder ihre Bezugspersonen und reagieren mit Angst. Realitätsnahe Gewaltdarstellungen finden sie auch im fiktiven Bereich. Deutsche Kriminalserien beispielsweise schrecken Kinder eher als amerikanische, denn hier ist ihnen das Ambiente bekannt, sie kennen die Drehorte aus ihrer näheren Umgebung, sie können sich vorstellen, selbst Opfer zu werden. Ähnliches gilt für Darstellungen mit Protagonisten, die sie an ihre eigene Person oder ihre Bezugspersonen erinnern. Gewalt gegen Frauen oder gegen Kinder lehnen sie dann ab, wenn sie Ähnlichkeiten entdecken, wenn sie sich beispielsweise in die Kinder hineinversetzen können oder wenn die bedrohte Darstellerin sympathische Nähe zur eigenen Mutter aufweist. Was für realitätsnahe fiktionale Programmangebote gilt, das gilt in gleicher Form und teils stärker für die Informationsangebote, die über gewaltsames Geschehen in der Welt berichten, wie die Nachrichten oder das Unglück und Verbrechen zu Sensationen aufbauschen, wie die Angebote des Infotainment von Boulevardmagazinen bis zum Reality-TV. Nicht allein die meist drastischen Bilder schrecken hier die Kinder ab, sondern vor allem das Wissen bzw. die Überzeugung, daß das hier Gezeigte jederzeit und überall, also auch ihnen geschehen kann. Die Behauptung, hier werde das alltägliche Unglück und Verbrechen gezeigt, das morgen auch jeden von uns treffen kann, nehmen die Kinder für bare Münze, zittern davor. Je näher also die Gewaltdarstellungen an der Lebens- und Vorstellungswelt der Kinder sind, desto eher überschreiten sie ihre Gewaltschwelle.

Die Gewaltschwelle der Kinder ist subjektiv höchst unterschiedlich. Neben den individuellen Unterschieden und denen des Genres finden wir hier auch wieder Unterschiede zwischen den Geschlechtern und den Altersgruppen. Die Gewaltschwelle der Mädchen liegt im Durchschnitt deutlich niedriger als die der Jungen. Während Mädchen Bilder ablehnen, die Gewaltopfer zeigen, in fiktionalen ebenso wie in realen Kontexten, sind Jungen eher bereit diese zu akzeptieren, vor allem dann, wenn sie wissen, daß es sich um Fiktion handelt, die sie mit dem ambivalenten Gefühl der Wonneangst rezipieren können. Unter der Voraussetzung, daß sie sich sicher sein können, daß abgeschlagene Köpfe, blutende Wunden, lebende Leichen das Werk geschickter Maskenbildner sind und unter der weiteren Voraussetzung, daß das Sujet eines Filmes deutlich im Fantastischen angesiedelt ist, haben ältere Jungen aus einem Umfeld, das Gewalthandeln nicht generell sanktioniert, eine hohe Gewaltschwelle. Weisen die Bilder jedoch herstellbare Bezüge zur Realität auf, oder werden eigene Opfererfahrungen aktualisiert, so sinkt auch bei diesen Jungen die Gewaltschwelle. Mädchen lehnen Gewalt in allen Genres und Lebensbereichen ab. Sie sind allerdings bereit, bis zu einem gewissen Grad Gewaltdarstellungen zu akzeptieren, wenn sie sie als Action und als nicht allzu bedrohlich einschätzen.

Der Umgang von Kindern mit Gewalt ist, wie wir gesehen haben, sehr differenziert. Er spiegelt die unterschiedliche Geschlechtsrollenerziehung von Jungen und Mädchen, die eher egozentrische Orientierung der Jungen und die eher soziale der Mädchen, was sich in einer ebenfalls unterschiedlichen Sensibilität gegenüber Gewaltdarstellungen niederschlägt. Auch im Altersverlauf finden sich deutliche Unterschiede, die sich als zunehmend differenzierende Wahrnehmung und Bewertung von Gewalt beschreiben läßt. Generell werden keineswegs alle Formen von Gewalt und noch weniger alle Zusammenhänge in denen Gewalt ausgeübt wird, von den Kindern negativ wahrgenommen und bewertet. Daß Gewalt ein notwendiges dramaturgisches Handlungselement fiktionaler Filme und Serien ist, wird auch von den Kindern gesehen und eingefordert. Dies muß erst dann problematisiert werden, wenn die Dramaturgie oder der erzählte Inhalt den Kindern den Blick auf den Kontext und die Folgen von Gewalt versperren. In jedem Falle problematisch sind jene Gewaltdarstellungen, die vor allem in ihrer bildlichen Drastik keine Information, sondern nur Bedrohung transportieren.

1 Die Forschungsprojekte sind in Buchform erschienen: SCHORB, B., PETERSEN, D., SWOBODA, W.H.: Wenig Lust auf starke Kämpfer. Zeichentrickserien und Kinder. München 1992; THEUNERT, H. (Hg.): „Einsame Wölfe" und „Schöne Bräute". Was Mädchen und Jungen in Cartoons finden. München 1993; THEUNERT, H., PESCHER, R., BEST, P., SCHORB, B.: Zwischen Vergnügen und Angst – Fernsehen im Alltag von Kindern. Berlin 1994; THEUNERT, H., SCHORB, B.: „Mordsbilder": Kinder und Fernsehinformation. Berlin 1995; THEUNERT, H., SCHORB, B.: Begleiter der Kindheit. Zeichentrick und die Rezeption durch Kinder. München 1996.

Fernsehkonsum und violentes Verhalten

Michael Kunczik

Die Zeit der Jugend ist für die Persönlichkeitsentwicklung eine Zeit der großen Statusunsicherheit und der Emanzipation von der Familie, wobei es Normenkonflikte zwischen der Welt der Erwachsenen und der Welt der Jugend gibt. Die Jugend ist beruflich und wirtschaftlich noch nicht integriert und lebt in einer eigenen Jugendkultur, deren Abgrenzung von der Erwachsenenwelt bis zur Rebellion gehen kann. Gefragt werden soll hier, welche Wirkungen Gewaltdarstellungen in den Medien auf die Jugend haben können.

Gewalt ist die beabsichtigte physische und/oder psychische Schädigung einer Person, von Lebewesen und Sachen durch eine andere Person. Von der Quantität her gesehen überwiegen Studien zur Wirkung fiktiver Gewalt gegenüber Studien, die Auswirkungen von Berichten über reale Gewalt untersuchen. Eine weitere Verzerrung der Forschung besteht darin, daß überwiegend männliche Jugendliche untersucht wurden, wohingegen weibliche Jugendliche hinsichtlich möglicher Effekte von Mediengewalt vergleichsweise wenig Interesse in der Forschung gefunden haben.

In der Forschung besteht inzwischen weitgehend Konsens, daß, wenn von der lerntheoretischen Position (Lernen durch Beobachtung) ausgegangen wird, bei bestimmten Individuen (z.B. aggressive, sozial isolierte männliche Jugendliche) und Problemgruppen (z.B. aus einer violenten Subkultur) negative Wirkungen (Nachahmungstaten, Aufbau violenter Persönlichkeiten) zu erwarten sind. Gleichwohl sollte nicht „das Kind mit dem Bade ausgeschüttet" werden, denn auch Jugendliche haben ein Recht auf spannende Unterhaltung, die auch Gewalt und Horror umfaßt. Eine große Gefahr der Medien und Gewalt-Diskussion besteht darin, daß Politiker, die womöglich von ihrem eigenen Versagen ablenken wollen, die Medien zum Sündenbock für die in der Gesellschaft vorhandene Gewalt aufbauen. Oft wird zugleich die Forderung nach Zensur erhoben. Ferner wird in vielen Medien (z.B. in der Boulevardpresse) unkritisch behauptet, Mediengewalt führe zu Nachahmungstaten. Jugendliche Delinquenten bekommen diese Meinung mit, und erklären ihr abweichendes Verhalten gegenüber Dritten damit, daß nicht sie selbst verantwortlich seien, sondern die „bösen Medien", die sie verführt hätten. Zumindest in Deutschland ist eine derartige Ex-post-facto-Rationalisierung bei verhaltensauffällig gewordenen Jugendlichen weit verbreitet. Dies hat sich sowohl in einer Befragung von Psychiatern und Psychologen als auch in einer weiteren Befragung von Richtern und Staats-anwälten gezeigt (Kunczik).

Die Katharsisthese, die sich bis auf Aristoteles zurückführen läßt, kann als widerlegt angesehen werden. Anhänger der Katharsisthese, die zumeist von der Existenz eines angeborenen Aggressiontriebes ausgehen, behaupten, durch das dynamische Mitvollziehen von an fiktiven Modellen beobachteten Gewaltakten in der Phantasie werde die Bereitschaft des Rezipienten abnehmen, selbst aggressives Verhalten zu zeigen. Diese These ist empirisch widerlegt.

Nach der Habitualisierungsthese nimmt durch den ständigen Konsum von Fernsehgewalt die Sensibilität gegenüber Gewalt ab, die schließlich als normales Alltagsverhalten betrachtet wird. Obwohl ich annehme, daß diese These zutrifft, steht die Forschung hier noch am Anfang. Es muß noch nachgewiesen werden, daß mit dem Ausmaß des Konsums violenter Sendungen eine Abstumpfung gegenüber Gewalt einhergeht, Gewalt als geeignetes Konfliktlösungsinstrument angesehen wird und der Glaube herrscht, Gewalt sei unvermeidlich. Eine Meta-Analyse der zur Habitualisierungsthese vorliegenden Studien (Fröhlich und Kunczik) zeigte, daß empirische Untersuchungen fehlen.

Die simple These, daß die Beobachtung von Mediengewalt beim Rezipienten zu einer mehr oder weniger direkt anschließenden Nachahmungstat führt, wird in der wissenschaftlichen Literatur nicht mehr vertreten. Allerdings erklärt das Konzept der Suggestion für bestimmte Rezipienten unter bestimmten Bedingungen in der natürlichen Umgebung auftretende Effekte des Konsums von Mediengewalt. Handelt es sich um Selbstmord, dann spricht man vom Werther-Effekt (Goethes „Die Leiden des jungen Werther" waren wegen befürchteter Nachahmungstaten in einigen Ländern verboten). So konnte die Nachahmung von im Fernsehen gezeigtem fiktiven Selbstmord dokumentiert werden. Der sechsteilige Fernsehfilm „Tod eines Schülers" (ZDF), in dem ein 19jähriger Schüler von der Eisenbahn überrollt wird, löste bei 15- bis 19jährigen männlichen Jugendlichen (nicht so häufig bei weiblichen Jugendlichen) Nachahmungstaten aus (Schmidtke und Häfner).

Nach der Rationalisierungs-These konsumieren aggressive Jugendliche u.a. deshalb violente Programme, weil sie ihr eigenes Verhalten dann als normal einstufen bzw. sich die Illusion aufbauen können, sie agierten wie ein populärer Film- oder Fernsehheld. Das Erlernen kriminellen bzw. violenten Verhaltens schließt das Erlernen von Rationalisierungstechniken (Rechtfertigungen) ein, die es erlauben, ein günstiges Selbstbild zu bewahren, wenn zugleich ein mit einem solchen Selbstbild unvereinbares Verhalten gezeigt wird. Es besteht auch die Möglichkeit, daß sie einer Tat (z.B. einer Vergewaltigung) vorausgehen und das kriminelle Verhalten erst ermöglichen. Solche Rechtfertigungen wären z.B. Verneinung des Unrechts („Vergewaltigungsmythos") oder die Ablehnung des Opfers, das bekomme, was es verdiene. Die Ablehnung der Verantwortung erlaubt, sich selbst als fremdbestimmt zu sehen (Billardball-Konzeption). Die Bereitschaft, externe Kräfte für das eigene delinquente Verhalten verantwortlich zu machen, ist offenbar um so größer, je mehr ein Individuum sich als machtlos wahrnimmt.

Zur Einordnung der hinsichtlich mittel- und langfristiger Wirkungen erhaltenen Befunde sind lerntheoretische Überlegungen am besten geeignet. Allerdings kann auch die Lerntheorie („Beobachtungslernen"; Bandura) nicht alle Aspekte berücksichtigen, wie etwa auf der Ebene von Individuen die Angstproblematik oder auf der gesamtgesellschaftlichen Ebene die Frage der Schaffung neuer Bedürfnisse, zu deren Befriedigung ggf. die Mittel fehlen. Aus der Sicht der Lerntheorie werden die Menschen weder als allein durch innere Kräfte angetrieben noch als allein durch Umweltstimuli bewegt gesehen. Die psychischen Funktionen werden vielmehr durch die ständige Wechselwirkung von Determinanten seitens der Person und seitens der Umwelt erklärt. Dieser reziproke Determinismus besagt, daß Erwartungen Menschen beeinflussen, wie sie sich verhalten, und daß die Folgen dieses Verhaltens wiederum ihre Erwartungen verändern. Die meisten Handlungen sind weitgehend antizipatorischer Kontrolle unterworfen. Diese Fähigkeit, in der Zukunft mögliche Konsequenzen auf gegenwärtiges Verhalten zurückzubeziehen, fördert vorausschauendes Verhalten und zwar auch in bezug auf violentes Verhalten. Die Ausübung aggressiven Verhaltens ist normalerweise Hemmungen unterworfen, d.h. solche regulativen Mechanismen wie soziale Normen, Furcht vor Bestrafung und Vergeltung, Schuldgefühle und Angst unterbinden vielfach das Manifestwerden von Aggression. Ferner ist Verhalten nicht situationsübergreifend konsistent, d.h. Jugendliche verhalten sich in der Regel unterschiedlich aggressiv gegenüber Eltern, Lehrern, Gleichaltrigen usw.

Im Kontext der Lerntheorie wird berücksichtigt, daß verschiedene Beobachter verschiedene Merkmalskombinationen von identischen Modellen übernehmen und auch zu je neuen Verhaltensweisen kombinieren können. Entscheidend für die Wirkung von Mediengewalt ist das kognitiv-emotionale System. Während „friedliche" sozial integrierte Jugendliche gewalttätige Darstellungen als Negativ-Beispiel einordnen können, kann es bei latent und manifest aggressiven Jugendlichen zu einer Steigerung der Aggressionsbereitschaft kommen, die bei Abwesenheit ausreichender Kontrollmechanismen auch in gewalttätiges Verhalten umgesetzt werden kann (Kleiter).

Angesichts der vorangegangenen Überlegungen sowie des Tatbestandes, daß das Fernsehen nur ein Faktor für die Persönlichkeitsentwicklung ist, wäre ein Muster von relativ schwachen positiven Korrelationskoeffizienten zwischen dem Konsum von Fernsehgewalt und der späteren Aggressivität zu erwarten. Betrachtet man die in den verschiedenen Ländern durchgeführten Studien, dann ergibt sich, von einigen Ausnahmen abgesehen, genau dieses Muster. Während die einzelnen Koeffizienten nicht kausal interpretierbar sind, deutet das Gesamtmuster der Befunde auf einen Einfluß des Fernsehens auf spätere Aggressivität hin. Die in den Feldstudien erhaltenen Resultate entsprechen auch von der Stärke her den Erwartungen, die aufgrund lerntheoretischer Überlegungen gehegt werden. Die Koeffizienten variieren ungefähr zwischen 0,1 und 0,2, d.h. etwa zwischen ein Prozent und vier Prozent des späteren aggressiven Verhaltens wird in den Feldstudien durch den zuvorigen Konsum von Fernsehgewalt erklärt.

Allerdings ist darauf hinzuweisen, daß sich die Konvention durchgesetzt hat, Korrelationskoeffizienten, deren Stärke geringer als 0,2 ist, als unbedeutend und uninterpretierbar nicht weiter zu beachten. Der Einwand, daß die erhaltenen Koeffizienten zu schwach sind, berücksichtigt nicht, daß eine im Schnitt recht schwache Beziehung für alle Probanden einer Stichprobe für einige Probanden bzw. Subpopulationen eine starke Beziehung bedeuten kann. So kann ein sich selbst verstärkender Prozeß in dem Sinne erfolgen, daß der Konsum violenter Medieninhalte die Wahrscheinlichkeit des Auftretens aggressiven Verhaltens, (aggressiver) Einstellungen und/oder (aggressiver) Phantasien erhöht. Dadurch wiederum steigt die Wahrscheinlichkeit, daß violente Medieninhalte als attraktiv angesehen werden, was wiederum die Zuwendung zu aggressiven Medieninhalten fördert. Zu den Faktoren, die einen derartigen Prozeß begünstigen, können u.a. niedriges Selbstbewußtsein und soziale Isolation, die mit erhöhtem Fernsehkonsum verbunden ist, gehören. Von entscheidender Bedeutung hinsichtlich möglicher negativer Effekte von Mediengewalt auf Jugendliche ist aber die familiäre Situation. Jugendliche aus intakten Familien sind relativ wenig gefährdet.

Auch für das Erlernen von Aggression gilt, daß zunächst 1. die unmittelbare familiale Umwelt sowie 2. die Subkultur bzw. die Gesellschaft, in der man lebt, die Quellen sind, aus denen aggressives Verhalten erlernt wird. Erst an dritter Stelle treten massenmedial angebotene aggressive Modelle hinzu. Es scheint so zu sein, daß Gewaltdarstellungen auf die Mehrheit der Betrachter keine oder nur schwache Effekte haben, aber bei bestimmten Problemgruppen starke Wirkungen zeigen.

Problemgruppenanalyse

Die Schwierigkeit für die Forschung liegt darin, herauszufinden, wie man solche Problemgruppen erreicht. Einen ersten Schritt in diese Richtung stellt eine Befragung von klinischen Psychologen und Psychiatern dar (Kunczik). Es bestand die Vermutung, daß Kinder und Jugendliche, die mit psychischen Störungen in psychologischer oder psychiatrischer Behandlung sind, eine derartige Problemgruppe bilden dürften. Die Experten gehen aufgrund ihrer Berufserfahrung zum überwiegenden Teil von einer eher schädlichen Wirkung der Gewaltfilme aus. Als Effekte medialer Gewalt werden aggressives Verhalten, Schlafstörungen und Übererregbarkeit angeführt. Sehr häufig wurde berichtet, daß Jugendliche versuchen, eigenes aggressives Verhalten durch Vorbilder aus Gewaltfilmen zu rechtfertigen (Rationalisierungsthese). Hier scheint sich die öffentliche Diskussion über die Gefahren von Mediengewalt bereits in konkreten Schuldzuweisungen an das Medium Fernsehen niederzuschlagen.

Hinsichtlich des Zusammenhangs zwischen Geschlecht und Medienwirkungen bestand hohe Übereinstimmung: negative Auswirkungen wurden vor allem bei männlichen Jugendlichen gesehen. Der Einfluß des Gewaltfilmkonsums auf die schulische Entwicklung wurde ebenfalls eindeutig negativ beurteilt. Die Experten diagnostizierten einen deutlichen Zusammenhang zwischen der häuslichen Situation und dem Gewaltfilmkonsum. Die Bedeutung des elterlichen Vorbildes wurde herausgestellt und zwar sowohl der Fernseh- und Videokonsum als auch die Aggressivität der Eltern. Am häufigsten wurde ein Zusammenhang zwischen vernachlässigendem Erziehungsstil und Gewaltfilmkonsum der Kinder vermutet. Fernseh- oder Gewaltfilmkonsum wurden in keinem Fall von den Experten als Alleinverursacher einer Verhaltensauffälligkeit bzw. Verhaltensstörung genannt, sondern immer nur im Zusammenhang mit anderen Problemen aufgeführt. Trotzdem wurde den Gewaltfilmen eine negative, verursachende Rolle zugestanden: Gewaltfilme bewirken Aggressivität, prägen Rollenverhalten und nehmen negativen Einfluß auf die Schulleistung. Es kann als gesichert angesehen werden, daß bestimmte Subpopulationen durch Gewaltdarstellungen gefährdet sind. Die Konsequenz sollte sein: In zukünftigen Untersuchungen sollten Jugendliche mit einer starken Ausprägung des Persönlichkeitsmerkmals „Aggressivität", aus Problemfamilien und aus sozialen Brennpunkten besonders berücksichtigt werden.

Zur Wirkung der Berichterstattung über reale Gewaltakte auf Jugendliche gilt, daß auch diese (z.B. Skinheads oder Fußball-Hooligans) um den hohen Nachrichtenwert von Gewalt wissen. Viele Gewalttaten werden vor allem „inszeniert", damit darüber berichtet wird. Medienaufmerksamkeit kann als Belohnung wirken. Bei der Fernsehberichterstattung ist auf die ausführliche Darstellung von Gewalt zu verzichten, die Konflikte weiter verschärfen kann (Kepplinger). Dies gilt etwa für die Berichterstattung über violente Demonstrationen (z.B. sehen Polizisten aggressive Demonstranten; diese und deren Sympathisanten sehen aggressive Polizisten: diese selektive Wahrnehmung wirkt konfliktverschärfend). Über Zuschauerkrawalle (Hooligans) bei Sportveranstaltungen sollte zurückhaltend berichtet werden, um nicht weitere Gewalttäter anzuziehen. Gewalttätern sollte kein Forum zur Selbstdarstellung gegeben werden.

Die Thematik Medien und Gewalt wird auch in nächster Zeit unvermindert aktuell bleiben (z.B. Diskussion um das Internet). Bei der Diskussion um das Verhältnis Medien und Gewalt sollte m.E. auch mehr auf die nicht-violenten Aspekte der Inhalte geachtet werden. Durch das Fernsehen können Ansprüche (z.B. materieller Art) geschaffen werden, deren Verwirklichung für viele Jugendliche auf legale Art und Weise nicht möglich ist. Erhöhte Kriminalität bzw. Violenz kann die Folge sein. Negative Effekte von Mediengewalt sind eindeutig belegt, aber es ist unberechtigt, die Medien als Hauptverantwortlichen für eine Verrohung der Gesellschaft hinzustellen. Mit der Fixierung auf die Medien wird davon abgelenkt, daß zur Bekämpfung der tatsächlichen Ursachen von Jugendgewalt (Armut, Arbeitslosigkeit, mangelnde Zukunftsperspektiven usw.) womöglich nicht genügend getan worden ist bzw. mehr getan werden könnte. Dies ist ein wichtiger Aspekt der Gewaltdiskussion.

Alle Angaben sind zu finden in: KUNCZIK, M.: Gewalt und Medien. 4. Aufl., Köln, Wien und Weimar 1998.

Der alltägliche Horror: 25.000 Morde im Jahr

Bernhard Heinzlmaier

Die Diskussionen über den Zusammenhang zwischen Medien, Jugend und Gewalt haben nach wie vor Konjunktur. Glaubte man in den letzten beiden Jahren, der emotionale Höhepunkt der Debatte sei überschritten und man könnte nun wieder zu einer sachlichen, ruhigen und seriösen (wissenschaftlichen) Auseinandersetzung mit dem Problem übergehen, so sehen sich heute viele, die sich dieser Hoffnung hingaben, in ihrer Erwartung enttäuscht. Das Thema gibt einfach zuviel her, vor allem für die, die in der Kritik stehen, die Medien selbst. Mehr denn je leben die Medien in Zeiten des Informationsüberflusses von Sensationen. Wer mit den größten Sensationen aufmachen kann, der erntet Aufmerksamkeit und damit Quote, Auflage und Leser. Und sensationell ist es allemal, wenn Studien veröffentlicht werden, die feststellen, daß der durchschnittliche deutsche Fernsehzuseher im Jahr ca. 25.000 Morde konsumieren kann. Die Reaktion auf solchen „Horror" bei den Lesern und Sehern ist dann natürlich erwartungsgemäß. 80 Prozent der Deutschen meinen, daß im Fernsehen zuviel Gewalt gezeigt würde, 90 Prozent fürchten negative Auswirkungen vor allem auf Kinder und Jugendliche und drei Viertel der Befragten rufen nach dem Gesetzgeber, was soviel bedeutet wie: strengere Auflagen für die Ausstrahlung von Gewalt (vgl. Peter Winterhoff-Spurk, Die gezeigte Gewalt – Zur Analyse aggressiver Fernsehinhalte, In: Hilpert, Konrad (Hg.), Die ganz alltägliche Gewalt, Opladen 1996, 97ff). In Österreich ist die Situation kein Jota anders. Österreicher und Deutsche haben eben mehr gemein, als sie selbst wahrhaben wollen.

Möglichkeiten, mit einer Debatte umzugehen

Im großen und ganzen gibt es nun drei Möglichkeiten, sich mit der Debatte über den Zusammenhang zwischen gezeigter Gewalt und real ausgeübter Gewalt von Jugendlichen auseinanderzusetzen. Erstens: Man verweigert die Teilnahme, weil man sowieso der Auffassung ist, daß die Debatte nur einen politischen und keinen praktischen Nutzen hat. Zweitens: Man läßt sich vom Strom der Empörung mitreißen und sammelt oder generiert Befunde, die den „Horror" belegen helfen. Oder drittens: Man entschließt sich, der Debatte und ihren zentralen Befunden mit einer gewissen Skepsis zu begegnen, d.h. man involviert sich in den Diskurs kritisch-ketzerisch und versucht, den existierenden Common Sense mit kritischen Fragen etwas ins Wanken zu bringen. Während man bei der Möglichkeit eins keine Probleme hat, kann man bei Nummer zwei mit etwas Geschick zum Volkstribun avancieren, der von einer Woge der emotionalen Zustimmung zu Ansehen und Ehre getragen wird. Die dritte Alternative ist die undankbarste. Dort ist man, ehe man es sich versieht, in die Rolle des Störenfriedes und Nörglers gedrängt, der Meinungsbildungsprozesse, die eigentlich wie geschmiert ablaufen sollten, um dann in entsprechende politische „Maßnahmen" zu münden, behindert. Und in einer Zeit, in der auch der politische Diskurs nach straffen Effizienzkriterien abläuft, sind besonders kritische Störenfriede unbeliebt. Sie behindern einen Prozeß, der in Hochgeschwindigkeit wie folgt verlaufen soll: Problemerkennung, kurze Diskussion, Konsensbildung, Maßnahmenkatalog, Beschluß, Umsetzung, Abhaken, nächstes Problem. Die Konsequenz: Die Maschine läuft, und die Kritik wird schweigsamer und schweigsamer.

Komplexe Probleme, einfache Lösungen?

In Zeiten des permanenten Effizienzdrucks ist eine Tendenz zu erkennen, Probleme, die eigentlich komplexer Natur sind, so zu behandeln, als wären sie einfach, was zur Folge hat, daß komplexen Problemen einfache Lösungen zugeordnet werden. Die Problemlösung funktioniert dann zwar nicht, man kann das Thema aber abhaken. Ruck, zuck, aus, vorbei. So auch beim Thema Jugend, Medien und Gewalt. Ohne Zweifel gibt es in unserer Gesellschaft Gewalt und natürlich auch Gewalt, die von Jugendlichen ausgeübt wird, aber die Ursachen für diese Gewalt sind vielfältig. Keineswegs läßt sich Gewalt, die von Jugendlichen ausgeübt wird, so mir nichts dir nichts auf die Medien zurückführen. Um es einmal ganz klar auszusprechen: Es gibt keine seriösen wissenschaftlichen Belege dafür, daß Gewalthandlungen von Jugendlichen auf den Einfluß von medialen Vorbildern zurückzuführen sind. Wie generell bei der Analyse von Medienwirkung ist auch hier zu vermerken: Das banale Reiz-Reaktionsschema wirkt nicht mehr, wenn es überhaupt jemals gewirkt hat. Medienwirkung ist komplexer, ist abhängig von der individuellen Disposition des Rezipienten und auch vom sozialen und Lebensstil-Milieu, in das das Individuum integriert ist.

Die wahren Probleme

Die kulturelle und strukturelle Vielfalt der Jugendlichen ist es, die ganz eindeutig gegen einfache Lösungen spricht. Die moderne Jugend zerfällt heute in eine fast unüberschaubare Menge an Lebensstilgruppen. In der Jugendsoziologie werden sie Szenen genannt. Jede dieser Szenen hat ihren eigenen Design- und Sprachcode, ihre eigene Weltanschauung und Moral, ihren spezifischen Bezug zu Drogen und ein spezielles Verhältnis zum Einsatz des eigenen Körpers und zur ausgeübten körperlichen Gewalt. Was nun die Gewaltaffinität von Jugendszenen betrifft, so lassen sich grundsätzlich drei Kernthesen formulieren:

1. In Szenen, in denen der eigene Körper und die Beherrschung des eigenen Körpers im Vordergrund stehen, ist die Wahrscheinlichkeit größer, daß Konflikte mit körperlicher Gewalt ausgetragen werden.
2. Gewalt steht in Szenen im Vordergrund, in denen Jugendliche überrepräsentiert sind, deren Leben durch Verunsicherung, Orientierungslosigkeit und durch ein Werte- und Sinnvakuum geprägt ist.
3. Jugendszenen, in denen Gewalt im Vordergrund steht, sind männlich dominiert.

Man sieht hier schon auf den ersten Blick: Viel relevanter als die Medien sind für die Ausprägung von gewaltorientierten Verhaltensweise die gesamtgesellschaftlichen Bedingungen, von denen Jugendliche umgeben sind, ihr Geschlecht und die spezifischen Kulturmilieus, in die sie integriert sind. Das führt zur ersten Konsequenz, die aus den bisherigen Ausführungen zu ziehen wäre: Gewaltprävention hat weit vor Medienkritik und Medienschelte ein- und anzusetzen. Zielführende Gewaltprävention beginnt bei der Reflexion jugendlicher Lebenslagen und Lebenskonzepte, beginnt mit dem Nachdenken darüber, inwieweit Jugendliche die Erfahrung von Exklusion, also Erfahrungen des Nicht-angenommen-Werdens, Nicht-erwünscht-Seins, Nicht-berücksichtigt- und Nicht-ernst-genommen-Werdens in unserer Gesellschaft machen müssen, wie sie diese Erfahrungen verarbeiten und wie sie darauf reagieren. Denn eines ist in diesem Zusammenhang wesentlich: Gewalt von und unter Jugendlichen ist in erster Linie ein Ausfluß realer gesellschaftlicher Bedingungen und erst in zweiter Linie Wirkung von fiktionalen Medienprodukten.

Die gesellschaftliche Krise und die Jugend

Wie sehr sich gerade in den letzten Jahren die Befindlichkeit der Jugend verschlechtert hat, zeigen diverse Studien aus Österreich und Deutschland. Was schon die große Emnid-Studie „Jungsein in Deutschland" und diverse österreichische Jugendstudien (z.B. Oberösterreichische Jugendstudie 1996) ermittelt haben, wurde im Jahr 1997 vor allem durch die Shell Studie deutlich und dramatisch ins Zentrum des Interesses gerückt: Die gesellschaftliche Krise hat die Jugend erreicht. Jungsein ist heute weder ein Privileg noch ein Honiglecken. Vor allem die Arbeitsmarktsituation macht den Jugendlichen zu schaffen. Jeder zweite der Befragten nennt die Arbeitslosigkeit als Hauptproblem der heutigen Jugendlichen. Die Arbeitslosigkeit wird umso häufiger als Hauptproblem genannt, desto älter die Jugendlichen sind. 18 Prozent der 12- bis 14jährigen, aber 59 Prozent der 18- bis 21jährigen und 63 Prozent der 22- bis 24jährigen sehen in der Arbeitslosigkeit das zentrale Jugendproblem. Die Autoren der Studie kommen zum Schluß, daß heute die Probleme der Arbeitswelt die Jugendlichen am stärksten beschäftigen und nicht die klassischen Lehrbuchprobleme wie Identitätsfindung, Partnerwahl und Verselbständigung. Der immer enger werdende Arbeitsmarkt bringt die Jugendlichen in eine paradox-dramatische Situation. Einerseits wollen sie erwachsen werden, andererseits werden sie dazu gezwungen, Jugendliche bleiben zu müssen, weil die ökonomische Grundlage zur Erreichung von Unabhängigkeit und Eigenständigkeit, der eigene Arbeitsplatz, nicht mehr selbstverständlich zur Verfügung steht.

Die seit Jahren in der Jugendforschung belegte skeptische Distanz der Jugendlichen zu diversen gesellschaftlichen Institutionen und Organisationen wird auch von der Shell Studie bestätigt. Während jedoch Umweltschutzgruppen, Menschenrechtsgruppen, Bürgerinitiativen und einige staatliche Organisationen wie Gericht und Polizei relativ großes Vertrauen genießen, sind die klassischen politischen Institutionen und Organisationen unten durch. Den schlechtesten Vertrauensbonus überhaupt haben die politischen Parteien. Angesichts dieser Ergebnisse wird von den Autoren der Shell Studie aber nicht von Politikverdrossenheit der Jugend gesprochen. Vielmehr wird der in den Medien immer wieder breitgetretene Befund umgekehrt. „Nicht die Jugendlichen sind an der Politik desinteressiert, sondern sie unterstellen im Gegenteil, daß die Politik an ihnen nicht interessiert ist. Nicht die Politikverdrossenheit der Jugend, sondern die Jugendverdrossenheit der Politik wird hier zum Thema."

Sowohl das Verhältnis der Jugendlichen zu den politischen Parteien als auch zur Erwachsenengeneration ist stark vom Umstand beeinflußt, daß die gesellschaftliche Krise die Jugendlichen erreicht hat. Politik und Erwachsenengeneration werden entweder als Hervorbringer der gegenwärtigen Krise gesehen oder zumindest als Gruppen, die sich der unterlassenen Hilfeleistung schuldig machen. In der qualitativen Studie sprachen fast alle Jugendlichen das Verhältnis der Generationen zueinander entweder als Machtverhältnis oder als Vernachlässigungsverhältnis an. Die Autoren meinen, daß wir es, was das Generationenverhältnis betrifft, nicht mit einem klassischen Ablösungskonflikt oder einem Generationsproblem zwischen Alt und Jung zu tun haben. Vielmehr zeige sich, daß der Gegensatz der Generationen in erster Linie durch den Widerspruch zwischen der realen gesellschaftlichen Position der Jugend und den gesellschaftlich propagierten symbolischen Sinnstrukturen der Jugendphase aufgeladen wird. Während die symbolischen Sinnstrukturen suggerieren, daß die Zukunft der Jugend gehört und ohne Jugend keine Zukunft möglich ist, zeigen die realen Erfahrungen den Jugendlichen, daß nur mehr sehr eingeschränkte Zukunftschancen bestehen oder daß möglicherweise überhaupt die gesamte gesellschaftliche Zukunft fragwürdig geworden ist. Und wieder: Deutsche und österreichische Daten stehen einmütig in einer Reihe und treffen dieselben Kernaussagen. In ihrer großen Mehrheit sehen Jugendliche heute ihre Zukunft wenn nicht prekär so zumindest ambivalent. Fehlende Zukunftsperspektiven, fehlender Sinn, fehlende Arbeit, das ist der Nährboden, auf dem die Gewalt primär gedeiht.

Jugendliche werden heute schneller erwachsen. Die Entwicklungsverläufe sind beschleunigt. Was in den 50er Jahren eine 16jährige war, ist heute eine 13jährige, und dabei ist nicht primär die biologische Komponente gemeint. Nein, in erster Linie sprechen wir hier von einem kulturellen Phänomen und dieses kulturelle Phänomen bedeutet: Kinder werden immer früher in das integriert, was wir Jugendkultur nennen, Jugendliche werden immer früher mit Dingen konfrontiert, die einst der Erwachsenenkultur vorbehalten geblieben sind. Auf den Punkt gebracht bedeutet dies: Für Kinder und Jugendliche sind heute alle Kommunikations- und Informationskanäle offen. Konnte man noch in den 50er Jahren die Tageszeitung wegsperren oder in den 60er Jahren den Zugang zum Fernsehgerät relativ effizient kontrollieren, so ist diese Möglichkeit heute nicht mehr gegeben, aus verschiedenen Gründen:

- Zum ersten wird Kontrolle dadurch verunmöglicht, daß mediale Informationen heute überall sind. Im Auto, auf dem Bahnhof, bei der Bushaltestelle, im Cafe, in der Schule, in der Schultasche, im Kaufhaus, überall sind sie, die Medien, und sie senden und senden und senden. Wer kann heute beispielsweise verhindern, daß sich ein Siebenjähriger in der Unterführung der U-Bahnstation Schottentor die Kinotrailer auf den Monitoren, die dort in den Schaufenstern stehen, anschaut und dabei Mord, Totschlag, Explosionen und Zerstörungen am laufenden Band sieht?
- Nächstes Problem: der ununterbrochene Informationsfluß. In den 60er Jahren, den Jahren meiner Kindheit, lief unter Tags kein Fernsehen, außer zweimal im Jahr das Messeprogramm. Das war damals die Sensation. Wie aber will man den Medienkonsum einer Kinder- und Jugendgeneration kontrollieren, für die jeden Tag ein Messeprogramm läuft?
- Nächstes Problem: Neue Technologien. Video, Internet – alles relativ frei zugänglich. Und wenn die Eltern alle möglichen Zugangsbarrieren installiert haben, das Internet gesichert, die Videos weggesperrt und am Fernseher den Chip installiert haben, der diesen bei nicht-jugendfreien Programmen automatisch abschaltet, wie können sie verhindern, daß auf die Geräte von Freunden oder auf öffentliche Geräte ausgewichen wird? Terminals mit Internetzugang stehen heute schon in jeder zweiten Bank, auf Sportanlagen, in Buchhandlungen etc.

Medienpädagogik und Jugendpolitik statt kontrollgesellschaftlicher Intervention

Die Erwachsenengesellschaft kontrolliert sich zu Tode. Man weiß, wo wir uns aufhalten, weil wir alle ein eingeschaltetes Handy bei uns tragen. Unsere Gespräche werden sowieso abgehört. Wenn wir im Internet sind, wird protokolliert, welche Seiten wir besuchen. Das Kontrollauge ist über allem: an Kreuzungen, im Kaufhaus, am Flughafen ja sowieso. Polizei gibt es auch genug, und Lauschangriff und Rasterfandung brauchen wir, weil uns sonst das organisierte Verbrechen fertig macht. Alles klar. Aber vielfach machen wir uns auch Illusionen über die Effizienz unserer Kontrollinstrumente. Der Zweck-Mittel-Einsatz ist oft mehr als fragwürdig. Zahlt es sich wirklich aus, soviel Geld in eine bestimmte Kontrolltechnologie zu stecken, wenn diese dann sowieso nicht lückenlos funktioniert und jeder zweite Fall durch die Lücken im Netz durchflutscht? Sitzen wir nicht doch hin und wieder unserem eigenen kleinen technokratischen Allmachtsmythos auf? Ähnlich könnte es uns auch beim Jugendschutz gehen. Kennzeichnung von kinder- und jugendgefährdenden Filmen, Zensur, Superchips, die abschalten, wenn der Gauner die Pistole zieht? Und trotzdem sehen die Kleinen auf dem Fernseher des Freundes oder am Internet-PC der Bankzweigstelle um die Ecke alles das, was Mama und Papa durch großen technischen und finanziellen Mitteleinsatz von ihnen fernzuhalten versuchen, und lachen sich ins Fäustchen. Nein, so kann es nicht gehen. Gewalt verhindert man nicht durch den Super-Kontroll-Chip. Gewalt kann man verhindern, indem man Medienpädagogik forciert, indem man die Kinder im Umgang mit dem sowieso Unvermeidlichen schult und indem man jugendpolitische Initiativen setzt. Jugendpolitische Initiativen für Arbeitsplätze, Freizeitprogramme, Jugendkultur, Mädchenförderung, Jugendzentren, Jugendtreffs, Ausländerintegration etc. Erst wenn das alles erledigt ist, wenn an allen Schulen Medienpädagogik-Projekte laufen und alle jugendpolitischen Themen aufgearbeitet sind, werde ich wieder genug Energie dafür frei haben, um mich mit Medienkritik auseinanderzusetzen. Weil ich aber sowieso als Pessimist geboren bin, bin ich schon jetzt der Überzeugung, daß ich noch die nächsten dreißig Jahre für mehr Jugendzentren, für größere Akzeptanz von Jugendkultur etc. kämpfen und zum Thema Medien, Gewalt und Jugend schweigen werde.

3.2.2.4. MEDIENERZIEHUNG ZUM ERLERNEN VON MEDIENKOMPETENZ

Orientierung in der digitalen Umwelt

Jo Groebel

Die vom Autor durchgeführte weltweite UNESCO-Studie zur Mediengewalt in 23 Ländern aller Kulturen mit 5.000 Schülern (Groebel, 1998) hat einmal mehr belegt, daß das Thema nach wie vor aktuell ist, zugleich aber nur in Wechselwirkung mit den familiären und sozialen Umständen der Kinder gesehen werden kann. Ein zentraler Faktor ist bei der Relativierung möglicher problematischer Effekte, so zeigt sich, eine differenzierte schulische und außerschulische Medienerziehung. Sie wird schon seit langem gefordert, es gibt gute Konzepte, doch es fehlt international immer noch an einer systematischen Umsetzung. Vielleicht auch deshalb, weil sie zu einseitig nur von der Schule erwartet wird. Dabei ist Medienkompetenz eine Aufgabe für mehrere gesellschaftliche Instanzen. Für die UNESCO hat der Autor hier den 5-P-Ansatz vorgeschlagen, von dem Teile übrigens auch vom ORF realisiert wurden: Medienkompetenz kennt keine Sündenböcke, sondern ist im Gespräch und in der Zusammenarbeit zwischen Politik, Produzenten, Pädagogik, Eltern (Parents) und Prosumenten (aktiven Konsumenten) zu entwickeln.

Zwar findet damit noch keine Immunisierung gegen jedwede Art von Mediengewalt statt, aber je kompetenter der Nutzer ist, desto mehr wird er auch problematische Angebote kritisch einzuordnen wissen. Dies gilt erst recht, wenn das Fernsehen Bestandteil einer umfassenderen künftigen digitalen Umwelt wird.

De facto hat diese digitale Zukunft bereits begonnen. Zumindest technisch ist bereits all das möglich, was noch vor kurzem als Szenario für einen Zeitpunkt irgendwann nach dem Jahr 2000 angesehen wurde: Weltweite Vernetzung von privater Kommunikation und Information über das Internet, globale Verbreitung (interaktiver) Fernsehbilder, die dreidimensionale Simulation von Realität und Phantasie mit Hilfe von Virtual Reality, internationale Computerspiele mit perfektem Rollentausch und lebensechten Nachbildungen mittelalterlicher Welten, die Schaffung eines zweiten „Ich", das stellvertetend durch die Systeme surft (Avatars), und die Entstehung einer digitalen Parallelökonomie mit Einkauf (E-Commerce), Bezahlverkehr und neuem Marketing. Zwar kann man selbst in den hochtechnisierten Teilen der Welt noch nicht davon ausgehen, daß den meisten Kindern all dies heute schon im Alltag zur Verfügung steht, doch die Entwicklung mit immer einfacherer Technik, billigerer Hard- und Software und gleichzeitig höherer Verarbeitungskapazität wird in absehbarer Zeit einen Großteil der Familien erreicht haben: Mit dem Zusammenwachsen der heute noch getrennten Medien TV, CD, Telefon, Internet, PC (Konvergenz) entsteht die genannte „digitale Umwelt“, die eine ständige Orientierung erforderlich macht, einerseits als Anpassung der eigenen Person an diese Umgebung, andererseits vor allem auch als Anpassung der digitalen Möglichkeiten an die eigenen Bedürfnisse und Fähigkeiten.

Grundlegende soziale und psychologische Dimensionen bieten sich für die Themen künftiger Medienkompetenz an. Hier stellt sich die Frage, wie schon im Prinzip bekannte mit strukturell neuen Prozessen der Medienverarbeitung zusammenwirken. Mit den Bereichen Evolution, Physiologie, Emotion, Denken und Soziales Verhalten lassen sich Prozesse beschreiben, die im Zusammenhang mit der Mediennutzung wichtig sind. Sie beziehen sich vor allem auf individuelle Reaktionen, beziehungsweise die Interaktion mit anderen in der Gruppe. Unabhängig von einer einzelnen Technik, zum Beispiel dem Internet, dem Fernsehen oder dem PC, geben sie allgemeine Prinzipien an, bei denen sich größere Veränderungen ergeben werden, beziehungsweise, die durch neue Medienentwicklungen noch einmal eine veränderte Struktur erhalten werden.

Evolution

Während in der Vergangenheit in der Regel ein dominierendes Medium die Diskussion und auch den Alltag der Schüler beherrschte, ist vor allem die Tatsache des Zusammenwachsens von verschiedenen Medienformen und auch Inhalten ein Merkmal der weiteren Entwicklung. Konvergenz heißt dabei unter anderem: Auf einem Bildschirm werden Text, Bild und Ton miteinander vereint. Umgekehrt setzten sich im Bereich der mobilen Medien Systeme durch, bei denen ein und derselbe Inhalt den Nutzer kontinuierlich durch verschiedene Situationen hinweg begleitet. Während heute noch das Fernsehen das dominierende Medium ist, werden aller Voraussicht nach, wie es sich mit dem Internet bereits ankündigt, viele flexiblere Medienumgebungen den Alltag der Kinder, Jugendlichen und Erwachsenen bestimmen. Dies heißt, daß anstelle von einmal getroffenen Systementscheidungen ein ständiger Prozeß vorliegt, bei dem je nach Situation und Funktion unterschiedlichste Medienmodi gewählt werden oder naheliegen. An die Stelle eines relativ festgelegten Reiz-Reaktionsprinzips oder auch eines relativ stabilen Nutzungsmusters, wie es beim Fernsehen zum Beispiel die häufig üblichen habituellen und rituellen Verhaltensweisen sind (man schaltet den Fernseher zu festen Zeiten ein und läßt ihn zum Beispiel das Essen begleiten), tritt ein viel situationsspezifischeres Medienverhalten. Es läßt sich am ehesten mit einem evolutionären Prozeß vergleichen, bei dem jeweils die passendste Verhaltensweise mit der passendsten Umgebung zum optimalen Resultat führt. Für den Bereich der Medienkompetenz geht es hierbei vor allem darum, in der Wechselwirkung von Adaptation und Akkommodation eine optimale Umweltgestaltung zu ermöglichen. Das heißt konkret, daß der Benutzer der Medien noch viel mehr als bisher lernen muß, seine mediale Umwelt den eigenen Bedürfnissen anzupassen und sie nach den gewünschten Funktionen optimal zu gestalten. Es heißt aber auch, daß man in vielen Fällen gezwungen sein wird, sich selbst der digitalen Umwelt anzupassen. Diese letztgenannte Anpassung ist keine Unterordnung unter die Medienwelt, sie bedeutet vielmehr, daß auch da, wo feste Vorgaben bestehen, wie zum Beispiel in der Schulumgebung, die Fähigkeit der Anpassung an die sozialen Erfordernisse mit Hilfe der Medien möglich ist. Dieser ständigen Anpassung in beide Richtungen muß eine hohe Kompetenz nicht nur an technischem, sondern auch an inhaltlichem Wissen vorausgehen. Der Nutzer muß wissen, für welche Funktionen des täglichen Lebens zum Beispiel das Internet die besten Möglichkeiten bietet, welche Datenbestände die schnellste und beste Information beinhalten, oder auch, welche Kommunikationsformen in direkter und indirekter Hinsicht am geeignetsten sind, um mit anderen zusammenzuarbeiten.

Das Prinzip, daß die Technik eine immer bessere Anpassung an die unterschiedlichen Situationen des Nutzers ermöglicht, wurde bereits genannt. Dies heißt jedoch nicht, daß die Kompetenz dann am höchsten ist, wenn sich der Nutzer am optimalsten jedwede digitale Umgebung auf den eigenen Alltag zuschneiden kann. Nach wie vor ist, auch aus Gründen der Sozialverträglichkeit, auch eine umgekehrte Anpassung an vorgegebene Abläufe insbesondere im sozialen Leben notwendig. Wer nicht gelernt hat, sein eigenes Verhalten mit dem anderer zu vergleichen und darauf einzugehen, wird im Extremfall eine Individualisierung erreichen, die zwar zunächst optimalen persönlichen Nutzen zu versprechen scheint, die zugleich aber auch Kontakte zu anderen reduzieren kann. Noch einmal: Es geht um die Wechselwirkung zwischen Anpassungen in beiden Richtungen.

Physiologie

Das Bieten physiologischer Reize war schon immer ein Hauptmerkmal der Medienentwicklung. Viele Filme faszinieren nicht so sehr durch ihren Inhalt, sondern durch die Tatsache, daß sie einen Nervenkitzel bieten. Dies wird vor allem durch die äußere Form und den hohen Realitätsgehalt gerade neuerer Mediendarbietungen erreicht. Die Reaktion des Nutzers besteht zunächst in einem rein körperlichen Reflex, der bei moderatem Niveau als angenehm, aber je nach Ausgangstypus auch als unangenehm erlebt werden kann, dann nämlich, wenn der Reiz eine bestimmte Schwelle überschreitet.

Als Beispiel können hier ältere Menschen genannt werden, die keine Punkmusik oder laute Diskoklänge ertragen können. Schon auf der körperlichen Ebene reagiert man mit Abscheu. Umgekehrt bieten die Medien aber auch die Möglichkeit, fast „therapeutisch" Entspannungszustände oder auch eine angenehme Spannung herzustellen.

Eine der wichtigsten Kompetenzen der Zukunft ist bei der nochmals zunehmenden Reizsteigerung auf rein physiologischer Ebene die Fähigkeit, auch den Inhalten genügend Beachtung zu widmen, die nicht von vorn herein schon durch hohe Reizwerte vermittelt werden. Drei Prinzipien spielen dabei eine Rolle:

Intensivierung, Erlebnisintensität und die Verbindung zwischen Erregungsniveau und möglicher Negativreaktion.

Mit der weiteren Medienentwicklung ergibt sich die Wahrscheinlichkeit einer zunehmenden Intensivierung bereits bestehender Tendenzen. Das heißt, daß bestimmte Interessen und Persönlichkeitstendenzen durch die immer spezifischere Auswahlmöglichkeit in einer einmal bestehenden Richtung weiter verstärkt werden. Wer ein hohes Spannungsbedürfnis hat, wer zum Beispiel zum Typus der Erlebnissucher gehört (die als psychologischer Typus am ehesten mit den Extravertierten zu vergleichen sind), entwickelt durch noch schnellere Angebote und noch intensiveren Nervenkitzel ein zunehmend größeres Bedürfnis nach Spannung. Wer eher ruhige Angebote schätzt, wird auch davon immer mehr finden und sich entsprechend in dieser Richtung weiterentwickeln. Dies heißt aber, daß ein weiteres Auseinanderklaffen der unterschiedlichen physiologischen Typen die Folge sein könnte. Mit anderen Worten, es geht nicht nur um die sogenannte Informationskluft zwischen Menschen mit Zugang zu hoher und solchen mit Zugang zu niedriger Informationsqualität, sondern die weiteren Medienentwicklungen können auch auf physiologischer und emotionaler Ebene eine jeweils auseinanderführende oder spaltende Wirkung haben. Auch hier besteht die Kompetenz darin, sich nicht ausschließlich den homogeneren, dem eigenen Erlebnistypus völlig entsprechenden Angeboten zuzuwenden, sondern auch in der Lage zu sein, Entspannungsrhythmen einzuführen. Das heißt, daß man auch Langsamkeit nicht verlernt, daß man Ruhephasen beherrscht, und sie im Wechsel so einzusetzen weiß, daß keine „vollkommene physiologische Individualisierung" stattfindet.

Auch diese eher grundlegend körperlichen Prozesse sind dabei Ausgangspunkt für Sozialverhalten. Wer nicht mehr in der Lage ist, mit dem jeweils anderen Typus Kontakt aufzunehmen, weil sein Rhythmus ihn völlig vom anderen unterscheidet, reduziert damit auch seine sozialen Erfahrungsmöglichkeiten.

Unabhängig von den Unterschieden zwischen verschiedenen Typen, wie sie im letzten Absatz angesprochen wurden, weist die Forschung darauf hin, daß es so etwas wie eine absolute Erlebnisspirale gibt. Mit der größeren Gestaltbarkeit der eigenen Medienumgebung kann man digital genau die Erlebnisse suchen, die maximal zu den eigenen inhaltlichen Präferenzen gehören. Wer schon immer vor allem ein Interesse an Actionangeboten hatte, kann diese jetzt durch virtuelle Spiele motorisch auch selbst beeinflussen. Das heißt, daß man selbst in die Rolle des Helden eines Abenteuers schlüpfen kann. Sofern keine Balance mit anderen Angeboten stattfindet, besteht hier die Möglichkeit, immer intensivere Reize zu suchen. Ein zunächst noch moderater Actiongehalt wird durch einen extremeren ersetzt, und sobald neue technische Möglichkeiten eine noch perfektere Abbildung des Angebots ermöglichen, wird diese sofort aufgesucht. Auch wenn man in diesem Zusammenhang noch nicht von Sucht oder Abhängigkeit sprechen kann, besteht doch die Gefahr, daß sich ein sehr eindimensionales Mediennutzungsverhalten entwickelt und daß Alternativen, die im Medienbereich konstruktiv sein könnten, ausgeschaltet und ausgeschlossen werden. Die Kompetenz besteht darin, sich mit Medienmöglichkeiten auch dann behutsamer zu befassen, wenn im Prinzip jedwedes Bedürfnis medial erfüllt werden kann, und gerade auch jedes Erlebnisbedürfnis. Ein weiteres Problem der sogenannten Erlebnisspirale besteht darin, daß Gefühlsnuancen unter Umständen kaum noch wahrgenommen werden. Da, wo der extreme Nervenkitzel alles andere überlagert, werden Feinheiten in emotionalen Äußerungen nicht wahrgenommen. Wie Beispiele aus Medizin und Therapie zeigen, kann auch Langsamkeit gelernt werden und kann Entspannung als angenehm erlebt werden, gerade wenn man glaubt, immer intensivere Reize konsumieren zu müssen.

Eine konkrete Verhaltenskonsequenz größerer physiologischer Reize besteht in der Tatsache, daß sie höhere Erregung, auch höhere Negativgefühle, zur Folge haben können. Zahlreiche Untersuchungen belegen, daß derjenige, der sich durch Medien in einem physiologisch hocherregten Zustand befindet, bei auftretender Frustration viel schneller zu aggressiven Reaktionen neigt. Auch hier handelt es sich um eine potentielle Wechselbeziehung. Die intensiven neuen Medienreize erzeugen höhere Erregungszustände. Zugleich bleibt aber das Gefühl von Uzufriedenheit, weil bestimmte Erfahrungsmöglichkeiten ausgeklammert werden. Diese Kombination hat dann eine höhere Reizbarkeit und letztlich eine höhere Aggression zur Folge. Daß es sich hierbei nicht um vorurteilsbehaftete Negativeinschätzungen der Medien handelt, wurde inzwischen in zahreichen Untersuchungen festgestellt. Noch einmal: Negativ sind nicht intensivere Programmangebote, problematisch sind nur eindimensionale Nutzungsgewohnheiten. Bereits auf der physiologischen Ebene geht es um das abwechselnde Nutzen von intensiven und weniger intensiven, ruhigen und aufregenden Inhalten. Dies gilt um so mehr, wenn in den traditionellen Erfahrungsbereichen, also im persönlichen Kontakt mit anderen, eher ruhigere Verhaltensweisen üblich sind.

Gefühle

Viele Medien werden primär nicht genutzt, um zunehmend besser an Information zu gelangen, sondern dienen der Ablenkung, der Unterhaltung und der Entspannung. Damit korrespondieren sie zugeich mit der ganzen Palette unterschiedlicher Gefühle. Mit der Möglichkeit, selbst in die Rolle von Akteuren, zum Beispiel in virtuellen Spielen, zu schlüpfen, nimmt auch die Gefühlsintensität zu. Dabei sind diese Erlebnisse immer zeit- und kulturabhängig. Zu Beginn der Stummfilmzeit konnte zum Beispiel eine schwarz-weiße und relativ unscharfe Lokomotive, die an eine Wand projiziert wurde, hohe Angst auslösen. Heute erzeugt sie nur noch ein Lächeln. Das Fernsehen, das heute präsentiert wird, ist immer noch in der Lage, gefühlsintensive Wirkungen hervorzurufen. Durch die dreidimensionalen Darbietungen und Simulationen und die Möglichkeit, selbst in Ereignisabläufe einzusteigen, wird jedoch wahrscheinlich das heute noch dominierende Medium, das Fernsehen, immer geringere Gefühlsreaktionen zur Folge haben. Hier stellt sich vor allem die Frage, ob es sich letztlich um immer ähnliche

Gefühlsniveaus handelt oder ob tatsächlich auch eine strukturelle Veränderung der emotionalen Reaktionen stattfindet. Diese Frage ist schwierig zu beantworten. Zur Medienkompetenz gehört aber in jedem Fall viel mehr als bisher das Thematisieren der Erfahrungswelt, die mit den unterschiedlichen Medien verbunden ist.

Mit der Möglichkeit der perfekten Simulation nimmt auch die sensorische Intensität des Dargestellten zu. Schon heute haben sich die virtuellen Spiele den Wirklichkeitsabläufen so dicht genähert, daß es, zumindest im Spiel selbst, für den Beteiligten schwierig ist, auf Distanz zum Geschehen zu gehen. Ähnlich wie bei einem 360-Grad-Kino wird man so in die Ereignisabläufe hineingezogen, daß man sich in die Realität versetzt fühlt. Selbst wenn man vor und nach der Nutzung entsprechender Spiele weiß, daß man sich nur medial in sie begeben hat, stellt sich doch die Frage, welche Gefühlsstrukturen sich langfristig bei einer intensiven Auseinandersetzung mit virtuellen Gefühlswelten entwickeln. Frühere Untersuchungen haben ergeben, daß sich bei einer ständigen Vermischung von Realität und Fiktion im Erleben langfristig die Einschätzung der Umwelt verändert. Ein realistisch gemachtes, aber letztlich fiktives Spiel hat also offensichtlich weitaus größere Wirkungen als nur reine Ablenkung und Unterhaltung. Es kann die Art und Weise des Umganges miteinander verändern und kann die Wahrnehmung der anderen als Spielpartner oder auch Feinde beeinflussen. Besonders Spiele, wie sie in letzter Zeit im Internet zu finden sind, wie zum Beispiel „Quake", kennen als Grundprinzip das Ziel, zunächst einmal virtuell die anderen, die sich ebenfalls in dieser digitalen Umwelt bewegen, bis zur Vernichtung zu bekämpfen. Es gibt dabei zwar natürlich keine echten tödlichen Folgen. Die Realität wird hierbei jedoch in einer solch extremen Form simuliert, daß sehr differenzierte Strategien der Vernichtung anderer Menschen oder Menschengruppen entwickelt werden. Da es dabei naheliegt, daß vielleicht nicht unbedingt aggressives Verhalten, aber zumindest Menschenbilder negativ beeinflußt werden, muß man von einem erhöhten Risiko solcher Spiele ausgehen. Kompetenzerfolg ist hier vor allem darin zu sehen, daß immer wieder deutlich gemacht wird, daß Realität anderen Prinzipien folgt als eine, wenn auch ästhetisch noch so perfekt gemachte, spielerische Welt.

Mit den neuen virtuellen und ästhetischen Möglichkeiten bieten sich natürlich umgekehrt für den Nutzer zahlreiche Optionen, selbst kreativ mit den Systemen umzugehen. Um hier nicht die Anwendung der Technologie in Klischees verharren zu lassen, braucht ein kompetenter Nutzer immer wieder auch Anleitung, wie man optimal mit der Vielzahl der neuen Möglichkeiten umgehen kann. Dies setzt zunächst die Beherrschung der Technik voraus, aber letztlich ist das Erlernen inhaltlicher Kreativität und Phantasie wichtiger. Es ist eine Illusion, von einer reinen Selbststeuerung auszugehen. Jeder soziale und emotionale Prozeß und jede Kreativität steht nämlich immer auch in einem sozialen Verbund. Da die digitale Welt nicht eine Förderung von Vereinsamung zur Folge haben sollte, ist es in sozialer Hinsicht umso naheliegender, Kreativität und Phantasie in Zusammenarbeit zu entwickeln. Auch das Internet bietet wieder besondere Möglichkeiten beim Aufbau von Phantasie.

Mit den phantasievoll gemachten Geschichten wird eine neue Möglichkeit der Identifikation mit den Hauptfiguren von Märchen und Abenteuern erzeugt. Dabei kann selbst ein Verschmelzen der eigenen Person mit dem Vorbild erfolgen. Eine wichtige Kompetenz, vor allem für jüngere Kinder, besteht hier im Wahren von Distanz zu virtuellen Figuren. Zwar ist es normal, daß sich Kinder und auch noch Jugendliche während der Sozialisation mit anderen identifizieren, um ihre eigene Persönlichkeit zu entwickeln. Relativierung ist jedoch in diesem Zusammenhang eine Notwendigkeit. Da, wo im Extremfall durch die mediale Omnipräsenz jederzeit eine Action-Figur oder eine Phantasieperson zur einzigen Identifikationmöglichkeit werden, geht der Bezug zur Alltagswirklichkeit verloren. Auch dies ist keine logische Konsequenz des breiteren Medienspektrums und seiner umfassenden Möglichkeiten. Es ist hingegen eher zu sehen als die perfekte Bedienung von schon vorhandenen Bedürfnissen, die aber immer wieder an der sozialen Realität gemessen werden müssen.

Schon bei der gehäuften Fernsehgewalt, aber erst recht im Bereich der extrem gewalttätigen Spiele besteht die Gefahr, daß die Empathie mit anderen verlorengeht. Das realistische Einüben des Tötens, Folterns oder der Vernichtung eines oder vieler Menschen kann auf Dauer einen Gewöhnungseffekt zur Folge haben. Das heißt, daß Menschen nicht mehr als solche angesehen werden. Zunächst handelt es sich in einem virtuellen Raum natürlich auch nur um eine künstliche Figur. Die Internetspiele, bei denen man gegen real existierende, am Internet teilnehmende Partner kämpft, lassen diese Grenzen jedoch bereits verschwimmen. Viele Experimente haben belegt, daß durch mediale Abstumpfung in Bezug auf Aggression und Angriffe auch das reale Mitleid mit Menschen abnehmen kann. Entsprechend ist eine der wichtigsten Aufgaben für die Medienkompetenz die Vermittlung der Tatsache, daß ein großer Unterschied besteht zwischen einer Medienfigur, die nicht physisch faßbar ist, und einem in der realen Welt lebenden Menschen.

Zusammenfassend kann man feststellen, daß gerade der Gefühlsbereich eine besondere Aufmerksamkeit in bezug auf die neuen Medienkompetenzen erfordert. Dies ist insofern ein schwieriges Thema, als sich Gefühlserfahrungen natürlich bislang nicht als Hauptthema im Unterricht wiederfinden. Gleichzeitig steht aber fest, daß Eltern kaum noch in der Lage sind, ihren Kindern eine umfassende und auch gefühlsbezogene Medienkompetenz zu vermitteln. Hier sind neue pädagogische Formen notwendig. Auf jeden Fall ist es schon jetzt möglich, den kritischen Umgang mit den fiktiven Inhalten zu lehren. Hierbei ist es wichtig, immer wieder aufs neue deutlich zu machen, daß tatsächliche Gefühle anders und nuancierter sind als die, die in den üblichen Medienangeboten vorherrschen.

Denken

Mit der Zunahme der Information ist zugleich die Kompetenz erforderlich, diese Information auch optimal in Problemlösungen und in den Alltag zu integrieren. Eine wichtige Kompetenz für jeden Mediennutzer besteht in der Fähigkeit, zwischen Fakten-, Prozedural- und Strukturwissen unterscheiden zu können. Gerade das Internet und multimediale Speichermedien bieten eine große Fülle von Fakten. Der Unterricht wird wesentlich effizienter, wenn von diesen Fakten und Vermittlungsmöglichkeiten Gebrauch gemacht wird. Gleichzeitig sind damit aber noch keine Verbindungen zwischen den unterschiedlichen Wissensbereichen hergestellt. Diese Verbindungen werden erst durch Prozedural- oder Prozeßwissen ermöglicht. Das heißt, daß auch interaktive Medien zunächst noch nicht in der Lage sind zu vermitteln, wie man Fakten miteinander verknüpft und in den eigenen Wissensbestand integriert. Dies ist eine Aufgabe für den wahrscheinlich immer noch persönlichen Unterricht, gerade in der Schule, in dem Verknüpfungen und Lösungsprozesse gelehrt werden. Obwohl auch der Umgang mit dem Computer aus Lösungsprozessen besteht, beziehen diese sich lediglich auf relativ eng definierte Probleme. So werden dabei soziale Wirklichkeit und sehr unterschiedliche Erfahrungshintergründe nicht berücksichtigt. Diese spielen beim üblichen Prozeßwissen eines Menschen, der ganz unterschiedliche Wissensformen und Informationen zu einer optimalen Kenntnis zu verknüpfen weiß, jedoch sehr wohl eine Rolle. Wichtig ist schließlich auch das sogenannte Strukturwissen, das Wissen über unterschiedliche Aggregatniveaus hinweg. Wie hängen Medienprozesse mit sozialer Wirklichkeit zusammen? Welchen Einfluß haben unterschiedliche Kulturen und Gesellschaftssysteme auf die Medienangebote? Erst ein Mediennutzer, der die Fakten auch prozessual zu verknüpfen weiß und diese Prozesse wiederum gleichzeitig in größere Strukturen einordnen kann, ist ein wirklich kompetenter Nutzer, der die Medien optimal zur Wissenserhöhung einsetzen kann.

In den Systemen werden immer mehr Informationen und Daten angeboten. Information, Dokumentation, Nachrichten und auch pädagogische Inhalte werden aus einer Vielzahl unterschiedlicher Quellen gespeist. Die in diesem Zusammenhang wichtigste Kompetenz ist die Fähigkeit der Quellenkritik. Ein Mediennutzer muß in der Lage sein nachzuvollziehen, woher eine Information stammt und wie zuverlässig und glaubwürdig sie ist. Dies ist zunächst nicht einfach. Die Kompetenz besteht jedoch unter anderem darin, bereits aus Sprachgebrauch und Gestaltung einer Information erste Hinweise über deren Qualität abzuleiten. Die Schule mag mit der weiteren Medienentwicklung zunehmend ein Ort werden, an dem vor allem die Quellenkompetenz, das heißt die Fähigkeit, Information zu berurteilen, gelernt wird. Jede einzelne Information, die medial vermittelt wird, gewinnt ihre Anwendbarkeit erst durch ihre Integration. Diese Integration ist ebenfalls ein Thema der Kompetenzentwicklung. Zu den wichtigsten Aufgaben gehört in diesem Zusammenhang die Verknüpfung der verschiedenen Informationsmodi, wie zum Beispiel Bild, Text, Film und Ton, miteinander zu einem gemeinsamen Wissensbestand. Eine weitere Integrationsleistung besteht darin, die jeweils einzelnen Wissensbestände wiederum in das eigene umfassendere Erfahrungswissen einzuordnen. Auch hierin besteht eine neue Aufgabe für die Schule.

Nicht die Informationsmenge wird das Problem der Zukunft sein, sondern die Verknüpfung von Information mit Handlungsfähigkeit und Entscheidungsvermögen. Entsprechend ist die Funktionskenntnis eine der wichtigsten kognitiven Aufgaben für Medienkompetenz. Es geht hierbei um die Fähigkeit, die Frage zu beantworten, welches miteinander verknüpfte Informationswissen für ein Individuum am besten geeignet ist, um bestimmte Entscheidungen treffen zu können oder zum Beispiel bestimmte Probleme lösen zu können.

Soziales Verhalten

Mit den Kommunikationsnetzen ergibt sich auch die Möglichkeit neuer Formen der Zusammenarbeit. Kompetenz bedeutet hier, die unterschiedlichen sozialen Strukturen zu beherrschen. Auch dieses ist erlernbar.

Die Kommunikationsprozesse bergen in sich den Aufbau persönlicher Beziehungen. Welche Eigenschaften des anderen spielen dabei eine besonders wichtige Rolle? Welches soziale Verhalten wird vom anderen als konstruktiv und welches als destruktiv erfahren? Mit den digitalen Möglichkeien kann hier auch Sozialverhalten eingeübt werden und kann auch ohne Peinlichkeit vermittelt werden, was als positiv und was als negativ erfahren wird. Die bislang eher dominierenden destruktiven Spiele könnten viel stärker durch positive koalitionsbezogene Spiele ersetzt werden. Eine Aufgabe für die Pädagogik besteht hier in der Umsetztung der Erkenntnisse über positive Zusammenarbeit, zunächst einmal in der digitalen Welt. Die Dekodierung der Gefühle anderer gehört ebenfalls zu der Frage, wie man im digitalen Raum sozial miteinander umgeht. Das System selbst erzeugt keine Menschenbilder, aber die Art und Weise, wie anonym bestimmte Bilder von anderen vermittelt werden können, haben einen Einfluß darauf, wie persönliche Eindrücke von anderen aufgebaut werden, das belegt auch die erwähnte UNESCO-Studie.

Nicht primär der Einfluß auf Verhalten, der Aufbau von Welt- und Menschenbilder ist vermutlich insgesamt der zentrale Bereich für Medienverantwortung des Fernsehens und aller anderen Presse- und digitalen Angebote.

Literatur

BIEDENKOPF, K., GLOTZ, P., GROEBEL, J., GROSS, J., LAHNSTEIN, M., MESTMÄCKER, E. J., MOHN, R., STOLTE, D., WÖSSNER, M.: Kommunikationsordnung 2000. Gütersloh, Verlag Bertelsmann Stiftung 1996; GROEBEL, J.: Media Violence and Children: The UNESCO Global Study. In: Educational Media International. 35, 3, 216-227, 1998; GROEBEL, J.: New Media Development. Amsterdam, Boom Publishers 1997; GROEBEL, J. u. HINDE, R. A. (eds.): Aggression and War. Cambridge, Cambridge University Press 1991.

Tips zum „richtigen Fernsehen“

Helmar Oberlechner

Vier Pärchen richten sich auf einer Berghütte häuslich auf ein romantisches Wochenende ein. Eine mit einer Baseballmaske vermummte Gestalt ermordet mit Pfeil und Bogen, Schlinge, Axt und bloßen Händen ein Pärchen nach dem anderen. Gott sei Dank ist es nur der Horrorfilm „Und wieder ist Freitag, der 13.“ Nur ein Film? Vor einiger Zeit stieß ich auf die Zeichnung eines zwölfjährigen Schülers. Sie stellt einen seiner Lehrer als Schreckbild dar: mit herausgerissenen Augen; Kopf, Kehle und Brust mehrfach von Messern und Pfeilen durchbohrt, blutend aus Mund und Nase und weil's noch zuwenig ist, mit einsatzbereiter Galgenschlinge über dem Kopf (siehe Abbildung). Die Darstellung zeigt eine frappierende Ähnlichkeit zum genannten Film. War er das Vorbild, mit einem Lehrer auf diese Weise abzurechnen?

„'s kommt alles vom Fernsehen, oder ...?“

Leicht ist man geneigt, dem Fernsehen und anderen elektronischen Medien die Hauptschuld an der Entwicklung antisozialen und aggressiven Verhaltens unserer Kinder und Jugendlichen anzulasten. Schnell ist man mit Verboten und Zensur des Bildschirms zur Stelle. Ein Blick in die Medienwirkungsforschung zeigt jedoch eine vielschichtige Problematik, die nicht mit einer einseitigen Schuldzuweisung an gewaltdarstellendes Fernsehen erklärt bzw. mit „einfachen“ Restriktionen gelöst werden kann. Erzieher sind sich längst einig, daß Gewaltbereitschaft und Aggressivität unserer Jugend auf einem ganzen Ursachenbündel beruht, in dem die filmische Darstellung von Gewalt „nur“ einer von vielen Faktoren sein kann. Je mehr negative Erziehungseinflüsse auf Heranwachsende einwirken, desto stärker kann sich unkontrollierbares Gewaltpotential aufstauen. Wer als Kind am eigenen Leib lernen mußte, daß man mit der sogenannten „g'sunden Watsch'n“ gefügig gemacht werden kann, daß Gewalt als gerechtfertigtes Mittel zur Bestrafung funktioniert, wird ähnlichen Botschaften in gewaltbeinhaltenden Filmen mehr Aufmerksamkeit zuwenden. So stellt sich für die Erziehung eine sehr breite Herausforderung in der Bekämpfung von Gewalt und nur im Zusammenwirken vieler gewaltsenkender Maßnahmen wird langfristig eine erwünschte Wirkung erzielbar sein.

Im Sinne von Theorien[1], die gewaltbeinhaltenden Filmen den Auslöser zur Nachahmung bzw. Vorbildwirkung zuschreiben, ist eine Reduzierung des jugendlichen Gewaltkonsums via TV und Kino eine mögliche Maßnahme. Ob aller-

„Lehrer": Zeichnung eines 12jährigen Schülers

dings Verbote, elektronische Kontrolle (V-Chip[2]) oder Kennzeichnungsmaßnahmen in Filmvorschauen allein ausreichen werden, wage ich zu bezweifeln. Verbote können umgangen werden, für viele Kinder und Jugendliche sind sie sogar Gradmesser für „besonders sehenswerte" Filme! Und wer wegen des aktivierten V-Chips „Äktsch'n" zuhause nicht sehen darf, konsumiert Rambo & Co. eben auswärts. Um dem zu entgehen, müßte ganz allgemein das Angebot gewaltdarstellender Filme auf allen Sendern und bei den Videoanbietern gesenkt werden.

Das Allerbrutalste aus Filmen herauszuschneiden und eine Softversion zu senden – so wie es der ORF tut – ist zu begrüßen. Dennoch stellt sich für mich die Frage nach der gerade noch verträglichen Dosis filmischer Gewaltdarstellung. Wer empfindet was als (noch) nicht gewalttätig, brutal, grausam, unverträglich? Wieviel Gewaltdarstellung verträgt ein Kind, wieviel ein anderes? Um wieviel wird ein Film weniger gewalttätig, wenn man von vier Axthieben auf einen Menschen zwei herausschneidet? Wer ist Herrscher über solch eine Zensur? Wieviel darf herausgeschnitten werden, bevor der Zuschauer auf einen anderen TV-Sender mit ungeschnittenen Angeboten umsteigt?

Gewalt ist ein Faktum unserer Gesellschaft, Gewaltdarstellung deren Spiegelbild. Grundsätzlich ist mir jedes legitime und wirksame Mittel recht, unsere Kinder und Jugendlichen davor zu schützen. Schützen heißt für mich jedoch nicht nur Bewahren – sondern vor allem Umgehenlernen! Der kritisch-reflexive Umgang mit Medien und mit der medialen Gewaltdarstellung muß rechtzeitig gelernt und geübt werden. Gesetzliche Grundlagen und Forderungen dafür bestehen schon seit Jahren! Klar und deutlich umreißen die österreichischen Lehrpläne und ein eigener Grundsatzerlaß zur Medienerziehung des BMUK z. B. die schulische Verpflichtung zum Erlernen von Medienkompetenz[3]. Aus meiner Praxis ergeben sich vor allem drei Hauptgebiete, in denen diese gezielte Medienkompetenz vermittelt werden muß:

1. Aufklärung der Eltern und ErzieherInnen

Eltern schieben bei aggressiven Entgleisungen ihrer Kinder einerseits gerne dem Fernseher die Schuld daran zu, andererseits sind sie im Umgang mit dem Angebot des Fernsehens zu sorglos, mißbrauchen den Bildschirm nicht selten als Babysitter oder als Erziehungsmittel. Eltern sollen sachlich und ohne Pauschalverurteilungen über Problematiken des Fernsehkonsums ihrer Kinder, aber in diesem Zusammenhang auch über andere problematische Erziehungsfaktoren aufgeklärt werden. Erkenntnisse der Medienwirkungsforschung und sachliche TV-Programmanalysen sollen bei Elternabenden referiert und diskutiert werden.

2. Aus- und Fortbildung von MultiplikatorInnen (ErzieherInnen, Lehrpersonen etc.)

Zur Erfüllung der gesellschaftspolitischen Forderungen nach Medienerziehung müssen KindergärtnerInnen, Lehrpersonen, ErzieherInnen, JugendleiterInnen aus- bzw. fortgebildet werden. Mein Augenmerk richtet sich dabei besonders auf die Schule, die durch die Lehrpläne gesetzlich verpflichtet ist, unsere Kinder und Jugendlichen im Umgang mit den Medien zu befähigen. Besonders wichtig erscheint mir das Vermitteln wissenschaftlich fundierter und praxistauglicher Methoden, die ohne großen Aufwand in den laufenden Unterricht der verschiedenen Lehrgegenstände einzubauen sind und Lehrern wie Schülern Spaß machen sollen.

3. Direkte Arbeit mit Kindern und Jugendlichen

Mit Hilfe lebendiger Methodik sollen sich Kinder und Jugendliche unter Anleitung ihrer Erzieher und Lehrpersonen mit den sie umgebenden Medien kritisch, aber nicht von vornherein abwertend auseinandersetzen. Im Vordergrund steht für mich das lustbetonte „Learning by doing“, etwa beim interessierten Forschen nach der Wirkung von Medien auf die eigenen Gefühle und Handlungen, bei der Aufarbeitung eines gesehenen Filmes durch Spielen, Malen, Diskutieren oder beim Drehen eines eigenen Videofilmes etc.

Methodikbeispiele aus der Praxis

In meinen weiteren Ausführungen beschränke ich mich exemplarisch auf einige griffige Methodikbeispiele, die ich sowohl in der Aus- und Fortbildung von Multiplikatoren lehre als auch in der Arbeit mit Kindern und Jugendlichen direkt umsetze. Die angeführten Methoden werden im Rahmen von Schulprojekten zum Thema „Gewalt im Fernsehen“, „Umgang mit Medien“ und im laufenden Unterricht erfolgreich angewendet. Sie erheben nicht Anspruch auf Vollständigkeit oder Ausschließlichkeit, sind beliebig variierbar, auf andere Medienbereiche übertragbar und auch in der außerschulischen Jugendarbeit einsetzbar.

Ziele sind unter anderem das Aufdecken klischeehafter Vorbilder, allmächtiger, unverwundbarer Helden und Heldinnen, das Entlarven heldenhafter Gewalt und „gerechtfertigter“ Selbstjustiz, das Kritisieren von Gewalt als Mittel zur Konfliktlösung, wie sie in in vielen Spielfilmen und Fernsehserien präsent sind: Sheriffs, Shoguns, Polizisten und private Rächer dürfen brutal und ungestraft Selbstjustiz ausüben – und das unter völliger Anerkennung durch uns als Zuschauer! Der Soldat, der einen gegnerischen Bunker mit einem Flammenwerfer ausräuchert, wird mit Orden behängt, Rambo & Co genießen in Ausübung ihrer gewaltsamen (filmischen) Tätigkeit den Ruhm der gesamten Nation. Die Botschaft, daß man Gewalt ausüben darf, wenn man sich im Recht fühlt, ist bedenklich und muß von Kindern und Jugendlichen kritisch hinterfragt werden! Eine von vielen Möglichkeiten dazu ist das kritisch-reflexive Aufarbeiten eines gesehenen Filmes, das Bewußtmachen filmischer Inhalte, Aussagen, Absichten, Wirkungen, Gestaltungsmittel etc.

Schüler entlarven das Klischee „Der Gute darf den Bösen töten ...“

Jeder Film des Strickmusters „Der Gute darf den Bösen töten ...“ erzeugt beim Zuseher starke Aversionen gegen den Bösen, so daß die meist völlig überzogene und in Wirklichkeit strafbare Selbstjustiz des Guten gefühlsmäßig für richtig und vertretbar gehalten wird. 13- bis 14jährige SchülerInnen wurden mit einem kurzen Ausschnitt aus einem Western konfrontiert. Darin „vergewaltigt“ der sogenannte „Böse“ – ein schwarzhaariger Cowboy – ein hübsches Mädchen. Er wird dafür vom sogenannten „Guten“ – einem blonden Cowboy – erschossen. Aber weder haben der Filmzuschauer oder der „Gute“ die Vergewaltigung selbst gesehen, noch gibt der Rächer seinem unbewaffneten Widersacher eine faire Chance.[5]

Methode Einreißzettel „Recht geschehen oder nicht?“

Nach diesem Filmausschnitt erhielten die SchülerInnen einen Einreißzettel mit drei Möglichkeiten zum Ankreuzen oder Einreißen:

1) Recht geschehen, der Cowboy hat's nicht anders verdient!
2) Er hätte den Cowboy vorher noch gehörig verprügeln sollen!
3) Nicht recht geschehen![6]

Die SchülerInnen wurden gebeten, ganz spontan bei 1, 2 oder 3 einzureißen und den Zettel anonym wieder abzugeben. Bei der Auszählung stellte sich heraus, daß die überwiegende Zahl der SchülerInnen die Selbstjustiz des Guten befürwortete.

Methode „Gerichtsverhandlung“

Anschließend wurden die Klassen in Gruppen zu je 4 SchülerInnen aufgeteilt und mit folgendem Aufgabenblatt versehen:

- Ihr sollt euch 20 Minuten wie ein Gericht beraten und den Todesschützen freisprechen oder verurteilen!
- Wie könnte die Anklage lauten?
- Wie lautet euer Urteil?
- Begründet eure Anklage und euer Urteil!

Jetzt zeigte sich für alle ein verblüffendes Ergebnis: Der sogenannte „Gute“, dem kurz vorher von fast allen recht gegeben wurde, wurde nun von allen Gruppen des Mordes oder des Totschlages für schuldig befunden und verurteilt. Darauffolgend wurde nun gemeinsam erörtert, warum es zu solch unterschiedlichen Meinungen innerhalb kurzer Zeit kommen konnte.

Vom Gefühl zum Verstand

In der Gegenüberstellung mit dem Ergebnis aus den Einreißzetteln wurde deutlich, daß man zunächst gefühlsmäßig wertete, ohne sich sachlich mit dem dargestellten Geschehen auseinanderzusetzen. Bei der verstandesmäßigen Auseinandersetzung trat eine differenzierte Analyse der filmischen Geschehnisse und ein Vergleich mit der rechtlichen Wirklichkeit an die Stelle des oberflächlichen „Recht geschehen“. Die SchülerInnen erkannten im gemeinsamen Diskutieren, daß der sogenannte „Gute“ auf Grund einer Vermutung gehandelt und auf einen

„Meine Freunde und ich haben manchmal Angst nach Horrorfilmen“: Zeichnung eines 15jährigen Schülers

Unbewaffneten geschossen hat, daß Selbstjustiz in unserer Gesellschaft verboten und strafbar ist. Begriffe wie Mord, Totschlag, Tötung im Affekt und deren mögliche Konsequenzen etc., die sie nur vage aus Nachrichten und Filmen kannten, wurden erörtert und damit ein Bezug zum eigenen Leben hergestellt.

Diese Erkenntnisse können bewirken, daß ähnliche filmische Gewaltmuster in Zukunft kritischer beobachtet und Selbstjustiz als weniger nachahmenswert erachtet werden.

Projekt „Äktsch'n-Film"

15jährige Jugendliche machten sich bewußt, daß Spannung und Action für viele gleichbedeutend mit brutalen Gewaltszenen ist, daß filmische Gewalt – je nach Darstellung – unterschiedlich wirkt und je nach Situation Angst, Abscheu, Bewunderung, Nachahmung bewirken kann. Als Beispiel eines actionreichen Filmes wurde der Film „Terminator II" mit seinen spektakulären Gewaltszenen vorgeführt.

Methode Einreißzettel „Wie hat mir der Film gefallen?"

Sofort nach dem Film wurden folgende Einreißzettel verteilt. Die SchülerInnen wurden gebeten, ganz spontan bei 1, 2, 3 oder 4 einzureißen und den Zettel wieder abzugeben

1) Der Film hat mir sehr gut gefallen.
2) Der Film hat mir mittelmäßig gefallen.
3) Der Film hat mir gar nicht gefallen.
4) Kann ich nicht sagen.

Nach Auszählung der einzelnen Bewertungen ergab sich zunächst eine gefühlsmäßige Bewertung des Filmes von „sehr gut" bis „gar nicht". Die Schüler (im Sitzkreis) wurden nun aufgefordert, zu begründen,

a) warum wohl so viele/so wenige für sehr gut (gar nicht, mittelmäßig, kann ich nicht sagen) gestimmt haben,
b) warum sich jeder einzelne für sehr gut (gar nicht, mittelmäßig, kann ich nicht sagen) entschieden hat.

Auf diese Weise kamen die Schüler von ihrer spontanen gefühlsmäßigen Wertung – z.B. „cooler Film" – zu einer analytischen Begründung. Viele Szenen, Inhalte, Gestaltungsmittel, Wirkungen und Absichten des Filmes konnten dabei erörtert werden. Nicht wenige SchülerInnen beobachteten dabei das erste Mal sich selbst bewußt (selbstreflexiv) und stellten fest, welche filmische Darstellung oder Szene bei ihnen Spannung, Lustgewinn, innere Unruhe, Angst, Ärger, Aggression, Entspannung oder sogar Lust zur Nachahmung bewirken. Sie lernten im Gespräch voneinander, daß Film auf jeden/jede anders wirkt und versuchten, die Gründe dafür zu erfahren.

Methode Fragetopf „Action"

Auf Papierstreifen sind Fragen abgedruckt, z.B.:

- Was hat der Film mit mir zu tun?
- Wer aus dem Film möchtest du (nicht) sein? Warum?
- Welche Szene hat dich am meisten beeindruckt? Warum?
- Welche Szene kam dir besonders grausam/brutal vor?
- Welche Szene könnte deinem kleinen Bruder/deiner kleinen Schwester Angst machen? Warum?
- Was aus dem Film wäre im wirklichen Leben strafbar?
- Welche Szenen konnten nur mit Tricks oder Stunts gedreht werden? Warum?
- Beschreibe den Charakter der wichtigsten Person(en) aus dem Film!
- Für welches Alter würdest du diesen Film zulassen? Warum? u.ä.

Diese Papierstreifen wurden in Gruppen zu je 10 (im Sitzkreis) verteilt. Die SchülerInnen lasen reihum ihre Fragen vor und nahmen Stellung. Schnell entwickelte sich in allen Gruppen ein lebhaftes Gespräch, das je nach Frage angstmachende, gewaltdarstellende Szenen, besondere filmische Gestaltungsmittel und deren Wirkung auf sie selbst bzw. auf jüngere Geschwister oder Freunde auslotete.

Bildnerische Methoden

Bildnerische Methoden (Zeichnen, Malen, Collagen ...) sind besonders bewährt für die Arbeit mit Kindern und Jugendlichen! Gefühle, Empfindungen, angstmachende, gewaltdarstellende Elemente eines Filmes können bildnerisch ausgedrückt und dadurch bewußt gemacht werden. Nach einem gemeinsam angesehenen Film werden die SchülerInnen aufgefordert, zu zeichnen (zu malen), was ihnen im Film am besten gefallen bzw. was sie am meisten beeindruckt oder was ihnen Angst gemacht hat. Die dabei entstehenden Bilder sind Grundlage für eine Bildbesprechnung, die wieder zum Film und zu den dargestellten Szenen – mit ihren Wirkungen auf jeden einzelnen – zurückführt. Unter dem Thema „Zeichne, was dir beim Fernsehen Angst macht", können gezielt angstmachende oder gewalttätige Filmszenen aus dem täglichen Fernsehkonsum der Kinder offengelegt und besprochen werden.

Bewußtmachung durch Filmproduktion

Ein ausgesprochen wirkungsvoller Weg ist es, einen nur wenige Minuten langen Film mit Schülern selbst zu produzieren. Ganz von selbst lernen die SchülerInnen dabei, Gestaltungsmittel und ihre Wirkung – vom Bildausschnitt über die Perspektive, von der Lichtführung bis zur Vertonung und zum Dialog – einzusetzen und dann im Fernseh- und Kinofilm zu durchschauen.

Erlernen von Medienkompetenz, der Weg der kleinen Schritte ...

Niemand kann erwarten, daß mit der Aufarbeitung eines einzigen Spielfilmes oder mit dem einmaligen Drehen eines Videofilmes die Medienwelt – und die darin dargestellte Gewalt – vollständig durchschaubar und beherrschbar sei. Medienerziehung ist ein lebenslanger Lernprozeß, der bereits dann beginnen sollte, wenn Kinder sich bewußt der Medien zu bedienen beginnen. Im Kleinkindalter wird es das behutsame Auswählen von Kindersendungen durch Eltern und ErzieherInnen sein, ab dem Kindergarten kann bereits gezielte Auseinandersetzung mit dem Fernsehen (und anderen Medien) einsetzen, der Möglichkeiten gibt es viele. Die in diesem Beitrag angeführten Methoden und Themen zum Erlernen von Medienkompetenz verstehen sich als Motivation, Medien als Teil der eigenen Lebenswelt näher kennen- und nutzen zu lernen – und sie machen tatsächlich Spaß: Schülern wie Lehrern, Jugendleitern wie Jugendlichen und Erwachsenen! Versuchen Sie es selbst einmal!

1 Imitationsthesen: Gewaltdarstellung reizt zur Nachahmung. Diesen Thesen stehen allerdings andere konträr gegenüber, z.B. Katharsisthese: Das Ansehen von Gewaltdarstellungen befreit den Zuschauer von Aggressionen u.a.

2 V-Chip: Violent-chip, elektronische Zensurmöglichkeit, die in TV-Geräte eingebaut werden kann, um codierte Gewaltszenen auszublenden.

3 Erlaß des Bundesministeriums für Unterricht und kulturelle Angelegenheiten, GZ. 33.223/14–V/13b/94

4 Auszug aus dem Medienerlaß des BMUK: Fächerübergreifend und in jeder Schultype „... soll das Bewußtsein für die vielfach einseitige und klischeehafte Darstellung von sozialen und geschlechtsspezifischen Rollen durch die Medien wecken“.

5 Statt eines Westerns kann praktisch jeder Film dieses Strickmusters – vom Krimi bis zum Kostümfilm – verwendet werden.

6 Diese Feststellungen/Wahlmöglichkeiten sind bei einem Filmseminar mit Jugendlichen ausgearbeitet worden. Es ist mir bewußt, daß sie durch andere Formulierungen ersetzbar bzw. ergänzbar sind.

3.2.2.5. V-CHIP

Der Weisheit letzter Schluß?

Gerhard Bollardt

In den USA und in Kanada ist er im Kommen: der V-Chip, wobei V für Violence oder Gewalt steht. Dieser Chip ist ein winziges, softwareunterstütztes Halbleiterblättchen mit elektronischen Schaltelementen und wird vom Hersteller im Fernsehgerät eingebaut. Die Fernsehstationen codieren ihre Programme nach den Kategorien Gewalt, Sex und Sprache sowie nach Altersstufen. Welche Sendungen der Chip durchlassen soll, legt der Zuschauer fest. Gesichert wird die Einstellung mit einer Geheimzahl.

In den USA, wo er ab dem Jahr 2000 serienmäßig in alle TV-Geräte eingebaut sein soll, gilt der V-Chip als enorme Errungenschaft im Kampf gegen Sex and Crime. Ist er aber tatsächlich der Weisheit letzter Schluß? In Österreich ist man davon keineswegs überzeugt, die Skepsis gegenüber dem V-Chip wird, fast, allgemein geteilt – vielleicht deshalb, weil man in Österreich etwas weniger technik- und fortschrittsgläubig ist als im Herkunftsland des V-Chips.

Auf den ersten Blick hat der V-Chip tatsächlich etwas Bestechendes. Eltern studieren die Programme samt Violence-Anleitung, programmieren via Chip das TV-Gerät und verhindern so, daß ihre Kids etwas sehen, das sie eigentlich nicht sehen sollten.

Der V-Chip – und das ist sein größtes Manko – setzt vorbildliche Eltern voraus, die TV-Programminformationen auf vorbildliche Weise studieren und TV-Geräte auf vorbildliche Weise programmieren.

Aber nicht alle Eltern sind in dieser Hinsicht vorbildlich. Laut einer aktuellen Umfrage in den USA würden zwei Drittel aller Eltern den V-Chip benutzen – ein Drittel aller amerikanischen Eltern würde also seine Kinder Sendungen von Produzenten und Programmachern aussetzen, die sich mit Hinweis auf denV-Chip einer verantwortungsbewußten Programmierung enthoben fühlen könnten.

Und selbst bei Eltern, die den Chip offensiv einsetzen, ist noch lange kein Kraut gegen jene Technikfreaks unter den Kids gewachsen, die den V-Chip-Code knacken. Aus den V-Chip-Ländern sind auch schon Fälle bekannt, in denen Kinder ihre Eltern ärgern, indem sie Sendungen, die sich die Eltern anschauen wollen, mit V-Chip bearbeiten. Ein weiterer Nachteil ist, daß es selbst in Ländern, in denen – wie den USA – der V-Chip bei neuen Geräten verpflichtend vorgesehen ist, Jahre dauert, bis der V-Chip flächendeckend eingeführt ist.

3.2.3. KOMMENTARE ZU FIKTIONALEN GEWALTDARSTELLUNGEN IM FERNSEHEN

Zensur ist keine Lösung

Hans Matzenauer

Gesetzlich vorgeschriebene Zeitzonen oder die Kennzeichnung von Sendungen, die Minderjährige gefährden könnten, lassen leicht den Eindruck entstehen, man habe die Situation im Griff. Eine 1998 vom ORF veröffentlichte Studie über die Fernsehgewohnheiten der Kinder stellt allerdings fest, daß bereits 50% der Sechs- bis Zehnjährigen allein und unkontrolliert über ihren Medienkonsum bestimmen. Außerdem beweisen die Erfahrungen in Ländern, in denen jetzt bereits V(iolence)-Chips oder Sendungsklassifikationen eingesetzt werden, daß diese zur Unterstützung der elterlichen Entscheidung gedachten Hilfsmittel in der Praxis nur wenig Beachtung finden und jedenfalls kein Ersatz für den Jugendmedienschutz sind.

Dabei stehen wir erst am Anfang einer Entwicklung, die infolge der Konvergenz das Angebot der elektronischen Medien in den nächsten Jahren noch unüberschaubarer und damit unkontrollierbarer machen wird. Die allgemeine Tendenz zur Sensationsberichterstattung, zur Skandalisierung und zu Tabubrüchen im Bereich von Sex und Gewalt senkt Hemmschwellen und verleitet zur Quotengeilheit. Die Kennzeichnung von „Sex and Crime“ könnte so unerwartet zum Werbemittel werden. Gleichzeitig stürzen sich Vertreter der „sauberen Leinwand“ auf das öffentlich-rechtliche Medium, dessen Verantwortliche ohnedies im ständigen Dialog mit Printmedien und Publikumsvertretern stehen, und überlassen die moralische Kompetenz der Privaten deren „Shareholdern“.

Wer nicht im Überwachungsstaat und in der Zensur die Lösung sieht, wird sich die Frage stellen müssen, was an die Stelle von schwindenden Normen und Traditionen treten kann. In einer demokratischen Gesellschaft muß an erster Stelle die Förderung von Qualitätsprogrammen stehen.

Darüber hinaus kann die erweiterte Selbstbestimmung des einzelnen nur im Rahmen einer „Neudefinition der Verantwortung“ zur Geltung kommen. Dafür brauchen wir vernünftige staatliche (und internationale) Regelungen und deren Durchsetzung, die erhöhte Wachsamkeit der Öffentlichkeit, die Selbstkontrolle der Programmverantwortlichen auf der Basis von Programmrichtlinien, den effizienteren Einsatz der Bildungseinrichtungen in Sachen Medienerziehung, die ehrliche Auseinandersetzung der Eltern mit ihrem Erziehungsauftrag und, als wichtigstes Element, die nötige Medienkompetenz bei den jugendlichen Konsumenten. Sie müssen letztlich selbst in der Lage sein, Schädliches zu erkennen und abzulehnen.

Das Verursacherprinzip bedenken

Siegbert Metelko

Gewalt in den Medien – vor allem im Fernsehen – erregt seit Jahren die Gemüter. In Österreich begann die Diskussion Anfang der neunziger Jahre. Schon 1993 präsentierte der ORF das Grundsatzpapier „Die Haltung des ORF zu Gewalt und Obszönität in Radio und Fernsehen" – Richtlinien, die noch heute unverändert Gültigkeit besitzen und denen weitere ORF-Regulative gefolgt sind.

Das Jahr 1993 ist kein Zufall: In all den Jahren davor, seit Gründung des Österreichischen Fernsehens im Jahr 1955, gab es zwar immer wieder auch vereinzelt Kritik an Gewalt, diese Kritik nahm jedoch niemals größere Dimensionen an – aus einem ganz einfachen Grund: So lange das ORF-Fernsehen keine nennenswerte Konkurrenz hatte, gab es in Österreich keine Sendungen mit nennenswertem Gewaltanteil. Erst als das Kommerzfernsehen auf den Plan trat und die „große Medienfreiheit" begann, änderte sich dies: Im Kampf um Quoten und damit verbundene Werbegelder war den Kommerzanstalten jedes nicht explizit verbotene Mittel recht. Innerhalb kürzester Zeit veränderte sich die Fernsehszenerie in Deutschland und Österreich rasant. Um im Wettbewerb nicht unterzugehen, mußten auch die Öffentlich-rechtlichen vermehrt auf populäre Programme setzen. Der ORF jedoch tut dies im Sinne seines öffentlich-rechtlichen Auftrags: Wo andere ungeschnitten senden, bearbeitet der ORF das Programm. In den ORF-Gremien, dem Kuratorium und der Hörer- und Sehervertretung, gab und gibt es sehr viele und konstruktive Auseinandersetzungen über das Thema Gewalt. In meiner Eigenschaft als Vorsitzender des Kuratoriums konnte ich mich immer davon überzeugen, daß der ORF dieses Thema sehr ernsthaft und mit großer Verantwortung behandelt.

Dennoch kam und kommt der ORF immer wieder ins Schußfeld der Kritik. Die Anfang der neunziger Jahre ausgebrochene Diskussion über Gewalt in den Medien und speziell im Fernsehen verläuft nicht immer differenziert: Gewalt wird nicht konkreten Sendern, sondern dem Medium allgemein zugeordnet. Wer Fernsehen sagt, der meint in Österreich den ORF – das Verursacherprinzip wird meist völlig außer acht gelassen.

Mit diesem Buch setzt der ORF einen weiteren wichtigen Schritt, um das Thema Gewalt in seiner ganzen Vielschichtigkeit zu analysieren. Es wäre wünschenswert, wenn auch andere TV-Sender – vor allem jene, die es am meisten betrifft – dem ORF folgten.

Gewalt hat viele Gesichter

Ingeborg Schödl

Die Geschichte ist unendlich. Mit „Gewalt" übertitelt, begann sie mit dem nachparadiesischen Brudermord. Es gibt kaum Anzeichen, daß sie zu einem Ende kommt. Gewalt an Menschen, unter Menschen, dies läßt sich angesichts der Realität prognostizieren, wird es geben, so lange die Wiederkehr des verspielten Paradieses für die Menschheit eine erträumte Hoffnung bleibt.

Die Gewalt hat viele Gesichter. Zu jeder Zeit, in jeder Gesellschaft zeigt sie sich anders. Trotzdem gibt es zwischen den Folterungen in den mittelalterlichen Inquisitionskerkern und jenen in den Konzentrations- und Auffanglagern unseres Jahrhunderts kaum Unterschiede, außer in den Anwendungsmethoden. Die Würde und Rechte des Menschen werden weiterhin mißachtet, auch wenn diese inzwischen in einer „Charta" festgehalten wurden.

Die Gewalt hat gegenüber den Greueln früherer Jahrhunderte nicht zugenommen. Wir sind heute durch die Medien nur besser informiert darüber, wann, wo, was und an wem, mit wem auf unserem Globus etwas passiert. Nichts kann heute verschwiegen, noch verheimlicht werden. Die TV-Kamera richtet sich als „Auge der Welt" darauf. Dies ändert aber nichts an der Tatsache, daß Gewalt weiterhin passiert, auch wenn nun Millionen davon informiert sind.

Via Fernsehen wurde aber eine zusätzliche Facette in die Gewalt-Geschichte eingebracht: Gewalt als dramaturgisches Mittel der Unterhaltung, das den Zusehern Amüsement, Nervenkitzel und sehr oft auch Schadenfreude bieten soll. Wie können sich die lieben Kleinen kaputtlachen, wenn in den Zeichentrickfilmen die Katze eine über den Schädel kriegt, die Maus unter die Dampfwalze kommt, die Kinnhaken des Superman nur so durch die Gegend knallen!

Eine Leiche genügt? – Das ist heute zu wenig. Detaillierten Sadismus erwartet den TV-Konsumenten in fast allen Krimiserien: Der (die) Mörder in voller Action in Nahaufnahme. Horror, Brutalität, Vergewaltigung gehören aber auch zu den dramaturgischen Fixpunkten vieler TV-Produkte. Subtiler geht es bei den diversen Talk-Shows zu. Der Voyeurismus, das Begeilen am Leid anderer kommt dort auf seine Rechnung.

Fazit: TV-Gewalt wird als normale, alltägliche Verhaltensstrategie erfahren. Gewalt wird dem Zuseher als „das" Mittel der Konfliktlösung suggeriert. Fiktionale Gewalt wird als Bestandteil der Unterhaltung erlebt.

Wen rüttelt dann noch eine Dokumentation über die reale Gewalt am Balkan, im Kongo und anderswo auf?

Medien sind nicht alleine schuld

Walter Schuppich

Die allgemeine Sorge ist doch wohl die: Die latente Gewaltbereitschaft in der Gesellschaft erfährt durch Gewaltdarstellungen in unseren Medien einen Rückkoppelungseffekt – die fiktionale Gewalt regt zur realen Brutalität an. Beispiele dafür gibt es leider zuhauf. Zu den harmloseren gehört noch der breite Nachahmungseffekt, den die Medienberichte mit ihren detaillierten Schilderungen des legendären Postraubs ausgelöst haben.

An dieser unerfreulichen Tatsache kommt man so oder so nicht vorbei. Natürlich hat nicht jede Gewaltdarstellung dieselben Effekte. Schillers „Räuber" erschienen dem absolutistischen Staat als Bedrohung, heute wird sich davon kein potentieller Gewalttäter mehr inspirieren lassen. Leider ist es aber so, daß auch Darstellungen, die abschrecken sollen und dies bei „normalem" Empfinden auch tun, in traurigen Einzelfällen durchaus stimulierend wirken. Man hat es hier also mit dem Effekt zu tun, daß eine ideelle Zielsetzung – wie die Gewaltabschreckung – die gegenteilige Wirkung erzeugt, daß nicht nur der Zweck verfehlt, sondern sein Gegenteil erreicht wird. Dies erinnert an das Ludwig XVI. zugeschriebene Zitat: „Le bien a la goutte, le mal a des ailes" (Das Gute hat die Gicht, das Schlechte hat Flügel).

Zu zusätzlichem Pessimismus gibt der Umstand Anlaß, daß die Medien ein offenbar gesteigertes Bedürfnis nach Gewaltdarstellungen zu befriedigen suchen. Nach dem Greuel des letzten Weltkrieges gab es eine Fülle harmonieorientierter Filme. Hingegen sind heute die Leinwände von entsetzlichen Gewalttaten übervoll, die damals jene Menschen, die die Gewalt miterleben mußten, nicht sehen wollten.

Trotzdem darf man aber nicht resignieren. Das Wesentliche erscheint mir, die Rolle der Medien als Spiegel der Wirklichkeit zu beachten. Es bedarf einer allgemeinen Anstrengung, die Werthaltungen zum Thema Gewalt zu beeinflussen, einen Trend zu begründen, der gewaltablehnend und -zurückdrängend ist. Dabei können die Medien als Transporteure und Mittler einen nützlichen Dienst leisten, der Impetus muß aber von außen kommen.

Die Inpflichtnahme der Medien für eine Erziehungsfunktion ist im deregulierten, an Freiheitsbildern orientierten Mediensystem des ausgehenden Jahrhunderts fragwürdig geworden. Mit den alten Humanisten muß man daher „ad fontes!" rufen – beschäftigen wir uns mit dem Gewaltproblem nicht nur oberflächlich am Beispiel der Medien, sondern gehen wir an die Wurzeln der Proble-

Schillers „Räuber“: Dem absolutistischen Staat erschien das Drama als Bedrohung. Heute wird sich kein potentieller Gewalttäter davon inspirieren lassen

matik. Es gilt, Werthaltungen zu beeinflussen. Man muß sich verstärkt um den Grundkonsens der Staatengemeinschaft und der Kulturträger (Religionen, Ideologien, geistig Schaffende, Trendsetter) zu diesem Thema bemühen. Bei den Medien alleine anzusetzen hieße, das Fieber zu therapieren und die Krankheitsursachen zu vernachlässigen.

Nachrichten: Journalistische Professionalität als Maßstab

Hannes Leopoldseder

Der „Tod der Entfernung“, wie der Titel eines jüngst erschienenen Buches heißt, wird zu einem der kardinalen Merkmale der globalen Informationsgesellschaft. Radio, Fernsehen, Internet lassen nahezu jedes Ereignis von globaler Relevanz zeitgleich bekannt werden. In jeder Sekunde, in jeder Minute und in jeder Stunde begegnen einander Aggression und menschliches Leid an irgendeinem Punkt der Erde.

Im Golfkrieg erlebte 1991 der „totale elektronische Krieg“ (Paul Virilio) seine Premiere auf der Weltbühne. In keinem Krieg zuvor wurde das elektronische Führungs- und Entscheidungssystem in einer derartigen Komplexität sichtbar. Der Krieg erscheint als Inszenierung auf dem Bildschirm.

Jean Baudrillard nennt den Golfkrieg ein „Paradebeispiel für Simulation“. Zum ersten Mal finden zwei Kriege statt: ein Krieg auf dem Schlachtfeld und ein Krieg in den Köpfen der Menschen, verursacht durch das weltumspannende Netz der Medien. Der Krieg der Bilder, in Echtheit und als Live-Kriegsfilm, wird zum ersten wirklichen „Weltkrieg“, in den die Menschen aller Kontinente via Bildschirm involviert werden. Im Vergleich zum Vietnamkrieg präsentiert sich der Golfkrieg nahezu als Videoclip. Der Vietnamkrieg, der Golfkrieg, aber auch der Bürgerkrieg zwischen den Hutu und Tutsi in Ruanda haben eines gemeinsam: Das Fernsehen läßt Gewalt und Aggression in jedes Wohnzimmer vordringen.

Für Fernsehjournalisten gehört der Umgang mit mediatisierter Gewalt zum Alltag. Eine entscheidende Rolle bei deren Bewältigung spielt die journalistische Professionalität, die zwar in diesem Fall durch Richtlinien zu regeln ist, aber letztlich tagtäglich die Verantwortung des einzelnen erneut fordert. Die Fernsehinformation zeichnet sich durch ein signifikantes Merkmal gegenüber anderen Medien aus: Sie setzt sich aus Bausteinen der realen Wirklichkeit zusammen. Sequenzen, Einzelbilder, aus denen aber auf dem Fernsehschirm eine neue Wirklichkeit entsteht, die wiederum von den Fernsehzuschauern als „die Wirklichkeit“ genommen wird. In der Gestaltung dieser „neuen Wirklichkeit“ liegt auch die besondere Verantwortung des Fernsehjournalisten, speziell wenn es darum geht, mit Aggressivität und Gewalt umzugehen.

„Auch Bilder der Gewalt, jedoch mit wichtiger politischer Aussage“, so schreibt Hugo Portisch, der erfahrene Publizist und TV-Dokumentarist, „haben ihren Platz in Informationssendungen, auch vor breitem Publikum, ja gerade vor breitem Publikum.“ Es geht nicht darum, ob Bilder der Gewalt im Non-fiction-Bereich zum Einsatz kommen dürfen, sondern wann und warum. Es ist unbestritten, daß auch die Gewalt ein Teil der Wirklichkeit ist. Es ist unbestritten, daß die grausamen Bilder des Vietnamkrieges, die via Fernsehen um die ganze Welt gegangen sind, dazu beigetragen haben, die Grundstimmung nicht nur in Amerika, sondern weltweit zu verändern und damit auch zur Beendigung des Konfliktes einen Beitrag geleistet haben.

Die Entscheidung des Journalisten, Gewalt und Aggression in den Nachrichtensendungen entsprechend einzubauen, ist letztlich immer eine Gratwanderung zwischen verantwortungsbewußtem Einsatz des Bildmaterials, um eine politische Relevanz zu unterstreichen bzw. allfälligen Verlockungen der Sensationsgier zu widerstehen. Aus diesem Grund kommt es auch immer wieder vor, daß einzelne „Zeit im Bild"-Beiträge, wie zuletzt jener über die Erschießung eines Mannes durch Soldaten im Kongo, Debatten auslösen. Als ehemaliger Ressortleiter im Aktuellen Dienst des ORF weiß ich, – so wurde auch im konkreten Fall, wie beim nachstehenden Beitrag von Franz Kössler nachzulesen ist, durchaus mit dem notwendigen Verantwortungsbewußtsein gehandelt –, daß es in der konkurrierenden Medienlandschaft, insbesondere im Bereich der digitalen Vernetzung, vor allem auch darum geht, journalistische Professionalität und das Wissen um die Verantwortung des einzelnen gegenüber der eigenen Arbeit und dem Publikum zu schärfen, um eine richtige Entscheidung zu treffen.

Die Verantwortung liegt aber nicht nur bei den Medienunternehmen, bei den Produzenten der verbreiteten Nachrichten, sondern gleichzeitig auch bei den Empfängern der Botschaften, zu denen wir alle gehören. Zu den Zusehern von Nachrichtensendungen gehören heute selbstverständlich auch Kinder und Jugendliche. Aber aus dieser Tatsache den Schluß zu ziehen, die im Bild angebotene Wirklichkeit gänzlich zu verändern, das heißt zur Gänze auf die Wiedergabe von Gewalt zu verzichten, wäre ein falscher Lösungsansatz. Der Redaktion, die hinter dem Bildschirm entscheidet, steht die Verantwortung des Publikums, des einzelnen, der Eltern und Erzieher gegenüber, mit den Entwicklungen des Mediums entsprechend umzugehen: Auszugehen ist dabei von Marshall McLuhan, dessen Medienvisionen, mehr Gewicht auf die „media literacy", also den richtigen Umgang mit Medien, zu legen, nach wie vor relevant sind. Es ist eine erfreuliche Tatsache, daß eine unlängst von einem unabhängigen Institut durchgeführte Studie („ORF-Qualitätsmonitoring 1997" vom FESSEL-GfK-Institut) über Sendungen der ORF-Information dem ORF auf diesem Sektor hohe Qualitätskriterien bescheinigt.

Die Informationssendungen des ORF finden bei den Österreicherinnen und Österreichern ein hohes Maß an Zustimmung, als Produkte eines professionellen Journalismus, der verantwortungsbewußt mit dem Thema Gewalt umzugehen gelernt hat. Allerdings müssen wir uns eines vor Augen halten: Das Abwägen von Kriterien, die Relevanz eines Bildes, über das oft in Sekunden zu entscheiden ist, wird trotz aller Richtlinien und Symposien jeweils eine persönliche professionelle Herausforderung des verantwortlichen Journalisten bleiben.

3.3.1. GEWALT IM BEREICH INFORMATION

Verbote im Journalismus

Hugo Portisch

Bilder, die sich meinem Gedächtnis unauslöschlich eingeprägt haben: Krieg in Biafra, eine Patrouille stellt einen Zivilisten, ein Soldat schlägt ihn mit dem Gewehrkolben nieder, die anderen treten ihn mit Füßen, der Mann schreit verzweifelt, fleht um sein Leben – und wird vor laufender Kamera erschossen. Die Soldaten ziehen lachend weiter.

Anderer Schauplatz: Saigon, Tet-Offensive des Vietkong. Der Polizeichef der Stadt führt einen gefangenen Vietkongführer auf offener Straße ab, richtet seine Pistole gegen dessen Schläfe und drückt ab. In einem dicken Strahl schießt das Blut aus dessen Wunde, ehe er zu Boden sinkt.

Zwei Beispiele von Gewalt im Fernsehen, jeweils dargeboten in einer Nachrichtensendung, scheinbar von gleicher unzumutbarer Grausamkeit. Aber hätte ich zu entscheiden gehabt, ob diese Berichte zu senden wären, so hätte ich den Bericht aus Biafra zurückgestellt, den aus Saigon aber mit entsprechendem Kommentar in die Nachrichtensendung aufgenommen. Die Begründung liegt auf der Hand: Im Fall Biafra handelt es sich um Ausschreitungen einer brutalen Soldateska mit nur drittrangigem Informationswert, sicherlich geeignet, die Zuseher die Brutalität auch dieses Krieges erkennen zu lassen, aber eine solche Sequenz gehört eher in eine gestaltete Report-Sendung, die sich mit den Ursachen und Auswirkungen dieses Krieges auseinandersetzt. Die Liquidierung eines prominenten Vietkongführers, während er als Gefangener abgeführt wird, ist von höchstem Informationsgehalt. Hier toben sich nicht Soldaten im Blutrausch aus, hier agiert der Polizeichef der Hauptstadt Süd-Vietnams als ein hoher Repräsentant des Landes, für das die USA in den Krieg gezogen sind, vorgeblich um dessen Freiheit zu verteidigen, was im Verständnis westlicher Menschen bedeutet, daß die amerikanischen Soldaten ihr Leben hier auch für die Menschenrechte einsetzen, für demokratische Werte. Somit haben hier die Grundsätze des Rechtsstaates zu gelten: Die Brutalität des Gegners rechtfertigt nicht eigene Brutalität, wer für Recht, Gerechtigkeit und Menschlichkeit kämpft, hat andere Grundregeln zu befolgen oder er wird unglaubwürdig. In diesem Falle um so mehr, als diese Hinrichtung nicht im Gefecht, sondern kaltblütig und ohne Not erfolgt ist. Mit Bildern wie diesen wird vor aller Welt eine ganz entscheidende Frage aufgeworfen: Wofür wird dieser Krieg geführt, sind die vorgegebenen Kriegsziele überhaupt gültig?

Die Bilder stellen also die Motive dieses Krieges in Zweifel, stellen sie zur Debatte, und da es bei diesem Krieg um das Leben vieler Hunderttausender Menschen geht, ist die Diskussion um Ziel und Zweck des amerikanischen Engagements in Vietnam von großer Bedeutung. Heute wissen wir, daß es Fernsehberichte wie der geschilderte waren, die letztlich zur Beendigung des Vietnamkrieges wesentlich beigetragen haben, indem sie der politischen Führung die Unterstützung der öffentlichen Meinung entzogen.

Natürlich steht man trotzdem vor dem Dilemma, etwas über den Bildschirm zu transportieren, das Menschen mit schwächeren Nerven arg zusetzen kann und vor allem zuschauende Kinder erschrecken muß. Auch ein noch so klug abgefaßter Kommentar kann den Schock, den diese Bilder vermitteln, kaum mildern. Wie also ist die Frage zu entscheiden – „senden oder nicht"? Abschieben in eine spätere Sendung, in die „ZiB 2" oder gar in die „ZiB 3"? Das wäre der einfache Weg. Aber der Pflicht, vorbehaltlos zu informieren, durch Informationen aufzuklären und zur Meinungsbildung beizutragen, würde eine solche Entscheidung nicht entsprechen. Die Fernsehstation käme auch im Nu unter Druck: Jene, die den Bildbericht später sehen, würden ihn gewiß kommentieren, jene, die ihn zur späten Stunde nicht sehen, würden den Sender beschuldigen, Zensur ausgeübt zu haben. Die öffentliche Auseinandersetzung über diesen Filmbericht in den Printmedien würde den Sender überdies rasch zwingen, die Bilder zu wiederholen, sie nun seinerseits zur Diskussion zu stellen.

So problematisch dies gewiß ist: Auch Bilder der Gewalt, jedoch mit wichtiger politischer Aussage, haben ihren Platz in Informationssendungen, auch vor breitem Publikum, ja gerade vor breitem Publikum.

Probe aufs Exempel: Wären Fernsehaufnahmen von der Reichspogromnacht 1938 rund um die Welt gegangen, wären sie von einem breiten Publikum gesehen worden, hätten da auch die eigenen Leute in Deutschland/Österreich den Sturm auf die Synagogen und die an jüdischen Menschen begangenen Mißhandlungen bis hin zum Totschlag und Mord auf den Bildschirmen zu sehen bekommen, hätte die internationale Empörung und – hoffentlich – auch der Schock im eigenen Land vielleicht den Holocaust verhindert. Jedenfalls hätte jeder Verantwortliche in jeder freien Fernsehstation der Welt wohl die Pflicht gehabt, diese Bilder zu zeigen, und zwar vorbehaltlos und vor dem größtmöglichen Publikum.

Gleiches wäre ebenso konsequent zu zeigen gewesen, wo immer Menschenrechte verletzt wurden, und die Bilder waren durchaus vorhanden, Maxim Gorki brachte sie von seinem Besuch in einem von Stalins Gulags mit und zeigte sie seinen westeuropäischen Kollegen beim Internationalen Schriftstellerkongreß in Moskau 1934. Er lobte dabei das Prinzip „Umerziehung durch Arbeit". Die Kollegen stimmten zu, oder sie schwiegen.Wenn wir uns aber einig darin sind, daß Geschichte dazu da ist, von ihr zu lernen, dann kann das heute nur heißen, daß Bilder von Gewalt auch in Informationssendungen ihren Platz haben, wenn mit ihnen eine starke, im Sinne der Menschenrechte wichtige Aussage verbunden ist.

Doch es sei hinzugefügt: Es gibt nicht selten Bilder, die das Geschehen rund um die Gewalt zeigen und die viel eindrucksvoller, viel aussagekräftiger sind als die Gewaltszenen. Etwa die Aufnahmen jenes Kindes, auf die wir bei der Rekonstruktion von Hitlers Rußlandfeldzug stießen, das seiner Mutter nachzulaufen versuchte, die als vermeintliche Partisanin von einem Erschießungskommando abgeführt wurde. Immer wieder wurde dieses Kind von den Soldaten weggescheucht. Ein mutiger Kameramann hat die Szene gedreht und uns damit ein Dokument hinterlassen, das mehr aussagt über Gewalt als die Gewalt selbst.

Es gibt jedoch auch eine andere Seite der Medaille. Wir lernten sie bei der Erstellung unserer Dokumentationen „Österreich I" und „Österreich II" kennen. Werden Bilder von besonderer Grausamkeit immer wieder gezeigt, etwa Berge von Toten, so besteht die Gefahr der Abstumpfung des Publikums, einer Gewöhnung an die Gewalt und deren Auswirkungen. Ein Übermaß solcher Bilder verfehlt deren Wirkung, verkehrt ihre Aussage nahezu ins Gegenteil. Das Publikum beginnt „nichts mehr daran zu finden". Eine Überdosis an Gewalt, auch wenn die Bilder eine wichtige politische Botschaft zu vermitteln haben, bringt sie um diese Botschaft und birgt auch die Gefahr, künftig ähnliche Bilder und deren Botschaft nicht mehr rezipieren zu können.

Trotz allem hier Gesagten bleibt die Frage offen, was dem Publikum, besonders den Kindern, vor dem Fernsehschirm zumutbar ist. Psychologen und Pädagogen sind da unterschiedlicher Meinung, aber in einem sind sie sich einig: Das Fernsehen sollte sowenig Gewaltszenen wie möglich zeigen. Also bleibt die Verantwortung beim Fernsehen, und dieses versucht, den Redakteuren durch strenge Richtlinien, durch Diskussionen im Anlaßfall die Entscheidung etwas leichter zu machen. Doch gerade die geschilderten Bildberichte und deren politische Bedeutung lassen erkennen, daß Gewalt in der Berichterstattung des Fernsehens nie ganz auszuschließen sein wird, ja in bestimmten Fällen gar nicht ausgeschlossen werden darf. Da sie also unvermeidlich stattfindet, wird ein Teil der Verantwortung übertragen auf die Rezipienten der Sendung, auf die Zuschauer, die ihrerseits lernen müßten, wie sie mit solchen Berichten umzugehen haben, insbesondere, wenn sie Kinder an den Informationssendungen teilhaben lassen. Ich möchte da eine Parallele ziehen: Sexuelle Aufklärung war früher einmal erst für Jugendliche mit Beginn ihrer Pubertät vorgesehen. Das wäre heute in Anbetracht der fast uneingeschränkten Berichterstattung über sexuelle Fragen und Sexualdelikte in so gut wie allen Medien nicht mehr denkbar. Elternhaus und Schule nehmen da ihre Verantwortung wahr (oder sollten sie wahrnehmen), sexuelle Aufklärung begleitet die Kinder von Beginn ihres bewußten Lebensweges an. In einer Welt, in der Gewalt fast ebenso präsent ist wie Sex und oft damit verbunden, tut auch Aufklärung über Ursachen und Wirkung der Gewalt dringend not.

Dazu kommt: Zunehmende Gewaltakte von Jugendlichen, ja von Kindern in den Klassenzimmern, und das nicht nur in den USA, lassen erkennen, wie notwendig begleitende Aufklärung auch bezüglich der Gewalt ist. Das sollte übrigens auch zur Entwicklung eines ausgebildeten Sensoriums der heranwachsenden Kinder/Jugendlichen gegenüber den durch die Medien vermittelten Gewaltszenen führen. Und diese jungen Zuschauer sind heute schon Publikum und sie werden morgen Publikum sein. Dieses hat mehr Einfluß auf die Inhalte der Fernsehsen-

Liquidierung eines prominenten Vietkongführers: höchster Informationsgehalt

dungen als allgemein angenommen wird, und zwar nicht nur durch die täglich gemessenen Reichweiten, sondern auch durch die vom Publikum geäußerten Kritiken, die durchaus ernst genommen werden und die die Sendeverantwortlichen ebenso erreichen wie deren Vorgesetzte. Hier gibt es bereits Mitbestimmung durch die Zuschauer, im Zeitalter des interaktiven Fernsehens wird sie noch größer, vor allem dichter sein.

Verantwortung ist auf beiden Seiten des Fernsehschirmes zu tragen, ebenso ist es Pflicht, im Gespräch zu bleiben.

Eines aber ist auch gewiß: Voyeurismus und Sensationshascherei sind an einer öffentlich-rechtlichen Fernsehanstalt absolut unzulässig. Wenn es nach mir ginge, wären sie auch für jedes andere Medium unzulässig, in einer Welt des oft rücksichtlosen Ringens um Auflagenziffern und Reichweiten sind sie aber leider ein Faktum. Das öffentlich-rechtliche Fernsehen hat zum Teil mit diesen Medien zu konkurrieren, und so mag es manchmal verlockend erscheinen, dieser Konkurrenz mit gleichen Mitteln zu begegnen. Besonders dann, wenn einzelne Sendungen Gefahr laufen, Publikum zu verlieren, und der Druck wächst, höhere Quoten zu erzielen. Bei allem Verständnis dafür, daß auch die Öffentlich-rechtlichen der Konkurrenz Paroli zu bieten haben, da zunehmender Publikumsschwund auch das Recht auf Sehergebühren in Frage stellen würde, so darf dies dennoch nicht durch Aufgabe eigener Prinzipien erfolgen. Das gerade ist ja die große Herausforderung an die Öffentlich-rechtlichen, daß sie mit seriöser Information und großer Verantwortung dennoch interessante, auch spannende und unterhaltsame Sendungen zustande zu bringen haben. Ein hoher Anspruch an die Anstalt, ein hoher Anspruch an jene, die die Sendungen zu machen und zu verantworten haben.

Tugenden im Journalismus

Franz Kössler

Seit es Information im Sinne der bürgerlichen Öffentlichkeit gibt, wird sie begleitet von der Darstellung gewalttätiger Ereignisse. Es ist falsch zu glauben, das Problem sei erst in unseren Tagen entstanden oder es sei wesentlich an die Information durch das Fernsehen gebunden. Die ersten gedruckten Zeitungen entstanden, mehr oder weniger gleichzeitig, um die Mitte des 17. Jahrhunderts in den großen Handelsstädten Europas, von Venedig über Paris und London zu den Hansestädten im Norden. Das Interesse des entstehenden Bürgertums galt den Informationen über Verkehrswege und Märkte und politische Rahmenbedingungen seiner kaufmännischen Tätigkeit. Sie wurden den Bürgern von privaten, handgeschriebenen Handelskorrespondenzen geliefert – eine sachbezogene, seriöse und unanstößige Information für einen kleinen Kreis von Kaufleuten. Die bürgerliche Öffentlichkeit im eigentlichen Sinne aber entstand erst ein wenig später, als diese Informationsbriefe als gedruckte Zeitungen dem breiteren Publikum zugänglich wurden, als die Informationen über den Warenaustausch selbst zur Ware für des Lesens kundige Konsumenten wurden. An diesem Übergangspunkt ist es mit der Seriosität aber auch schon vorbei: Das kaufmännische Interesse wird verdrängt vom Interesse an Neuigkeiten, die aus dem Rahmen des Gewohnten fallen, die durch ihre Außergewöhnlichkeit, ihren wundersamen Charakter die Aufmerksamkeit des Leserpublikums auf sich ziehen und die seither der Motor des Journalismus sind. Die neuen Zeitungen „verbreiteten unterschiedslos die Kunde von Religionskämpfen, Türkenkriegen und Papstentscheidungen ebenso wie von Blut- und Feuerregen, Mißgeburten, Heuschreckenplagen, Erdbeben, Ungewittern und Himmelserscheinungen; von Bullen, Wahlkapitulationen, Entdeckungen neuer Erdteile ebenso wie von Judentaufen, Hexenverbrennungen, Teufelsstrafen, Gottesurteilen und Totenauferstehung.“[1] Quotengieriger Boulevard, würde man heute sagen. Auch damals rümpften Zeitgenossen die Nasen, wurde die allgemeine Verunsicherung und moralische Desorientierung beklagt, die die Berichte über Mord und Gewalt beim lesenden Publikum hervorrufen würden. Und auch damals schon vermutete man das wirksamste Instrument zur Wahrung des öffentlichen Interesses im Eingriff durch die Obrigkeit. 1769 verfügt eine Presserverordnung der Wiener Regierung: „Damit der Zeitungsschreiber wissen möge, was für (...) vorkommende Sachen für das Publikum geeignet sind, sollen solche von den Behörden zusammengefaßt und an den Zeitungsverfasser abgegeben werden.“[2]

Dreieinhalb Jahrhunderte sind seit Erscheinen der ersten gedruckten Zeitungen vergangen, aber die grundsätzliche Problematik stellt sich im wesentlichen noch immer gleich dar. Sobald Information den engen Rahmen fachspezifischen Interesses verläßt, sobald sie sich an den Kriterien aufsehenerregender Ereignisse (heute nennt man sie „news") orientiert, stellt sich die Frage, wie man über Ereignisse, die von Gewalt geprägt sind, angemessen informiert. Es gibt unendliche wissenschaftliche und gesellschaftspolitische Dispute über den Begriff der Gewalt und den Umgang mit ihr im Bereich der Medien: unumstrittene Definitionen, aus denen die Produzenten von Information, die „Nachrichtenmacher", sich für konkrete Entscheidungen klare Richtlinien ableiten könnten, gibt es nicht. Es kann sie nicht geben. Denn die Grenze dessen, was man an medialer Reproduktion von Gewalt dem Publikum zumuten kann und soll, ist keine naturwissenschaftlich exakt definierte, sondern eine, die sich im Laufe der Zeit permanent verschiebt: je nach dem herrschenden Moralbegriff einer Gesellschaft, je nach dem Charakter des Publikums, an das sich die Information richtet, und nicht zuletzt je nach dem Medium, in dem Gewalt dargestellt wird.

Dabei kommt es durchaus zu paradoxen Situationen. Der massive militärische Aufmarsch zum Golfkrieg und der Krieg selbst, zum Beispiel, der in den Medien ausführlich dargestellt wurde, hat kaum eine Diskussion über Gewalt in den Medien ausgelöst, obwohl er zum Tode von Tausenden von Menschen geführt hat. Der entscheidende Grund dafür ist wohl, daß der Krieg vom informierten westlichen Publikum als gerechter Kampf gesehen, also auch der angewandten Gewalt eine ethische Berechtigung beigemessen wurde. Damit hat sie den Schein des Schrecklichen weitgehend verloren. Das Fernsehen profitierte erstmals vom neuen Image der elektronischen Waffensysteme, die den Anschein einer virtuellen Realität vermitteln und so eine scheinbar gewaltfreie Darstellung von Gewalt ermöglichten. Etwa die sogenannten „smart bombs", intelligente Bomben, die, durch Laserstrahlen gelenkt, ihr Ziel zentimetergenau treffen können und deren eingebaute Kameras Videoaufnahmen übermitteln, die von den virtuellen Bildern der Computerspiele kaum zu unterscheiden sind. Das Publikum konnte gewissermaßen aus der Perspektive einer Bombe einem Krieg beiwohnen, ohne einen toten Menschen oder einen Tropfen Blut sehen zu müssen. Dementsprechend gedämpft fiel die öffentliche Empörung über die Darstellung kriegerischer Gewalt in der Berichterstattung aus. Nicht zufällig war das gesamte „News-Management" des US-Verteidigungsministeriums bewußt darauf ausgerichtet, dieses „saubere" Image des Golf-Kriegs zu verbreiten.[3] Denn etwas mehr als 20 Jahre zuvor hatten die „unsauberen" Bilder napalmverbrannter Kinder und hingerichteter Vietkongs das amerikanische Fernseh-Publikum so schockiert, daß die Stimmung gegen den Vietnamkrieg umschlug. Der Krieg wurde als ungerechter Kampf gegen ein schwächeres Volk empfunden, der über keine mehrheitliche Zustimmung in der amerikanischen Öffentlichkeit mehr verfügte.

Für News-Produzenten ergibt sich daraus eine wichtige Folgerung: die Art, wie von Gewalt geprägte Ereignisse in den Nachrichten dargestellt werden, beeinflußt in hohem Maße das Urteil der Öffentlichkeit. Das gilt vor allem für die Information im umfassendsten Medium, dem Fernsehen. Bei ihm wird tendentiell die kritische Distanz etwa des aktiven Lesers durch die unkritische Aufnahmebereitschaft des passiven Fernsehkonsumenten verdrängt. Der Anreiz gilt mehr der Emotion als dem Intellekt. Gleichzeitig verschwimmt die Grenze zwischen virtueller Realität des Fernsehens und der Realität der Wirklichkeit. Ereignisse, die Tausende Kilometer und Dutzende von Zeitzonen auseinanderliegen, erscheinen zeitgleich auf dem Bildschirm im Wohnzimmer eines breiten Publikums, dessen mentale Kategorien vermutlich der Informations-Globalisierung noch nicht gewachsen sind. Unter allen Bildern, mit denen der Zuschauer in diesem verunsichernden Kontext konfrontiert wird, lösen Gewaltszenen sicher die stärkste emotionale Reaktion aus. Das stellt den Fernseh-News-Produzenten vor ein schier unlösbares Dilemma. Eine Nachrichtensendung muß über relevante Ereignisse in der Welt und im eigenen Land informieren. Allzuoft sind es Ereignisse, die durch Gewalt geprägt sind. Durch den rasanten Ausbau der Fernseh-Informationsnetze in den vergangenen Jahren befinden sich Kamerateams immer rascher am Ort des Geschehens und liefern Bildmaterial, das diese Gewaltszenen offen und im Detail darstellt. Die Informationspflicht, über ein relevantes Ereignis möglichst umfassend und mit allen zur Verfügung stehenden medialen Mitteln zu berichten, steht gegen die Verantwortung, bei der Veröffentlichung gewalttätiger Szenen Umsicht walten zu lassen. Vor allem Bilder des konkreten Akts einer Tötung oder von blutigen Details haben eine derart starke Schockwirkung, daß ihre Veröffentlichung grundsätzlich problematisch ist. Oft reicht die Andeutung dessen, was geschieht oder eine etwas weiter entfernte Einstellung der Kamera, um die Nachricht eines Ereignisses zu vermitteln, ohne die Würde eines Opfers der Gewalt oder ohne die Sensibilität der Zuschauer zu verletzen. Diese Abwägung, das Erkennen der Grenzen kann in letzter Instanz aber nur dem Urteil des Journalisten unterliegen, der im einzelnen Fall die Problematik erkennen und nach seiner Professionalität und Empfindsamkeit konkret entscheiden muß. Richtlinien, wie sie auch der ORF formuliert, können im besten Fall eine Orientierungshilfe sein.[4] Die konkrete Entscheidung aber kann keinem Verantwortlichen abgenommen werden, und es gibt keinen Maßstab, der ein unanfechtbares Urteil garantieren würde.

Grundsätzlich aber muß sich die Information, die die Grenze zum Entertainment nicht verwischen will, an anderen Kriterien orientieren als die Unterhaltung. Szenen der Gewalt sollen in der Information anders als in Spielfilmen weder als Element der Unterhaltung oder auch nur der Spannung dienen, sie müssen vielmehr dem News-Kriterium untergeordnet werden: Wie notwendig sind Bilder der Gewalt, um dem Publikum den Gehalt eines Ereignisses umfassend zu vermitteln?[5] Wobei die Aussagekraft der Bilder mit der Aufnahmebereitschaft der Zuschauer durchaus in einer Wechselwirkung steht. Folgendes Beispiel soll die Problematik verdeutlichen: Im August 1998 wird der Kongo von einem Bürgerkrieg erschüttert. Marktforschungen und Aussagen der Caritas bestätigen, daß die

Sensibilität des österreichischen Publikums für Krisen in Afrika stark gesunken ist. Eine internationale Nachrichtenagentur liefert schockierendes Bildmaterial. Die Szene zeigt einen Mann, der von Soldaten zu einer Brücke geschleppt und über das Geländer in einen Fluß gestürzt wird. Die Kamera zeigt den Mann, der verzweifelt das Ufer zu erreichen sucht. Von der Brücke schießen die Soldaten auf ihn, das Wasser verfärbt sich rot, der Mann versinkt in den Fluten. Der verantwortliche Redakteur muß entscheiden: Wieviel Gewalt ist erforderlich, um die Botschaft der Information an ein entsensibilisiertes Publikum zu bringen und die Brutalität eines Bürgerkriegs in ihrer vollen Tragweite zu vermitteln? Wieviel Gewalt ist andererseits in einer Nachrichtensendung am Hauptabend zumutbar, an dem auch viele Familien mit Kindern vor den Fernsehapparaten sitzen? Das ZDF hat die Szene vollinhaltlich gesendet und eine heftige Polemik ausgelöst. In der „Zeit im Bild" wurde nach langer Diskussion bewußt eine Version gewählt, aus der zwar der Akt der Erschießung ausgeblendet war, die aber dennoch die Brutalität des Ereignisses darstellen sollte. Auch darüber hat es eine längere Debatte gegeben.[6] Die übliche Unterstellung, diese Bilder seien zur Belebung der Zuschauerzahlen gesendet worden, geht ins Leere: Dieser Aspekt ist in der redaktionsinternen Diskussion nie aufgetaucht.

Ein zweiter Vorwurf aber ist ernst zu nehmen: Kinder werden durch solche Bilder überfordert. Der Einwand trifft auf viele Berichte der Nachrichten zu, die einerseits nicht zum Kinderprogramm zählen, andererseits aber sehr wohl von Kindern regelmäßig gesehen werden. Mehrere umfassende Studien in den USA haben die These, daß Gewalt im Fernsehen Jugendliche zur Nachahmung bewege, nicht belegt. Unumstritten aber ist die Erkenntnis, daß der häufige Konsum von Gewaltszenen im jugendlichen Zuschauer einen Gewöhnungseffekt hervorruft, eine Steigerung seiner Bereitschaft, Gewalt zu akzeptieren und sich selbst aggressiv zu verhalten und nur noch ein abgestumpftes Mitgefühl für Opfer von Gewalt zu empfinden.[7] Die Verantwortung trifft in erster Linie Unterhaltungsprogramme, den Informationssendungen kommt nur ein peripherer Anteil zu – dennoch muß das Problem auch News-Produzenten bewußt sein. Falsch wäre freilich die Schlußfolgerung, im Namen des besonderen gesellschaftspolitischen Auftrags des öffentlich-rechtlichen Fernsehens Informationssendungen mit Rücksicht auf die mögliche Präsenz von Kindern unter dem erwachsenen Zielpublikum nur noch gewaltfrei zu gestalten – das würde an der Substanz der Informationsfreiheit und Informationspflicht des Fernsehens rühren. Der Hauptteil der Verantwortung für den Medienkonsum der Kinder muß von den Eltern und Erziehern übernommen werden. In Kanada, wo die Problematik seit Jahren intensiv diskutiert wird und der Respekt vor der Informationsfreiheit zu den Grundlagen der demokratischen Gesellschaftsordnung gehört, ist die „media literacy" in den Mittelpunkt der Diskussion gerückt. Gemeint ist die Fähigkeit, mit dem Medium Fernsehen und seinen Botschaften umzugehen. Das erfordert bewußtes Lernen, wie etwa auch das Lesen eines Buchs oder der Umgang mit Computern erlernt werden müssen. Kinder sollen von ihren Eltern oder in der Schule dazu erzogen werden, die Funktionsweise des Fernsehens zu verstehen, Programme auszuwählen, sie bewußt zu verfolgen und die Botschaften, die sie vermitteln, kritisch aufzuarbeiten. „Es liegt an Ihnen, Ihren Kindern zu helfen, kritische Sehgewohnheiten zu entwickeln. Das erfordert Zeit. Aber es lohnt sich", empfiehlt das kanadische Media Awareness Network. Es wäre dringend notwendig, diese „media literacy" auch stärker in das Schulprogramm aufzunehmen.

Das soll die andere Seite, die der Nachrichten-Produzenten, der Verantwortung nicht entheben. Wirkungsvoller aber als Reglementierungen von außen ist die Stärkung des Problembewußtseins nach innen. Die Fernseh-Information hat in den vergangenen Jahren viel dazu beigetragen, daß brennende gesellschaftliche Probleme in das Bewußtsein einer breiten Öffentlichkeit und damit einer Lösung näher gebracht worden sind. Oft sind dabei Tabus und Empfindlichkeiten verletzt und heftige Diskussionen ausgelöst worden. Heute aber wird kaum jemand den Beitrag des Fernsehens im Kampf gegen den Mißbrauch von Drogen und Alkohol, gegen die Verbreitung von AIDS, gegen die Verletzung von Menschenrechten, gegen die sexuelle Ausbeutung von Kindern in Abrede stellen. Sie sind die besten Argumente dafür, daß die Fernseh-Information auch das Thema der Gewalt mit einem angemessenen Instrumentarium bewältigen kann. Drei lateinische Tugenden sollten dafür garantieren: sapientia (die Weisheit, die Materie mit professioneller Sachkenntnis darzustellen), prudentia (die Umsicht, das Thema mit der notwendigen Sensibilität zu behandeln) und audacia (im Sinne Immanuel Kants: sapere aude! Habe den Mut, dich deines Verstandes zu bedienen).

1. HABERMAS, J.: Strukturwandel der Öffentlichkeit. 27, Neuwied 1962.
2. Zit. nach GROTH, O.: Die Zeitung. Bd. 1, 585, Berlin-Leipzig 1928.
3. Vgl. dazu die diesbezüglichen Studien der „Freedom Foundation" und des „Woodrow Wilson Center – Media Studies Project", beide Washington D.C. 1991.
4. „Gewalt im Fernsehen", ein ständig aktualisiertes Positionspapier des ORF.
5. In einer Erklärung im US-Kongreß wird zum Schutze von Kindern während gewisser Tageszeiten gefordert: „legitimate news programs ... should not contain violence in excess of what is needed to convey the information intended." (Juni 1997) – wobei die Entscheidung, was erforderlich ist, wiederum vom Journalisten getroffen werden muß.
6. Vgl. Artikel dazu in „APA", „Der Kurier", „Die Presse", „Der Standard" u.a. am 31. 8. und 1. 9. 1998.
7. Vgl. „Violence and the Media" in: APPELBAUM, R. P. / CHAMBLISS, W. J.: Sociology. New York 1995.

Verantwortung im Journalismus

Franz Ferdinand Wolf

Natürlich verachten wir Brutal-Videos zutiefst, selbstverständlich lehnen wir exzessive Gewaltdarstellungen in Filmen und Serien entschieden ab. Wir ächten auch gewalttätige Computerspiele oder Comics voll mit gezeichneten Gewaltphantasien. Wir halten (Gedanken-)Spiele mit gewaltiger Brutalität für höchst überflüssig und benötigen auch nicht dramatisch inszenierte Gewaltszenen als Futter für unsere Phantasie. Kurz: Aufgeklärt, wie wir sind, treffen wir uns in der Ansicht, daß Gewaltdarstellungen in Fiction schlechthin schlecht sind.

Aber leider ist Gewalt auch Non-fiction.

Gewalt ist Realität und daher allgegenwärtig. Sie ist zu jeder Zeit und an jedem Ort der Welt vorhanden.

Kein Zweifel, Gewalt ist ein Bauprinzip der Gesellschaft, sie stellt sich daher in vielen Formen dar: Als konstituierendes Element des Staates, als legitimes Machtmittel jeder Herrschaft. Auch der demokratische Staat ist „derjenige Verband, der das Monopol legitimer Gewaltsamkeit besitzt", um es mit Max Weber auszudrücken. Die legitime Staatsgewalt ist eingebettet in ein Regelwerk, das Macht und Gewalt teilt und balanciert. Das macht den demokratischen Rechtsstaat aus. Diese Gewalt hat viele Gesichter: Ohne Staatsgewalt kann kein Staat funktionieren, ohne Polizei- oder richterliche Gewalt keine Gesellschaft, ohne elterliche Erziehungsgewalt keine Familie.

Mit so definierter Gewalt haben wir in der Berichterstattung in der Regel kein Problem – sieht man von dem einen oder anderen Übergriff einmal ab, der zum Gegenstand heftig umstrittener Berichterstattung wird.

Aber da gibt es auch die Gewalt, die vor Recht geht, die zu Unrecht Menschen beherrscht, die gesellschaftliche Gruppen unterdrückt, zwischen Mehrheiten und Minderheiten angewendet wird, zwischen verschiedenen Staaten herrscht. Gewaltherrschaften, die ihre Aggressionen nach innen und nach außen richten. Und da ist die brutale Gewalt gegen Kinder, die rohe Gewalt des Starken gegen Schwächere. Schließlich die Brutalität des Gewalttäters. Das alles ist Realität.

Gewalt ist also (Teil der) Wirklichkeit.

Information ist die Darstellung der Wirklichkeit: in Wort, Bild und Ton – oder alles zusammen wie im Fernsehen. Information ist daher (auch) die Darstellung von Gewalt.

Entsprechend stellen sich die Medien dar: Berichte von Kriegen und Vertreibungen, Morden und Banküberfällen mit Geiselnahmen, von gewalttätigen

Demonstrationen, Terroranschlägen, mißhandelten Kindern und Folterungen. Und die Bilder dazu sind auch da – jederzeit und weltweit verfügbar: Das brennende Autowrack samt Selbstmordkommando, das soeben eine Bombe zerfetzt hat, der eilige Abtransport der Verletzten und Toten, der düstere Pate in seinem eigenen Blut, gemeuchelt von der kriminellen Konkurrenz, das mißhandelte Opfer des Raubüberfalles, die brennenden Häuser der Vertriebenen, die Gewehrsalven auf Flüchtende und die Opfer der Gewaltexzesse als hungernde Flüchtlinge in den Wäldern.

Die Medien sind voll von Gewaltdarstellungen – in allen Ressorts.

Das ist Non-fiction. Aber die bloße Abbildung des Grauens, die sensationelle Darstellung von Gewalt, die Spiegelung der Wirklichkeit unter besonderer Betonung grausamer Gewalt ist zuwenig. Viel zu wenig. Und damit sind wir bei der spannenden Frage: Wie gehen (wir) Journalisten mit der non-fictionalen Darstellung von Gewalt um? Sind wir gewissenlose Produzenten von politischen Brutal-Videos, Erzähler von kriminellen Gewaltstücken, mitleidlose Autoren von Szenen dramatischer Unmenschlichkeit? Dürfen wir einfach den Leser-Hörer-Seher-Markt mit dem lakonischen Hinweis bedienen: So ist eben die Welt?

Wie ist das mit der Gewalt im Bereich der Information? Wie weit geht unsere Informationspflicht, der wir uns als Journalisten ja verpflichtet fühlen?

Ob wir wollen oder nicht: Wir landen bei der journalistischen Verantwortung. Beim – großes Wort – Berufsethos des Schreibers von Artikeln, des Gestalters von Beiträgen für Radio und Fernsehen. Wieviel Gewalt müssen wir beschreiben und zeigen? Und warum? Ist die exzessive Beschreibung des Sexualmordes notwendig, das Bild vom Abtransport der Leiche des Selbstmörders – Suizid ist bekanntlich die brutalste Form von Gewalt gegen sich selbst – gerechtfertigt, die atemlose Reportage am Schauplatz der Geiselnahme unverzichtbar, die Abbildung des zerfetzten Kindes richtig? Ist der Kameraschwenk über die Blutlache des Terroropfers, das Foto des verschwollenen Gesichtes zur Illustration des Berichtes über Kindermißhandlungen bloß trauriges, aber logisches Ergebnis dieser Informationspflicht? Nein, wird die schnelle Antwort wohl lauten – und doch die Frage nicht befriedigend beantworten.

Die Grenze ist fließend, eine Grenzziehung folglich schwierig. Erst recht unter dem Zeitdruck der journalistischen Tagesarbeit. Wann ist die Darstellung von Gewalt legitim – und sei es, um auf schreiendes Unrecht aufmerksam zu machen, und wo ist sie bloß zynischer Appell an den Voyeurismus? Genügt es, Grauen zu zeigen, mit dem blauäugigen Hinweis, daß die Wirklichkeit eben so ist? Wo liegt der Punkt, da die Darstellung von Gewalt die Information endgültig erschlägt?

Ist der realistische Bericht über Kriegsgreuel schon jenseits , ist es die Blutlache des Mordopfers oder die verkohlte Leiche des Asylanten?

Es gibt viele Regulative und Regeln für die Berichterstattung, Richtlinien und Grundsätze der Publizistik, Gesetze und freiwillige Selbstbeschränkungen, Standesorganisationen und Aufsichtsgremien, die über die journalistische Arbeit wachen und (im nachhinein) auch urteilen. Das alles gibt Orientierung, aber noch lange keine Patentantworten für die schnelle Tagesarbeit. Daher liegt es zu allererst bei jedem einzelnen Journalisten, diese Fragen zu beantworten. Sich und seinen Lesern, Hörern und Sehern. Täglich und von Fall zu Fall. Der Journalist ist gefordert: persönlich und professionell. (Auch die Medienwirkungsforschung, die im übrigen bezüglich Gewaltdarstellung im Fernsehen zu widersprüchlichen Ergebnissen kommt, bietet nur sehr beschränkt Hilfe.)

Aus journalistischer Erfahrung wissen wir: Zuviel Information über Gewalt ist kontraproduktiv. Der Leser, Hörer und Seher will es ab einem gewissen Zeitpunkt der Berichterstattung gar nicht mehr so genau wissen. Er schaltet ab. Geistig – und im wahrsten Sinn des Wortes. Bleiben wir bei der politischen Information: Zu ausführliche Berichte etwa über den Terror in Nordirland, politische Morde in Rußland, Exekutionen im Irak, Massaker in Afrika, den Genozid am Balkan sind selbst dem politisch aufgeklärten Zeitungsleser, Radiohörer und Fernsehzuseher zuviel. Der Informationshunger ist häufig schneller gestillt, als wir vermuten.

Das macht uns Journalisten manchmal verzweifelt. Es geht um die Ausrottung von ganzen Völkern, um Massenexekutionen, offenkundige Kriegsverbrechen oder die Greueltaten eines mörderischen Terrorregimes. Wir berichten engagiert, detailreich und in der Hoffnung auf Änderung durch die Kraft der öffentlichen Meinung – und die Reaktion des Publikums ist bloß höfliches Desinteresse.

Wie also umgehen mit Gewalt in der Information?

Versuchen wir ein paar pragmatische Ansätze: Die bloße Beschreibung und Darstellung von Gewalt ist zuwenig. Der kalte Hinweis, die Wirklichkeit sei eben so, wie sie sich zeigt, genügt wie gesagt nicht. Wesentlich ist der Kontext, die Erläuterung des Dargestellten, die kompetente Erklärung der Hintergründe des Gezeigten. Wir müssen den Rezipienten die Möglichkeit geben, das Gezeigte einordnen zu können. Nur so können sie in einem bildstarken Bericht mehr sehen als isolierte Gewaltszenen. Ohne diese Erläuterungen wird auch in der Information jede Gewaltdarstellung bloß zum Brutal-Video.

Aus gutem Grund sehen die Regulative des ORF diese Verpflichtung vor – bis hin zu der Anweisung, bei Präsentation und Textierung von Außergewöhnlichem auf die Außergewöhnlichkeit des Gesendeten hinzuweisen.

Wir wissen: Alle Medien stehen unter dem dauernden Zwang, die Dinge zu verknappen, zu verkürzen und möglichst spannend und dramatisch darzustellen. Hier lauert die nächste Gefahr: Die Nachdramatisierung der Wirklichkeit. Sie bedroht alle Medien – vor allem aber das Fernsehen, das durch seine suggestive Kraft ohnehin eine eigene Wirklichkeit schafft. Subtil montierte Bilder, schnelle Schnitte, dramatische Musik – und schon ist die Geschichte besser als die Wirklichkeit – um es zynisch zu formulieren. Auch hier kommt es letztlich

Terror in Nordirland: Zu ausführliche Berichte über Terror sind selbst dem aufgeklärten Rezipienten zu viel

nur auf das journalistische Verantwortungsbewußtsein des Gestalters an, dieser Versuchung zu widerstehen. So stark sie sein mag.

Das gleiche gilt für Design und Verpackung der Information: Die dramatische Aufmachung des Anschlages, das hämmernde Musikbett zu den Hörfunk-Nachrichten, das Teasen der Gewalttat vor der Informationssendung – und plötzlich wird die Sache zum spektakulären Infotainment, völlig losgelöst von der bösen Tat. Auch hier ist der Journalist in seiner eigenen Verantwortung gefragt und gefordert.

Der Appell an die journalistische Verantwortung ist leicht. Sie wahrzunehmen schwer. Denn die Bewährung muß in der täglichen Arbeit erfolgen. In der schnellen Entscheidung: Was wird gezeigt, geschrieben, veröffentlicht – und was nicht? Und wenn veröffentlicht wird – wie?

Und damit es noch ein bißchen schwieriger wird, sei auch gleich auf die Frage verwiesen, die hinter jeder Entscheidung steht: Was macht die Konkurrenz aus dieser Story? Und wie sehen morgen die Verkaufszahlen aus? Wie die Quoten? Denn die kommerziellen Rahmenbedingungen, unter denen Medien produziert werden, zu verschweigen, hieße nur die halbe Wahrheit sagen. Bestenfalls.

Man kann es drehen und wenden, wie man will. Man landet letztlich beim Journalisten und seiner Berufsverantwortung. Oder, wenn man so will, seiner Widerstandskraft gegen diese nur kurz dargestellten Zwänge.

Gefordert sind also von Journalisten hohe Professionalität, Robustheit gegen Zwänge, die in den Medienmechanismen liegen, und eine ständige Reflexionsbereitschaft ihrer Arbeit. Diesen Dreiklang zu entwickeln und fördern muß vorrangiges Ziel einer fundierten journalistischen Berufsausbildung sein.

Ich weiß: Diese Antworten sind unvollkommen und daher höchst unbefriedigend.

Sorry – aber für Patentanworten ist das Thema Gewalt in der Information zu komplex und schwierig.

3.4. DIE PROGRAMMIERUNG DES ORF

Marktführerschaft erhalten – öffentlich-rechtlich bleiben

Werner Taibon

Der ORF hat sich mit seinen Fernseh- und Radioprogrammen ein klares Ziel gesetzt: seine Marktführerschaft zu wahren, ohne dabei seinen öffentlich-rechtlichen Auftrag in Frage zu stellen.

In einer Zeit, in der sich die Fernsehlandschaft gravierend verändert mehr als 75 Prozent der österreichischen Haushalte steht eine Vielzahl von deutschsprachigen Programmen zur Verfügung, neue Technologien wie Internet greifen ebenso Platz usw. –, muß der ORF Strategien entwickeln, um kompetitiv zu bleiben.

Abgesehen von den Möglichkeiten neuer Technologien, spielt für die Akzeptanz beim Publikum noch immer das Programm in seiner dargebotenen Vielfalt die Hauptrolle.

Mit seinen Kanälen ORF 1 und ORF 2 besitzt der ORF ein effizientes Instrumentarium, um

1. seinen Zuschauern ein höchst attraktives, vielfältiges und qualitativ hochwertiges Programm zu bieten – und damit einerseits die eingehobenen Gebühren zu legitimieren und andererseits die nötigen zusätzlichen Einnahmen von etwa 50 Prozent über den Werbemarkt zu ermöglichen;
2. öffentlich-rechtliche Programme so ins Programm zu setzen, daß sie nicht – wie in anderen TV-Anstalten durchaus üblich – ein Ghettodasein fristen müssen;
3. damit so kompetitiv zu sein, daß die Marktführerschaft unbestritten bleibt.

Befragungen durch Meinungsforschungsinstitute bei unseren ZuseherInnen haben in vielerlei Hinsicht den eingeschlagenen Weg als richtig untermauert:

Der ORF schneidet in Vergleich mit sämtlichen deutschsprachigen öffentlich-rechtlichen und kommerziellen Sendern mit den angebotenen Programmen sehr gut ab, und dies in sämtlichen Altersgruppen. Nicht nur mit seinem Angebot an unterhaltenden Programmen wie Filmen, Serien und Sport bei den Jüngeren ist der ORF unbestrittener Marktführer, sondern vor allem auch bei der Information, Dokumentation und insgesamt bei jenen Programmen, die sich unter dem „öffentlich-rechtlichen Auftrag“ subsumieren lassen.

Was diese Untersuchungen auch ergeben haben – und dies kann man in diesem Zusammenhang gar nicht deutlich genug hervorheben –, ist die Bestätigung, daß in den Programmen des ORF Gewalt eine weitaus geringere Rolle spielt als in den Sendungen der Konkurrenz-Sender.

Die freiwilligen Richtlinien, die sich der ORF seit 1993 auferlegt hat, haben somit voll ihren Niederschlag gefunden. Die Verantwortung jedes einzelnen ORF-Mitarbeiters in diesem Zusammenhang umspannt den Bogen von der Produktion einer Sendung bis zu deren Einplanung. Der Programmkoordination, zuständig für das Schema, der Einplanung sämtlicher Programme von ORF 1 und ORF 2 und der entsprechenden Betrailerung (Promotion), fällt hier eine besondere, zentrale Rolle zu. Das Schema auf beiden ORF-Kanälen bietet für die Planung sämtlicher Programme die Möglichkeit, zielgruppenadäquat, d.h. je nach Tages- bzw. Abendzeiten unterschiedliche Notwendigkeiten und Bedürfnisse berücksichtigend, vorzugehen. *ORF 1,* der Kanal für die jüngeren Zuseher (nach der international üblichen Gliederung wird darunter die Zielgruppe der bis 49jährigen verstanden) hat im wesentlichen folgende Unterteilungen:

ORF 1: Vormittag bis früher Nachmittag

Kinderprogramm mit besonderer Kennzeichnung („Confetti TiVi"): Innerhalb von „Confetti TiVi", gekennzeichnet durch ein eigenes Dauerlogo, finden eigenproduzierte Programme und Kaufprogramme (im wesentlichen Zeichentrickserien) ihren Platz. Die eigenproduzierten Teile richten sich an zwei Altersgruppen, nämlich die jüngeren Vorschul- (bis sechs Jahren) und die älteren (Schul-)Kinder (bis elf Jahren) und stellen eine Mischung aus spielerisch konzipierten, pädagogischen und unterhaltenden, informativen – und auch lehrreichen – Elementen dar.

Die Zeichentrickserien werden mit Sorgfalt aus dem überreichen internationalen Angebot ausgewählt. Hier hat der ORF in den letzten Jahren seine Verantwortung bezüglich Gewaltdarstellungen mehrfach unter Beweis gestellt, indem aus Rahmenverträgen mit Lizenzgebern jene Programme eliminiert wurden, die nicht den Richtlinien entsprachen. Das ORF-Kinderprogramm ist im Vergleich zu kommerziellen Sendern gewaltfrei. In diesem Zusammenhang soll nicht unerwähnt bleiben, daß die großen deutschen öffentlich-rechtlichen Sender ihr Kinderprogramm auf den Kinder-Spartenkanal KIKA ausgelagert haben, um auch am Vormittag und frühen Nachmittag konkurrenzfähiger gegenüber den privaten Sendern zu sein.

ORF 1: Nachmittag und Vorabend bis 19.25 Uhr

Jugendprogramm (für Kinder ab ca. zwölf Jahren): Serien mit einer Mischung aus Abenteuer, Spannung und Unterhaltung, wobei beim Vorabendprogramm bereits berücksichtigt wird, daß auch jüngere Erwachsene zusehen. Hier bieten die Sitcoms ein besonders familientaugliches, gewaltfreies Angebot.

ORF 2: Vormittag bis Vorabend

Die Programme von ORF 2 in den Zeitzonen Vormittag bis Vorabend bieten eine Mischung von Filmen, Serien, Information („Zeit im Bild"), Dokumentation und

Magazinen, die durch die Genres (bei Filmen z.B. österreichisch-deutsche Streifen der 40er, 50er und 60er Jahre) unbedenklich sind.

ORF 1 und ORF 2: Hauptabend (20.15 bis ca. 22.00 Uhr)

Hier findet Programm für die ganze Familie (Kinder ab zwölf Jahren) statt, wobei – wie schon eingangs erwähnt – besonders die spezifische Publikumsstruktur dieser Sendezeit zu berücksichtigen ist: Dies bedeutet, adäquate Programme für Jung und Alt zu bieten. Das Angebot muß darüber hinaus selbstverständlich auch im Wettbewerb bestehen, denn jeden Abend haben mehr als drei Viertel der österreichischen Haushalte die Möglichkeit, unter den Angeboten in beinahe 30 deutschsprachigen Kanälen zu wählen!

Dies bedeutet gerade in dieser Zeitzone folgendes: Auch wenn der ORF mit seinen Regulativen zu Gewaltdarstellungen in Sendungen des Fernsehens mit Verantwortung vorgeht und daher nur entsprechende Programmangebote einsetzt, gibt es trotzdem eine – nur mit der einfachen Berührung der Taste einer Fernbedienung ermöglichte – Auswahl an anderen Sendern, die sich nicht an ähnliche Regulative zu halten haben. Daraus folgt, daß es selbstverständlich auch Aufgabe der Erziehungsberechtigten sein muß, in Verantwortung gegenüber Minderjährigen entsprechende Maßnahmen zu setzen (z.B. Kinder ins Bett bringen oder mit ihnen fernsehen).

Ein Fernsehsender kann niemals der Ersatz für fehlende oder mangelnde Erziehung sein. Selbst die EU-Fernsehrichtlinie wird, wenn sie einmal in allen Ländern angewendet werden wird, eine *Hilfe* für die Erziehungsberechtigten darstellen, diese aber nicht ersetzen können!

Hier wird der ORF selbstverständlich auch dafür zu sorgen haben, daß es zu keinem Kennzeichnungs-Wildwuchs kommt, der dem Konsumenten erst recht keine klare Orientierung bieten kann. Anzustreben ist sicherlich eine einheitliche Linie, zumindest im deutschen Sprachraum. Da es dazu in der Bundesrepublik noch keine entsprechenden Regelungen gibt, wird die Vorreiterrolle des ORF zumindest vorläufig einen Maßstab setzen, der gegebenenfalls in ein Gesamtsystem zu integrieren ist.

ORF 1 und ORF 2: 2. Hauptabend (ab ca. 22.00 Uhr)

Die bereits erwähnte Vorreiterrolle des ORF im deutschen Sprachraum findet hier ihren Niederschlag in einer konkreten Kennzeichnung von Programmen mit einfachen Symbolen, die einen sofort verständlichen Hinweis auf die Alterszielgruppe geben.

Grundsätzlich darf ein Regulativ den ORF im Verhältnis zu den anderen (deutschsprachigen) Sendern nicht benachteiligen.

Die Autoren

Allahyari Houchang, Dr., geboren 1941 in Teheran, ist Facharzt für Psychiatrie und Neurologie sowie Filmemacher (seit 1975) in Wien.

Aulehla Walter, geboren 1932 in Wien, ist Filmkritiker seit 1957, Mitglied der Jugendfilmkommission beim Bundesministerium für Unterricht und kulturelle Angelegenheiten seit 1959, Mitglied der Gemeinsamen Filmbewertungskommission der österreichischen Bundesländer seit 1974.

Bollardt Gerhard, geboren 1952 in Wien, ist Redakteur im Bereich Öffentlichkeitsarbeit und Kommunikation.

Bretschneider Rudolf, Prof. Dr., geboren 1944 in Wien, ist geschäftsführender Gesellschafter des FESSEL-GfK-Instituts (Markt- und Meinungsforschung).

Bruck Peter A., Dr., Ph. D., M.A., geboren 1950 in Wien, ist Gründer des IENM-Instituts für Informationsökonomie und Neue Medien und Geschäftsführer der Techno-Z FH Forschung- & Entwicklungsgesellschaft. Er befaßt sich mit neuen Kommunikationstechnologien und Informationsstrukturen und den dadurch bedingten Veränderungen in Massenmedien, Kultur, Gesellschaft und Wirtschaft.

Friedrich Max, Univ.-Prof. Dr., geboren 1945 in Klosterneuburg, ist Facharzt für Psychiatrie und Neurologie sowie für Kinder- und Jugendneuropsychiatrie und individualpsychologischer Psychotherapeut. Seit 1995 ist er Vorstand der Wiener Universitätsklinik für Neuropsychiatrie des Kindes- und Jugendalters.

Früh Werner, Univ.-Prof. Dr., geboren 1947 in Deutschland, ist Professor für Empirische Kommunikation und Medienforschung an der Universität Leipzig. Er ist Autor zahlreicher Publikationen zur Medienwirkungsforschung und Rezeptionsforschung.

Gottberg, Joachim von, geboren 1952 in Düsseldorf, studierte Germanistik und Theologie und ist seit 1994 Geschäftsführer der FSF in Berlin.

Groebel Jo, Univ.-Prof. Dr., geboren 1950 in Deutschland. Lehrstuhl an der Universität Utrecht, Department of Media Psychology and Communication Management. Gründer und Rektor der „Utrecht Post-Graduate School for Media Management and Development“ (UPSM).

Guggenberger Bernd, Univ.-Prof. Dr., geboren 1949, ist Sozialwissenschaftler, Essayist, bildender Künstler und Professor für Politische Wissenschaften an der Freien Universität Berlin.

Hawlik Johannes, Dr., geboren 1945, ist Autor und Herausgeber sozialwissenschaftlicher Publikationen. Seit 1996 ist er beim FESSEL-GfK-Institut im Bereich Medienforschung tätig.

Heinzlmaier Bernhard, Mag., geboren 1960 in Wien, ist seit 1988 Geschäftsführer des Österreichischen Instituts für Jugendforschung.

Hipfl Brigitte, Dr., geboren 1954 in Klagenfurt, ist Assistenz-Professorin am Institut für Medien- und Kommunikationswissenschaft der Universität Klagenfurt.

Huter Alois, Univ.-Prof. Dr., geboren 1932 in Kitzbühel in Tirol, war von 1970 bis 1998 Leiter der Abteilung Massenmedien an der Universität Salzburg. Seine Forschungsschwerpunkte sind Medien- und Kulturethik.

Hütter Frido, geboren 1950 in Graz, ist Ressortleiter für Kultur und Medien bei der „Kleinen Zeitung" in Graz.

König Franz, Kardinal DDr., geboren 1905 in Rabenstein an der Pielach (Niederösterreich), war von 1956 bis 1985 Erzbischof von Wien.

Kössler Franz, Dr., geboren 1951 in Südtirol, ist seit 1980 beim ORF. Er war von 1995 bis 1998 stv. Chefredakteur Information Fernsehen und Leiter der „Zeit im Bild". Seit 1999 arbeitet er als Korrespondent in London.

Kreutz Henrik, Univ.-Prof. Dr., geboren 1938 in Budapest, ist Univ.-Dozent an der Rechts- und Staatswissenschaftlichen Fakultät der Universität Wien und Wissenschaftlicher Leiter des Instituts für Angewandte Soziologie (IAS), Wien. Seine Arbeitsgebiete sind Soziologie, Sozialanthropologie und Empirische Sozialforschung.

Kunczik Michael, Univ.-Prof. Dr., lehrt am Institut für Publizistik der Johannes-Gutenberg-Universität Mainz. Seine Forschungsschwerpunkte sind Medien und Gewalt, Public Relations, Internationale Kommunikation; Massenmedien und Entwicklungsländer, Medienwirtschaft.

Leopoldseder Hannes, Dr., geboren 1940 in St. Leonhard in Oberösterreich, ist seit 1967 für den ORF tätig. Seit Oktober 1998 ist er Informationsintendant des ORF.

Lindner Monika, Dr., ehemalige „Willkommen Österreich"-Chefin, ist seit Oktober 1998 Landesintendantin des ORF-Landesstudios Niederösterreich.

Matzenauer Hans, HR Prof., geboren 1933 in Wien, ist seit 1978 Vertreter der Österreichischen Kinderfreunde und stellvertretender Vorsitzender der ORF-Hörer- und Sehervertretung. Seit 1993 ist er Präsident der Austrian-American Educational Cooperation Association und stellvertretender Präsident der österreichischen UNESCO-Kommission.

Metelko Siegbert, geboren 1947 in St. Georgen, Kärnten, ist seit 1981 Mitglied und seit 1986 Vorsitzender des ORF-Kuratoriums.

Meyer Conny Hannes, geboren 1931 in Wien, ist Autor und Regisseur.

Oberlechner Helmar, Mag., geboren am 1950 in See in Tirol, ist Fachbereichsleiter Medienpädagogik des Tiroler Bildungsinstitutes – Medienzentrum des Landes Tirol und Lektor an der Universität Innsbruck sowie Fortbildungsreferent für Lehrpersonen und Erzieher. Er befaßt sich seit 1975 mit dem Bereich Medienpädagogik.

Portisch Hugo, Dr., ist Journalist und Publizist und war jahrelang Chefkommentator des ORF.

Rinner August, geboren 1943 in Wien, ist seit Februar 1970 für den ORF tätig. Seit August 1997 leitet er die Hauptabteilung Film und Serien.

Rudas Stephan, Dr., ist Leiter des Institutes für Psychosoziale Forschung, Chefarzt der Psychosozialen Dienste in Wien, Psychotherapeut und Arzt für psychosoziale, psychotherapeutische und psychosomatische Medizin sowie Univ. Lektor für psychiatrische und psychosoziale Versorgung.

Schödl Ingeborg, geboren 1934 in Wien, ist freie Journalistin, Buchautorin, von 1977 bis 1999 Vertreterin der Eltern bzw. Familien in der ORF-Hörer- und Sehervertretung und seit 1990 Vorsitzende des Programmausschusses.

Schorb Bernd, Univ.-Prof. Dr., geboren 1947, ist Professor für Medienpädagogik und Weiterbildung am Institut für Kommunikations- und Medienwissenschaft der Universität Leipzig sowie Direktor des Zentrums für Medien und Kommunikation der Universität Leipzig.

Schuppich Walter, Prof. Dr., geboren 1921 in Wien, ist unter anderem Präsident der Österreichischen Liga für Menschenrechte und Vorsitzender der ORF-Hörer- und Sehervertretung.

Schwarz Gerhard, Univ.-Doz. Dr., geboren 1937 in Wien, Autor zahlreicher Bücher zum Thema Konfliktmanagement, lehrt Philosophie in Wien und Gruppendynamik in Klagenfurt. Sein Spezialgebiet ist die mehrdimensionale Ursachenforschung.

Sperl Gerfried, Dr., geboren 1941 in der Steiermark, war Chefredakteur der „Südost-Tagespost", stv. Chefredakteur des „Kurier" und ist seit 1988 Mitglied der Chefredaktion „Der Standard".

Stelmach Judith, B.A., geboren 1967 in Wien, ist seit Februar 1993 als internationale Referentin der Medienforschung des ORF tätig.

Taibon Werner, geboren 1951 in Südtirol, ist seit 1986 im ORF tätig. Seit August 1997 ist er Hauptabteilungsleiter Zentrale Programmdienste.

Urbanek Werner, geboren 1939 in Graz, arbeitet seit 1972 als Journalist für die „Kronen Zeitung". Er ist Chef vom Dienst des „Sonntags-Feuilleton", der TV-Redaktion sowie Ressortleiter Fernsehen und Chefredakteur der Programm-Beilage „TV".

Vana Andreas, Mag., geboren 1954 in Wien, leitet seit 1994 das Kinderprogramm des ORF.

Vitouch Peter, Univ.-Prof. Dr., geboren 1947, Ao. Professor für Psychologie am Institut für Publizistik und Kommunikationswissenschaft in Wien. Seit 1991 leitet er das Ludwig Boltzmann-Institut für Empirische Medienforschung und ist Autor zahlreicher Publikationen.

Wallnöfer Pierre Arno, Dr., geboren 1954 in Salzburg, Studium der Publizistik und Politikwissenschaft, seit 1984 Redakteur TV, Kino und Freizeit bei den „Salzburger Nachrichten".

Weis Gerhard, geboren 1938 in Wien, ist seit 1967 für den ORF tätig. Seit Oktober 1998 ist er Generalintendant des ORF.

Winter Michael, Dr., geboren 1959 in Sydney, Australien, ist seit 1981 für die Abteilung Film und Serien im ORF tätig. Seit 1990 ist er Redakteur mit Spezialgebiet Jugendmedienschutz.

Wolf Franz Ferdinand, Dr., geboren 1947 in Wien, war Chefredakteur der „Wochenpresse", des „Kurier" sowie stv. Chefredakteur beim „profil". Heute ist er Geschäftsführer des Tele-Kurier.

Zechner Kathrin, Mag., geboren 1963 in Graz, ist seit Jänner 1995 Programmintendantin des ORF.

Alle Urheberrechte, insbesondere das Recht der Vervielfältigung, Verbreitung und öffentlichen Wiedergabe in jeder Form, einschließlich der Verwertung in elektronischen Medien, der reprografischen Vervielfältigung, einer digitalen Verbreitung und der Aufnahme in Datenbanken, ausdrücklich vorbehalten.

Herausgeber: Österreichischer Rundfunk, ORF
Würzburggasse 30, A-1136 Wien

Für den Inhalt verantwortlich:
ORF-Öffentlichkeitsarbeit und Kommunikation

Chefredaktion:
Thomas Prantner, Gerhard Bollardt

Redaktion und Lektorat:
Sabine Wimmer, Rudolf Fehrmann, Marianne Waldhäusl

Bildnachweis:
Contrast: S. 12, S. 37, S. 87, S. 89, S. 119, S. 122, S. 125,
S. 126, S. 127, S. 131, S. 132, S. 160
APA: S. 45, S. 215
AP: S. 205
Bildarchiv ÖNB Wien: S. 24, S. 72
Privatarchiv: S. 19 (Allahyari),
S. 187 u. S. 190 (Oberlechner)
ORF: S. 31, S. 111, S. 153, S. 199

Coverdesign und Layout:
ORF-Grafik: Karl Mayer, Tatjana Philipp

ORF-Fotografie:
Thomas Ramstorfer, Martin Majnaric, Hannes Cizek

Produktion:
Verlag Carl Ueberreuter GmbH, Wien
Druck: Druckerei Theiss GmbH, A-9400 Wolfsberg

ISBN 3-8000-3753-x